O PREÇO DO PÂNICO

COMO A **TIRANIA** DOS **ESPECIALISTAS** TRANSFORMOU UMA **PANDEMIA** EM UMA **CATÁSTROFE**

DOUGLAS **AXE**
WILLIAM **M. BRIGGS** &
JAY **W. RICHARDS**

O PREÇO DO PÂNICO

COMO A **TIRANIA** DOS **ESPECIALISTAS** TRANSFORMOU UMA **PANDEMIA** EM UMA **CATÁSTROFE**

Traduzido por:
Carolina **Ahmed**

LVM
EDITORA

São Paulo | 2021

Título: *The Price of Panic: How the Tyranny of Experts Turned a Pandemic into a Catastrophe*

Os direitos desta edição pertencem à LVM Editora, sediada na
Rua Leopoldo Couto de Magalhães Júnior, 1098, Cj. 46
04.542-001 • São Paulo, SP, Brasil
Telefax: 55 (11) 3704-3782
contato@lvmeditora.com.br

Gerente Editorial | Giovanna Zago
Editor | Pedro Henrique Alves
Tradutor(a) | Carolina Ahmed
Copidesque | Chiara Di Axox
Revisão ortográfica e gramatical | Chiara Di Axox – Márcio Scansani / Armada
Preparação dos originais | Pedro Henrique Alves
Elaboração do índice | Márcio Scansani / Armada
Produção editorial | Pedro Henrique Alves
Projeto gráfico | Mariangela Ghizellini
Diagramação | Rogério Salgado / Spress
Impressão | Rettec Artes Gráficas e Editora Ltda

Impresso no Brasil, 2021

Dados Internacionais de Catalogação na Publicação (CIP)
Angélica Ilacqua CRB-8/7057

Ao Daniel e à Emily que, assim como incontáveis jovens, tiveram seu grande dia tirado deles, e à Verna, de noventa e um anos, que se recusou a deixar o medo roubar um dia.

DOUGLAS AXE

Ao meu pai, que me ensinou a questionar os especialistas.

WILLIAM M. BRIGGS

À minhas filhas, Gillian e Ellie, que sobreviveram ao ficarem presas em casa comigo enquanto este livro era escrito.

JAY W. RICHARDS

Sumário

INTRODUÇÃO 13

CAPÍTULO 1 | Onde a Pandemia Começou? 27

O Medo em Si 30

Nascido na China 32

Seria o Vírus — ou o seu Vazamento — Projetado? 34

CAPÍTULO 2 | Quem deu Início ao Pânico? 39

Quem 41

O Nascer dos Especialistas 45

Achatar a Curva 48

Poderes Emergenciais 51

CAPÍTULO 3 | Como se Propagou 53

Como Gerar Pânico, Passo um: Percepção Excessiva 56

Como Gerar Pânico, Passo Dois: Ficar Obcecado por Casos 59

Como Gerar Pânico, Passo Três: Comparar Kiwis com Tangelos 63

CAPÍTULO 4 | Manias Sociais e o Culto da *Expertise* 69

Nós Somos Todos Especialistas 73

Esmagando os Dissidentes 75

CAPÍTULO 5 | Pressa para o *Lockdown* 83
Delação 87
Porque nós Concordamos 88
A Pandemia do Pânico 92

CAPÍTULO 6 | Desembaraçando os Números 93
Quão Mortal ela é? 98
Casos, Infecções, Mortes, Confusão 102
Pandemias Passadas 110
Melhor o Diabo que Você Conhece 114
*Covid-*19 *em Contexto* 118

CAPÍTULO 7 | Modelos Cegos 122
Um Triste Histórico 125
Imperial College London 127
O que é um Modelo? 130
A Falsa Promessa de Modelos 134
Uma Bagunça Cheia de Erros 135
O Modelo do IHME 141
Feira de Ciências do Ensino Médio 142
Se os Modelos Fizerem Previsões Ruins, Rejeite-os 145
Use o que nós Temos, não o que não Temos 147

CAPÍTULO 8 | Por que Acreditamos que *Lockdowns* Funcionariam? 149
Como as Pandemias Começam e Terminam 153
A OMS Sabia 155
O que Funciona? 157
O Esboço da Ciência para o Distanciamento Social 160
E as Máscaras? 162

CAPÍTULO 9 | Os *Lockdowns* Funcionaram? 167
Comparando Estados 175
Tour Mundial 177
O Resultado Final 186

CAPÍTULO 10 | O Custo Humano 189
Financeiro. 192
Desemprego Massivo 197
Mortes por Desespero 199
Mortes por Pobreza Extrema 202
Mortes e Doenças por Atrasos nos Cuidados Médicos. 203
Bens Desperdiçados 206
Crime. 208
Perda da Confiança 210
Expansão Governamental e Tirania 211
Uma Sacola de Custos Humanos 213
Já Estamos Vendo Mortes em Excesso Devido ao Lockdown? 214

CAPÍTULO 11 | Vida, Morte e a Busca da Felicidade 221
Direitos Antes dos Resultado 224
Mas e a Saúde Pública? 225
Segurança em Terceiro Lugar 229

CAPÍTULO 12 | Equilibrando Custos e Benefícios sem Saber o que Virá 235
Apenas uma Vida: Medindo Custos e Benefícios 238
Quando não Sabemos o Risco. 243
Seu Pior Pesadelo. 245
Precaução Desconstruída. 247

CAPÍTULO 13 | Quem Acertou? 251
Produzido em Taiwan. 253
Suécia 258
Japão. 261
Coreia do Sul e Mais 263
CAPÍTULO 14 | Lições Aprendidas 267
Local Sobre Global. 270
Balanceie o Conselho de Especialistas com o Bom Senso 271
Cuide dos Mais Vulneráveis. 272
Acredite em Modelos e Predições com Ressalvas. 273

Cuidado com o Excesso de Confiança dos Especialistas 274
Escolha a Liberdade ao Invés do Planejamento Centralizado 276
Seja Cuidadoso com a Mídia Tradicional 276
Responsabilize as Mídias Sociais 279
Oposição Leal 280

CONCLUSÃO | Contra o Bravo "Novo Normal" 283
Tiranos Mesquinhos 286
Nunca Permita que uma Crise Seja Desperdiçada 289
O Caminho Adiante 291

Agradecimentos 295
Índice Onomástico e Remissivo 299

O PREÇO DO PÂNICO

COMO A **TIRANIA** DOS **ESPECIALISTAS** TRANSFORMOU UMA **PANDEMIA** EM UMA **CATÁSTROFE**

NIC C
P Â
P Â N

| INTRODUÇÃO |

N I C C

P Â

P Â N

Introdução

Do que podemos ter certeza com a história? De que seres humanos já estiveram errados inúmeras vezes, em grande quantidade, e com resultados catastróficos. Ainda assim, há pessoas hoje que acham que qualquer um que discorde delas deve ser ruim, ou não sabe do que está falando.

Thomas Sowell[1]

O último século nos deu a palavra "viral" para se referir à propagação de pequenos patógenos. Não levou muito tempo para que o significado se expandisse. Agora, nós falamos de histórias e ideias "viralizando" quando explodem no conhecimento do público.

Em 2020, a metáfora recuperou seu sentido literal.

O secretário geral da Organização das Nações Unidas (ONU), António Guterres, declarou a maior crise desde a Segunda Guerra Mundial. Nos Estados Unidos da América, os governos federais e estaduais ordenaram o fechamento de milhares de pequenos negócios — muitos dos quais nunca reabrirão. Quase

[1] Thomas Sowell. "Pensamentos aleatórios sobre a cena passageira". *Capitalism Magazine*, 22/set/2005.

toda escola e faculdade do país enviou seus alunos para a casa para terminarem o ano na frente de seus computadores. Igrejas cancelaram os cultos, muitas antes mesmo de o governo as forçarem a isso. Cristãos celebraram a Páscoa em suas casas, na frente de telas. Do dia para noite, "distanciamento social" deixou de ser um termo médico obscuro para se transformar numa tarefa diária. Envergonhar os céticos nas mídias sociais atingiu novos patamares.

Uma caminhada no parque virou uma ação criminosa. Em Brighton, no Colorado, a polícia algemou o ex-policial estadual Matt Mooney na frente de sua filha de seis anos. Por quê? Ele estava jogando *tee-ball*[2] com ela em um campo vazio[3*]. A polícia multou uma mulher na Pensilvânia por ter "saído para dirigir" durante a ordem de ficar em casa[4]. A governadora do Michigan, Gretchen Whitmer, baniu visitas familiares. Em Nova Jersey, um homem de noventa e nove anos foi cobrado por comparecer a uma festa de noivado com outras nove pessoas[5].

Essa não foi uma ditadura imposta a uma resistência pública. Enquetes mostraram que a maioria dos norte-americanos apoiou os *lockdowns*. Na verdade, pediram por eles. Vizinhos deliberadamente deduraram pequenos grupos de igrejas. Nova Jersey publicou um formulário em seu *website* para facilitar a denúncia de vizinhos às autoridades[6]. No fim de março, o prefeito de Los Angeles, Eric Garcetti, disse que os "dedos-duros" na sua cidade receberiam "recompensas"[7]. Dois meses depois, a maioria dos norte-americanos ainda dizia nas enquetes que eles apoiavam os fechamentos.

O governo local deu o seu melhor para continuar. Na manhã de Páscoa, a prefeita do distrito de Colúmbia, Muriel Bowser, postou no *Twitter* que havia

---

2 *Tee-ball* é jogo de *baseball* simplificado para crianças e demais iniciantes. (N. E.)

3 Jeffrey Cook, Clayton Sandell e Jennifer Leong, "Ex oficial de polícia preso em parque devido às leis de distanciamento social do coronavírus por jogar bola com sua filha". *ABC News*, 8/abr/2020.

* Excetuando-se os indicados pelo autor ou pelo tradutor, todos os demais acessos aos *links* indicados foram feitos entre 8 e 11 de abril de 2021. (N. R.)

4 Renatta Signorini, "Polícia estadual multa mulher da Pensilvânia por 'sair de carro' durante ordem de ficar em casa". *Pittsburg Tribune-Review*, 3/abr/2020.

5 Giulia McDonnell Nieto del Rio e Theresa Waldrop, "Homem de 99 anos é cobrado por comparecer em festa durante proibição de aglomerações do estado de Nova Jersey", *CNN*, 2/abr/2020.

6 "Centro de informação sobre COVID-19 de Nova Jersey", *Site* oficial do estado de Nova Jersey, acessado em 28/jul/2020, https://covid19.nj.gov/forms/violation.

7 "Dedo-duros ganham recompensa: Garcetti emite novas regras para locais de construção, encoraja comunidade a denunciar violadores", *CBS Los Angeles*, 31/mar/2020.

se encontrado com o Coelho da Páscoa. "Ele expressou sua frustração pelas pessoas não ficarem em casa", a prefeita continuou,

> e, consequentemente, ele deve se atrasar este ano. Nós combinamos que fechar as estradas será necessário para o Coelho da Páscoa rapidamente voltar a saltitar a caminho do distrito e chegar a tempo[8].

O prefeito de Louisville, Greg Fischer, tentou banir serviços *drive-in* de igrejas na Páscoa. Um juiz federal rapidamente proibiu isso.

Nas Filipinas, o presidente Duterte ordenou a polícia e os militares a atirar nos residentes que saíssem de casa[9]. Graças a Deus nós moramos na terra dos livres!

Tudo isso em resposta ao novo vírus — um pequeno agente infectuoso que sequestra células vivas.

Alguns vírus são mortais e o coronavírus, que causa a Covid-19, certamente pode ser um deles. Os sintomas da doença podem incluir: febre, tosse, dificuldade para respirar, dores no peito e perda de olfato. Casos severos podem levar à pneumonia e, até mesmo, à morte. Ao final de junho de 2020, mais de quatrocentas mil mortes no mundo inteiro foram atribuídas ao vírus, desde sua descoberta no final de 2019. Ao final de maio, foi constatada a perda de cerca de cem mil vidas nos Estados Unidos da América. Em seu auge, na Sexta-feira Santa, dia 10 de abril de 2020, foi reportado que mais de dois mil norte-americanos morreram em um único dia[10]. Houve outros picos aparentes mais tarde. Entretanto, esses foram confirmados após o Centro de Controle e Prevenção de

---

8 Muriel Bowser (@MayorBowser), "2/ Após uma longa reunião, ele expressou sua frustração pelas pessoas não ficarem em casa", ela reportou, "e, consequentemente, suas paradas devem se atrasar esse ano. Nós combinamos que fechar as estradas será necessário para o Coelho da Páscoa rapidamente saltitar seu caminho pelo Distrito e chegar em tempo". *Twitter*, 12/abr/2020, 9h41 a.m., https://twitter.com/MayorBowser/status/1249331835873693698.

9 Christina Capatides, "Atire para matar: o presidente das Filipinas Rodrigo Duterte ordenou à polícia e ao exército a matar cidadãos que desafiassem o *lockdown* do coronavírus", *CBS News*, 2/abr/2020.

10 A atualização do número de infectados, mortos e vacinados, ocorre diariamente, e, por isso, em relação à data de lançamento dessa obra nos EUA: 13 de outubro de 2020, torna-se completamente compreensível que haja algumas imprecisões estatísticas no decorrer do livro. Para acompanhar e comparar a evolução dos dados: <https://news.google.com/covid19/>. (N. E.)

Doenças (CDC) diluir a forma com que as mortes por Covid-19 eram codificadas, o que aumentou os números.

A morte é sempre difícil, e esses números parecem chocantes. Contudo, o contexto importa. Quando comparamos as mortes pelo Covid-19 com o histórico de taxas de mortes e as mortes em outras pandemias, a situação parece diferente. O vírus desencadeou pânico global muito antes de ser comparado a outra catástrofe global. Como mostraremos nestas páginas que se seguirão, até mesmo após vários meses, o total de mortes no EUA está bem abaixo de muitas pandemias de gripe do século XX. Nenhuma delas desencadeou pânico global, e algumas já foram quase esquecidas. A resposta mundial ao Covid-19 excedeu consideravelmente a qualquer outra pandemia da história. O presidente das Filipinas expediu a ordem de atirar para matar antes mesmo do seu país, com cem milhões de pessoas, ter sofrido cento e cinquenta mortes.

Nunca tantos países ao redor do mundo escolheram realizar um *harakiri* econômico uníssono como esse. Nos Estados Unidos da América, a taxa de desemprego estava historicamente abaixo de 3,5% em fevereiro. Ao final da semana de 2 de maio de 2020, trinta e três milhões e quinhentos mil de pedidos de seguro-desemprego foram solicitados no período de meros sete dias. Nunca houve algo assim na história norte-americana. Nunca. No final de maio, os pedidos de seguro-desemprego subiram para quase quarenta e um milhões.

Esse não foi um pânico imediato, como no filme *Contágio* (2011), no qual as pessoas não precisam de estímulo para temer um vírus mortal que derrete a pele e dissolve os órgãos. Claro, as pessoas compraram mais papel higiênico, como fazem quando as previsões meteorológicas indicam grandes tempestades. Elas também compraram álcool em gel. Entretanto, não houve tumulto civil durante o primeiro mês, nem quando os casos e mortes começaram a subir. Nosso pânico levou, a princípio, à complacência e à autoproteção.

Então, o que causou o pânico viral? O pânico e a oscilação errônea do governo foram causados não tanto pelas mortes que as pessoas sabiam em primeira mão, e nem tanto pelas origens turvas do vírus na China. Eles foram provocados pelas poucas previsões que tinham um toque de ciência. A Organização Mundial de Saúde (OMS) favoreceu um modelo único, não testado e apocalíptico do Imperial College London. O governo dos Estados Unidos da América recebeu palpites do Instituto de Métricas e Avaliação de Saúde

(IHME), da Universidade de Washington. Nós agora sabemos que esses modelos eram tão errados que pareciam tiros no escuro. Após alguns meses, até mesmo a imprensa admitiu isso. Contudo, o estrago já havia sido feito.

Quão poderosos foram esses falsos profetas? Ao descrever sua escolha para guerrear contra o inimigo invisível, o presidente norte-americano Donald Trump disse à imprensa, em 8 de abril de 2020, que "a grande projeção era a de que 2,2 milhões de pessoas morreriam se não fizéssemos nada. Essa foi outra decisão que tomamos, fechar tudo. Foi uma grande decisão a que tomamos. Duas pessoas muito inteligentes vieram ao meu escritório e disseram para ouvir as suas alternativas. E essa foi uma projeção de que entre 1,5 milhões a 2,2 milhões de pessoas morreriam se nós não fechássemos"[11][12].

"Duas pessoas muito inteligentes"; vamos deixar isso no ar por um minuto.

Logo nós descobrimos que o IHME frequentemente tinha que ajustar suas previsões para alinhá-las com os fatos[13]. Esses erros não eram aleatórios. Seus ajustes sempre foram em uma direção: menos mortes, menos necessidade de leitos hospitalares do que haviam previsto um dia antes, e assim por diante.

Por volta de 10 de abril, o médico Anthony Fauci, o principal conselheiro médico do presidente norte-americano e, certamente, uma daquelas "duas pessoas muito inteligentes", estava insistindo que ele não seguia modelos[14]. Ignore que, doze dias antes, ele havia brandido modelos para dissuadir o presidente de afrouxar as rédeas na Páscoa. "Nós mostramos dados para ele", explicou

---

[11] Presidente Trump, "Comentários do presidente Trump, vice-presidente Pence e membros da força-tarefa do coronavírus em *briefing* de imprensa", 8/abr/2020; https://www.whitehouse.gov/briefingsstatements/remarks-president-trump-vice-president-pence-memberscoronavirus-task-force-press-briefing-22.

[12] Sobre o Brasill o Imperial College London projetou, no mesmo estudo citado acima, que teríamos 1,15 milhão de mortes devido à Covid-19 caso os isolamentos severos não acontecessem como deveria. Posteriormente a projeção foi corrigida pelo mesmo instituto. Ver: <https://g1.globo.com/bemestar/coronavirus/noticia/2020/03/27/sem-isolamento-e-acoes-contra-a-covid-19-brasil-pode-ter-ate-1-milhao-de-mortes-na-pandemia-diz-estudo.ghtml>. (N. E.)

[13] "Projeções do COVID-19", Instituto de Métricas e Avaliação de Saúde; https://covid19.healthdata.org/united-states-of-america; Andrew C. McCarthy, "COVID-19 Projection Models Are Proving to Be Unreliable", *National Review*, 9/abr/2020.

[14] *Fox News*: "Dr. Fauci sobre a crítica ao modelo do coronavírus", *YouTube*, 10/abr/2020; https://www.youtube.com/watch?v=URZB0Cp0mW0.

Fauci, "ele olhou os dados, e entendeu na mesma hora. Era um cenário bem evidente"[15].

Em 11 de abril, o IHME publicou no *Twitter*:

> Nós concordamos fortemente que os responsáveis pelas decisões deveriam ponderar em uma diversidade de modelos de Covid-19. Nós estamos comprometidos com o debate científico e na constante melhoria de nossas previsões[16].

Os defensores do modelo citavam as taxas mais baixas de morte como prova — não que os modelos estivessem errados, mas que o fechamento geral havia funcionado[17].

Como veremos, isso não é verdade. Se compararmos tantos os EUA quanto outros países, o vírus parecia indiferente aos *lockdowns* mandatórios dos governos. Não apenas os modelos exageravam o perigo, mas a nossa resposta a esse perigo, duplamente voluntários e coagidos, causaram uma muita dor para pouco ou nenhum benefício. Isso soa um pouco alarmante. Como um fechamento nacional não poderia parar, ou mesmo diminuir, um vírus contagioso? Contudo, como veremos, não há evidência de que tenha parado.

Acrescente isso ao espetáculo do Centro de Controle e Prevenção de Doenças (CDC) ao mudar a forma que ele (e os EUA) contavam as mortes e infecções por Covid-19, o que causou um pico na contagem de mortes em meados de abril. Nesse momento, não se tratava apenas dos modelos, mas também de dados fundamentais que eram duvidosos. Foi como se nossos profissionais de saúde pública estivessem tentando instigar teorias da conspiração.

É fácil entender por que o público e, até mesmo, os chefes de Estado e outros políticos confiaram nos especialistas da saúde numa evidente emergência

---

15 Jacob Knotson, "Fauci diz que Trump voltou atrás sobre reabrir na Páscoa após ver as projeções do coronavírus", *Axios*, 30/mar/2020.

16 Instituto de Métricas e Avaliação de Saúde (@IHME_UW), "Nós concordamos fortemente que os responsáveis deveriam ponderar em uma diversidade de modelos de COVID-19. Nós estamos comprometidos ao debate científico e na constante melhoria de nossas previsões. Leia mais em http://healthdata.org/covid/faqs", 11/abr/2020, 7h00 a.m., https://twitter.com/IHME_UW/status/ 1248928788353 875970.

17 Umair Irfan, "2 novos estudos mostram que paralizações foram surpreendentemente efetivas", *Vox*, 9/jun/2020.

de saúde pública[18]. Quem eram esses especialistas, no entanto? Eles trataram modelos proféticos — que são presunções complexas do futuro, na melhor das hipóteses — como se fossem dados. E depois, quando os modelos fracassaram, começaram a alterar os dados. Para superar essa catástrofe, nós precisaremos perdoar, mas nunca deveremos esquecer. Nós devemos fazer tudo o que pudermos para desmantelar o poder não confiável desses especialistas sobre a política pública.

Tais especialistas, entretanto, jamais poderiam causar tanto dando sem uma mídia crédula, hipócrita e armada, que espalhou suas projeções por toda parte. A imprensa bombardeou o mundo com histórias sobre escassez iminente de leitos hospitalares, respiradores e capacidade do setor de emergências de hospitais. Eles serviram *clickbaits* apocalípticos por horas e em grande quantidade.

Para a mídia dos EUA, fatos e nuances ficaram em segundo plano não apenas para a histeria, mas também para a sede de sangue contra o presidente. O ângulo anti-Trump persistiu inclusive quando a narrativa sobre o vírus mudava. Em janeiro de 2020, a imprensa atacou Trump por restringir voos que retornavam da China, contra o conselho da OMS. Eles chamavam de reação xenofóbica contra um vírus que não passava de pessoa para pessoa. Mais tarde, a imprensa destruiu o presidente por não ter reprimido antes. Como resultado deste espetáculo, milhões de norte-americanos sabiam que não podiam confiar na imprensa para lhes dar informações diretas. E o presidente sabia que, não importava o que ele fizesse, a imprensa iria atacá-lo por matar pessoas.

Sem o exagero da mídia, nós duvidamos que o pânico sobre esse vírus teria se "viralizado", ou que a maioria dos governantes teria respondido da maneira que fizeram. Sendo assim, apenas alguns conseguiram resistir à maré de informações incorretas através do globo — Taiwan, Coreia do Sul, Cingapura, Suécia, Japão, Hong Kong e alguns outros. E nos Estados Unidos da

---

18 Por volta de 13 de abril, a paciência do público com o mandato de paralizações estava diminuindo. Ainda assim, uma enquete do Ipsos mostrou que a maioria dos americanos ainda estava preocupada com o vírus e estava fazendo o seu melhor para evitar multidões e viagens que os coloraria em risco. Muitos também usavam máscaras e luvas em público. "Nível percebido de ameaça do COVID-19 dobra em indivíduos e nos EUA em menos de um mês". *Ipsos*, 13/abr/2020; https://www.ipsos.com/sites/default/files/ct/news/documents/202004/topline_usa_today_coronavirus_w2_041320.pdf.

América, apenas Iowa, Oklahoma, Nebraska, Dakota do Norte, Dakota do Sul, Arkansas, Utah e Wyoming não tiveram *lockdowns*, apesar de muitos de seus condados e cidades terem.

As mídias sociais fizeram do SARS-CoV-2, da Covid-19, o primeiro vírus com "relações públicas"[19], como disse um médico e ex-ministro da saúde israelense. Nós fomos incessantemente alimentados com *tweets* de segunda mão de pessoas doentes ou morrendo, curtidos e retuitados milhares de vezes. Qualquer esforço com o intuito de reprimir o medo ao, digamos, comparar seu surto ao de outras pandemias, contestar os modelos, ou exigir uma quarentena mais direcionada, foi denunciado como o equivalente a assassinato.

No dia 4 de abril, um mercado de peixe ao ar livre no Wharf, em Washington D. C., atraiu uma multidão de fregueses. A polícia da cidade logo o fechou, incitada por um exército de repreendedores *on-line* que foi ao *Twitter* denunciar os sociopatas que procuravam peixe assim que a história saiu e pelas vinte e quatro horas seguintes. Houve registros de incidentes como este em cidades do país inteiro.

Toda celebridade que testava positivo, de Tom Hanks a P!nk a Idris Elba e Chris Cuomo, acabava virando notícia de primeira página. O primeiro-ministro do Reino Unido, Boris Johnson, chamou mais atenção. Até mesmo o homem de cinquenta e dois anos da banda independente de rock alternativo *Fountains of Wayne*, que morreu com o vírus, virou destaque por vários dias.

Claro que as pessoas, inclusive famosos, ficaram doentes a cada minuto de cada dia. Cento e cinquenta mil pessoas, as quais você nunca ouvir falar, morrem todos os dias em algum lugar do mundo. No início de março, porém, a mídia implacável fez histórias interessantes parecerem evidências. A cobertura do vírus era tão penetrante, que em alguns obituários, dos que morreram naquela época, indicava-se que o falecido *não* havia morrido de Covid-19. Nenhuma história foi publicada na qual as pessoas morriam de doenças do coração ou câncer — ainda que esses matassem bem mais gente durante o mesmo período de meses.

Nós fomos fisgados com as notícias de análises com gráficos chamativos. Milhões falaram, como peritos em estatísticas, sobre "achatar a curva". Nós

[19] Hadas Magen, "Loucura do *lockdown*: ex-chefe do ministério da Saúde, professor Yoram Lass diz que governos não podem parar nenhum vírus e o *lockdown* vai matar mais pessoas de depressão do que o vírus", *Globes*, 22/mar/2020.

confundimos rumores de milhões de mortes e salas de emergências lotadas de corpos com relatórios, quando eles eram duvidosos piores cenários. Os maiores veículos de mídia foram ainda mais longe ao usar imagens enganosas de enfermarias de hospitais cheias, que foram capturadas em outros momentos e lugares. Canais de notícias exibiram *memes* que eram muito bons para serem verificados, como o vídeo viral absurdo de uma enfermeira "se demitindo" do seu trabalho na UTI porque o hospital não a deixava usar máscara. Não era verdade, mas a CBS divulgou, e o senador democrata Bernie Sanders caiu nessa[20].

Claro que todos nós fomos afetados pelo vírus de alguma maneira. Muitos de nós ficaram doentes, ou conheceram alguém que tenha ficado.

Entre nós, os três coautores, conhecemos várias pessoas que foram parar no hospital. Um de nós tem um amigo cujo pai morreu em Bergamo — o marco zero da pandemia na Itália[21]. Vocês, leitores, têm suas próprias histórias.

Entretanto, a nossa experiência não prova que a praga estava envolvendo a Terra na escuridão e morte, por meio de uma pandemia de tamanha magnitude, para uma reação tão extrema. A imprensa falou em termos de uma guerra econômica enquanto firmas trocaram a produção de carros (GM), travesseiros (My Pillow) e *vodca* (Tito's) por respiradores, máscaras e álcool em gel[22]. Contudo, nosso medo do coronavírus fez o que nenhuma guerra de verdade, depressão econômica, ataque terrorista ou doença jamais fez antes. Ele não somente esvaziou quartos de hotéis e aviões. Ele encerrou o *baseball* e basquete profissionais e as Olimpíadas de verão. Fechou escolas, negócios e igrejas. Manteve pessoas saudáveis, com quase zero risco de morte, se amontoando em casa por meses.

Eles dizem que a retrospectiva é de 2020/2020. Contudo, aqui estamos nós, meses mais tarde, e a maioria de nós ainda tem mais perguntas do que

20 Jordan Schachtel (@JordanSchachtel): "Então, parece que esse vídeo é totalmente fraudulento", *Twitter*, 6/abr/2020, 10h06 a.m., https://twitter.com/JordanSchachtel/status/1247163898584760320; Bernie Sanders (@SenSanders): "É loucura que nossos enfermeiros são forçados a cuidar de doentes sem máscaras e respiradores. O Departamento do Trabalho deve emitir imediatamente padrões para ambientes de trabalho para proteger nossos trabalhadores da saúde, seus familiares e seus pacientes", *Twitter*, 5/abr/2020, 2h43 p.m., https://twitter.com/SenSanders/status/1246870982436048899.

21 Apesar dos oficiais terem designado a uma morte de Covid-19, sua família duvidou da precisão disso. Ele morreu rapidamente sem sintomas relevantes, e sua esposa idosa não mostrou nenhum sinal de infecção.

22 Por exemplo: Nicholas Mulder, "A guerra econômica do coronavírus vai mudar o mundo", *Foreign Policy*, 26/mar/2020.

respostas. O quanto ajudou fazer distanciamento social, fechar escolas e negócios, ordens de ficar em casa e campanhas da imprensa? Qual será o custo total em dólares, vidas e sustento em resposta aos nossos governantes e mídia em massa? Qual foi o papel das organizações nacionais e globais de saúde, tais como a OMS? Para quem eles prestam contas? Como os burocratas não eleitos, com conhecimento limitado, confiando em dados turvos e modelos especulativos, ganharam poder para fechar o mundo?

E como os políticos eleitos, que pouco sabiam sobre ciência, confiaram neles?

Quanto da culpa pertence aos peritos de mídias sociais e repórteres que amplificaram as reivindicações de oficiais? O que dizer de um apresentador de televisão que veste um macacão químico para apavorar os espectadores, enquanto seu cinegrafista usa uma camiseta? Ou os correspondentes da Casa Branca que desperdiçaram conferências de imprensa com o presidente, atormentando-o sobre o que ele chamava de "o vírus"? E as chamadas de notícias que miravam em cliques e em desenterrar histórias políticas ao invés da verdade e precisão?

E, no meio de tudo isso, e os cidadãos comuns? Como nós devemos separar a prudência da propaganda? Como podemos dizer quando deveríamos silenciosamente obedecer em vez de questionar abertamente? Com o colapso da credibilidade da mídia, em quem deveríamos confiar se algo assim acontecer novamente? Dado o que vimos de autoridades e da mídia, será surpresa de que tantas pessoas caíram em teorias da conspiração?

Foi este um evento único, a nunca ser repetido, ou o prenúncio de um "novo normal"?

Nós podemos responder a esta última pergunta agora: vai depender se vamos aprender as lições certas desta vez.

Inimigos do experimento norte-americano, tanto dentro quanto fora das fronteiras, estão observando. Eles agora sabem que mesmo os mais queridos amantes da liberdade norte-americanos vão render nossos direitos se nós acharmos que as vidas de outras pessoas, especialmente as mais vulneráveis, estão em risco.

Está para ser escrito um livro sobre os diversos atos de generosidade e coragem de caridades e doadores[23], negócios, trabalhadores do setor de saúde,

[23] Laurence Darmiento, "Caridade está fora do mapa em meio ao Coronavírus. Isso é um sinal da força ou fraqueza da América? *Los Angeles Times*, 20/abr/2020.

militares de ambos os sexos, polícia, bombeiros, políticos, artistas, pastores, padres e pessoas comuns nos Estados Unidos da América e ao redor do mundo[24]. Este não será esse livro.

Neste aqui, nós diagnosticamos e dissecamos a resposta à crise pelo público, imprensa e governo. Historicamente, é durante crises que os governantes expandem seu alcance. E, infelizmente, eles quase nunca recuam após a crise ter passado. Lamentavelmente, o pânico com o Covid-19 deu origem a um complexo industrial de mídia especializada. Ele tem o poder de acionar pânico público que, por sua vez, inspira o exagero do governo. Esses especialistas e defensores da mídia agora têm ainda mais incentivo para usar o nosso medo e a nossa compaixão contra nós.

Para resistir a esta nova força, o resto de nós precisa de um caminho para distinguir evidência de extrapolação e dados de modelos. Nós precisamos saber o quão difícil é para cientistas e médicos descobrir as inúmeras causas que contribuem para a morte de populações humanas. Precisamos ser capazes de diferenciar a verdade da veracidade, a sabedoria da falácia. Para saber quando especialistas são confiáveis e quando eles estão contando vantagem.

Nós precisamos saber o que aconteceu e como aconteceu, para que possamos impedir que aconteça de novo. Ou o coronavírus se tornará o menor de nossos problemas.

24 Chelsea Follett, "Caridade surge para a ocasião em meio à pandemia", *Human Progress*, 8/abr/2020.

| CAPÍTULO 1 |

CAPÍTULO 1

Onde a Pandemia Começou?

A única coisa que devemos temer é o próprio medo — terror sem nome, irracional e injustificado, que paralisa esforços necessários para converter recuo em avanço.

FRANKLIN D. ROOSEVELT[25] (1882-1945)

Daqui a cem anos, alguém deverá escrever um livro sobre o pânico da pandemia de 2020. Ele deverá ter um título atraente como *Alucinações Extraordinárias*, ou *A Loucura das Multidões*. Ele pode ser a última palavra sobre o assunto. Este livro aqui, por outro lado, é um dos primeiros. Nós o escrevemos enquanto ainda estávamos na agonia da crise, abastecidos por um senso de futilidade; cada um de nós mais ou menos encalhado em uma parte diferente do mundo: um estava em Taiwan, um em Los Angeles e outro em Washington D. C.

Por que a pressa? Porque "especialistas" já estavam alertando que o Covid-19 poderia ter uma nova performance na temporada 2020-2021. Nós queríamos ajudar a evitar que o nosso país e o mundo cometessem os mesmos erros desastrosos novamente.

[25] Franklin Delano Roosevelt, discurso de posse, 4 de março de 1933.

Porém, o momento torna o nosso trabalho difícil. Quase todo evento histórico tem muitas causas. É muito mais fácil diferenciá-las um tempo depois de terem passado, a fim de providenciar uma distância crítica. Nós não podemos esperar capturar o detalhe e a nuance que somente virá com uma percepção mais tardia. Ainda assim, mesmo no pico do pânico, a fonte da catástrofe estava à vista — mais do que suficiente para contar a história básica.

O Medo em Si

A maioria de nós conhece o medo de doença ou morte. Infeção provoca um medo especial, porque podemos pegar e espalhar a doença sem saber. Nós já ouvimos falar sobre vírus torturantes, que derretem órgãos, tais como o ebola, mas eles tendem a surgir em lugares mais distantes. Olhamos para Hollywood para nos alimentarmos com experiências de pandemias mortais. Durante o *lockdown*, de março a abril de 2020, milhares de nós assistiram a esses filmes na *Netflix*, *Amazon* e *Hulu*: *Contágio* (2011), *Epidemia* (1995), *Ao Cair da Noite* (2017), *Os 12 Macacos* (1995). Até mesmo alguns filmes de zumbi são mais ciência do que sobrenaturais, como *Extermínio* (2002), *Extermínio 2* (2007) e *Eu Sou a Lenda* (2007).

Contágio, de Steven Soderbergh foi o mais próximo do que estamos vivendo. É sobre um vírus mortal que infecta humanos a partir de um morcego — um fato que os espectadores aprendem somente por meio de um *flashback* no final do filme. As escavadeiras perturbam o morcego enquanto ele come uma banana na floresta na... China. Ele encontra abrigo numa fazenda de porcos, quando derruba um pouco da banana no chão. O porco come a banana e se infecta. Um chefe de cozinha em Macau abate o porco e o serve — assim como o vírus — para a paciente zero, uma mulher norte-americana interpretada por Gwyneth Paltrow. Sua morte horrível, embora precipitada, é a primeira de muitas.

Os heróis da história são não somente seu marido, interpretado por Matt Damon, mas representantes surpreendentemente atraentes da OMS e CDC. (Os produtores consultaram representantes da OMS ao escrever o roteiro). Esses estudiosos da saúde pública rapidamente descobrem que, se não for parado, o vírus matará um terço da população mundial. Fiéis ao seu papel, eles inventam uma vacina e salvam o mundo, mas não antes de um ano de caos e morte.

Filmes assim são aterrorizantes, é claro. É por isso que os assistimos. Quem assistiria um filme sobre rinite alérgica? Mas eles são ficções. O que nós tendemos a experimentar no mundo real são principalmente resfriados e gripes, com o que nós lidamos bem. Na verdade, nós lidamos bem com a morte de um grande número de pessoas. Nós precisamos. De outra forma, iríamos todos estar num planeta de pânico em tempo integral. Mais de mil e setecentas pessoas morrem de doenças do coração todos os dias nos EUA. Mais de mil e seiscentas morrem de câncer. Quase setecentas morrem de erros médicos[26].

Com o coronavírus, contudo, nosso medo viralizou. A campanha do filme *Contágio* acertou em cheio: "Nada espalha como o medo". Em 2020, o mundo da apavorante ficção pareceu infectar nossa percepção de realidade, tanto que nós até elevamos supostas mortes de Covid-19 acima das outras. As maneiras comuns de morrer se tornaram plano de fundo para barulho e histeria.

Nós soubemos desde cedo que muitas pessoas, especialmente crianças, pareciam pegar o vírus e desenvolver anticorpos sem sequer terem sintomas. Em outras pessoas, ele gerou sintomas parecidos com os da gripe — fraqueza, febre, tosse, dor de garganta, entre outros. Algumas, especialmente as mais velhas com saúde frágil, desenvolveram sintomas severos, incluindo pressão ou dor no peito, dificuldades de respirar e lábios ou rosto azulados[27]. Quando a morte ocorria, vinha em forma de pneumonia. Casos sintomáticos de Covid-19 eram frequentemente mais severos do que uma doença sazonal comum. Contudo, não era ebola. A julgar pela taxa de morte e seus outros efeitos, a Covid-19 de 2020 era realmente como um tipo ruim da gripe, que tem como alvo pessoas de alto risco de morte enquanto deixa a maioria de jovens e saudáveis ilesa.

O mundo já viu diversos tipos de gripe como essa na última ou penúltima geração. A gripe de Hong Kong, de 1968, por exemplo, tirou a vida de aproximadamente um milhão de pessoas ao redor do mundo. A mais recente gripe suína (2009) matou entre cento e cinquenta mil a seiscentos mil pessoas. (Mais do que isso eventualmente). Contudo, em nenhum caso houve um pânico glo-

---

[26] Esses números são de 2017, "Leading Causes of Death", *Centers for Disease Control and Prevention*; https://www.cdc.gov/nchs/fastats/leading-causes-of-death.htm; Niki Carver, Vikas Gupta e John E. Hipskind, "Medical Error", *StatPearls*, última atualização em 23/mai/2020.

[27] "Coronavirus Disease 2019 (COVID-19)," *Mayo Clinic*; https://www.mayoclinic.org/diseases-conditions/coronavirus/symptomscauses/syc-20479963.

bal. Por que, então, nós entramos em pânico por causa desse tipo de coronavírus? Por que milhões de nós ficamos reclusos em nossas casas, antes mesmo das ordens de fechamento dos governantes[28]? Se nós queremos evitar a repetição de 2020, precisamos encontrar a resposta.

Nascido na China

A história de origem não ajudou. No final de 2019, a mídia chinesa começou a reportar uma doença misteriosa parecida com a pneumonia surgindo em Wuhan, uma cidade gigante da província de Hubei, na China central (população de mais de onze milhões de habitantes). O *New York Times* mencionou a história pela primeira vez em 6 de janeiro de 2020 e reportou a primeira morte na China menos de uma semana mais tarde. Desde o começo, as autoridades chinesas pareceram reprimir informações sobre o vírus que causava a doença. Eles chegaram a bloquear as *hashtags* *#WuhanSARS* das mídias sociais[29] e puniram os corajosos chineses que denunciavam.

Em 22 de janeiro, o *Times* publicou que a China estava "cortando laços" com Wuhan. Autoridades chinesas estavam "cancelando aviões e trens que partiam da cidade e suspendendo ônibus, metros e barcos dentro dela"[30]. O tamanho total e a velocidade do *lockdown* impressionaram o mundo, e bocas fechadas de representantes chineses apenas pioraram a tensão.

Comparações com SARS e ebola começaram a aparecer na mídia ocidental. Contudo, a maior parte dos repórteres estavam ainda fixados com o julgamento de *impeachment* de Donald Trump, que começou em 21 de janeiro. Três dias depois, o presidente Trump tuitou pela primeira vez sobre os eventos se desenrolando na China:

---

[28] Jonathan Kay, "Chega de debate sobre o falso *lockdown*", *Quillette*, 8/mai/2020.

[29] Sui-Lee Wee e Vivian Wang, "China luta contra doenças semelhantes à pneumonia misteriosa", *New York Times*, 6/jan/2020, atualizado em 21/jan/2020; QIN, Amy e HERNANDEZ, Javier C., "China relata primeira morte por novo vírus", *New York Times*, 10/jan/2020, atualizado em 21/jan/2020.

[30] Amy Qin e Vivian Wang, "Wuhan, centro de surto de coronavírus, está sendo cortado pelas autoridades chinesas". *New York Times*, 22/jan/2020, atualizado em 24/jan/2020.

> A China tem trabalhado muito para conter o coronavírus. Os Estados Unidos da América apreciam muito seus esforços e transparência. Tudo ficará bem. Em particular, em nome do povo norte-americano, eu quero agradecer ao presidente Xi[31]!

Em 26 de janeiro, o senador Tom Cotton enviou uma carta à secretária de Saúde e Serviços Humanos, pedindo à Casa Branca que considerasse bloquear viagens oriundas da China. Ele informou aos representantes da administração no dia seguinte, chegando a perder diversas horas do julgamento de *impeachment*. Mais tarde, ele disse ao Senado que o que estava acontecendo na China era "a maior e mais importante história do mundo"[32].

Quatro dias depois, o presidente Trump tuitou: "Trabalhando de perto com a China e outros no surto de coronavírus. Apenas cinco pessoas nos EUA, todos em boa recuperação"[33].

O presidente, por muito tempo um crítico rigoroso do regime chinês, estava claramente mordendo a língua. Ele havia anunciado uma força-tarefa para o coronavírus um dia antes. E no dia seguinte, declarou emergência nacional de saúde e começou a restringir viagens da China, conforme Tom Cotton havia sugerido. Naquela época, havia somente sete casos reportados nos Estados Unidos da América, e o julgamento de *impeachment* no Senado ainda estava em passos vagarosos[34].

O que aconteceu a seguir não deveria ser surpresa. Os críticos políticos e da imprensa à Trump o acusaram de xenofobia. A oradora Nancy Pelosi pedia aos turistas para irem à Chinatown de San Francisco no final de fevereiro[35].

---

31 Donald J. Trump (@realDonaldTrump), "A China tem trabalhado muito para conter o coronavírus. Os Estados Unidos apreciam muito seus esforços e transparência. Tudo ficará bem. Em particular, em nome do povo americano, eu quero agradecer ao Presidente Xi!" *Twitter*, 24/jan/2020, 4h18 da tarde; https://twitter.com/realdonaldtrump/status/1220818115354923009.

32 John McCormack, "O senador que viu o coronavírus chegando", *National Review*, 31/mar/2020.

33 Donald J. Trump (@realDonaldTrump), "Trabalhando de perto com a China e outros no surto de coronavírus. Apenas 5 pessoas nos EUA, todos em boa recuperação", *Twitter*, 30/jan/2020, 17h04; https: //twitter.com/realdonaldtrump/status/1223004106408833025.

34 Michael Corkery e Annie Karni, "A administração do Trump restringe a entrada da China nos EUA", *New York Times*, 31/jan/2020, atualizado em 10/fev/2020.

35 Dominick Mastrangelo, "Pelosi encorajou reuniões públicas no final de fevereiro, semanas após a proibição de viagens de Trump à China", *Washington Examiner*, 30/mar/2020.

Contudo, algumas semanas depois, os mesmos críticos estavam reclamando que Trump deveria ter agido mais cedo.

Na verdade, Trump queria evitar uma resposta dos EUA ao vírus que causasse mais danos do que o próprio vírus. Ainda assim, seu ceticismo sobre a China certamente o inspirou a fazer mais para limitar a propagação vinda do país do que Pelosi e outros críticos amigos da China teriam feito.

Em todo caso, a estratégia anti-Trump de "cara-nós-ganhamos, coroa--vocês-perdem" que iria governar a cobertura de imprensa já estava a postos.

Seria o Vírus — ou o seu Vazamento — Projetado?

Pequim merece uma generosa parcela de culpa por espalhar o Covid-19. Entretanto, isso não significa, como alguns alegaram, que o coronavírus foi um produto da bioengenharia chinesa[36].

Como vírus de computador, os vírus naturais são roteiros codificados que enganam processadores de informação para os rodarem. Contudo, com vírus causadores de doenças, os processadores de informação atacados são *células* biológicas. Então, o primeiro truque do vírus é ganhar acesso às células — algo que é geralmente feito com apêndices que podem capturar apêndices nas células alvo. Uma vez anexada, a partícula de vírus pode forçar a si mesma para dentro da célula e liberar seu roteiro viral. Assim, a célula roda esse roteiro como se fosse o seu próprio roteiro genético, produzindo mais partículas de vírus que são, posteriormente, liberadas para infectar outras células.

Um documentário alega que os apêndices (chamados de "proteínas *spike*") do novo coronavírus (SARS-CoV-2) são suspeitosamente parecidos com os do vírus SARS original, que causou a propagação em 2003. A afirmação parece ser a de que cientistas projetaram um coronavírus de morcegos para que infectasse os humanos:

[36] Um estudo da *Nature* de 2015 foi a base tênue para esse boato. Em 2020, os editores da publicação acrescentaram uma nota ao artigo dissociando o estudo do coronavírus causador do Covid-19. Declan Butler, "O vírus de morcego projetado estimula o debate sobre pesquisas arriscadas", *Nature*, 12/nov/2015. "Rastreando a Origem do Coronavírus Wuhan", Film, *The Epoch Times*, 2020.

> A alta similaridade com a proteína S do SARS1 para agora o SARS2 [...] é a sua proteína *spike*. É a chave e a fechadura. É o que a levará diretamente para as células humanas [...] então, agora você está permitindo que tenha acesso a tecidos humanos[37].

Como todas as proteínas, essas proteínas *spike* são feitas em células ao conectar o aminoácido para produzir longas cadeias que se dobram em sua forma de trabalho. Portanto, se alguém fez a proteína *spike* do SARS-CoV-2 ao emendar pedaços da proteína *spike* do SARS original com as do vírus de um morcego, nós deveríamos enxergar isso. Especificamente, quando examinamos a sequência de aminoácido da proteína *spike* do SARS-CoV-2, deveríamos ver partes que encaixam com a do SARS-CoV-1, sendo que o resto encaixaria com a do morcego.

Como mostra a *figura 1.1*, não vemos nada do tipo. Há somente três regiões estendidas onde a proteína *spike* do novo coronavírus (SARS-CoV-2) difere das mais similares à do morcego. Até mesmo nessas regiões, a proteína do SARS-CoV-2 é mais parecida com a do morcego do que com a proteína *spike* do SARS-CoV-1. Em seis lugares chaves para capturar os apêndices nas células humanas[38], a proteína *spike* do SARS-CoV-2 é igualmente diferentes da proteína *spike* do SARS-CoV-1 e do coronavírus do morcego (um em seis correspondências, de toda forma). Resumindo: se alguém tentou fazer a proteína *spike* do SARS-CoV-2 parecer com a do SARS-CoV-1, fez um péssimo trabalho.

Apesar da falta de evidência, as teorias sobre a origem humana do novo vírus circularam na *Internet*. Em junho de 2020, a *Tech Startups* reportou que o virologista norueguês Birger Sørensen havia sido coautor de um artigo revisado por pares que "afirmava que o novo coronavírus SARS-CoV-2 não é de origem natural"[39]. Não é verdade. Contudo, a aceitação do seu artigo na *QRB Discovery* deu a Sørensen a oportunidade de oferecer seu palpite sobre a origem do vírus

---

[37] Junwen Luan, Yue Lu, Xiaolu Jin e Leiliang Ahang, "O reconhecimento da proteína *spike* de ACE2 de mamífero prevê a gama de hospedeiros e um ACE2 otimizado para infecção por SARS-CoV-2", Comunicações de pesquisa bioquímicos e biofísicos 526, nº 1 (maio de 2020): 165-69, https://www.sciencedirect.com/science/article/pii/S0006291X2030526X?via%3Dihub#appsec1.

[38] "E2 Glycoprotein Precursor (Coronavírus relacionado à Síndrome Respiratória Aguda Grave)": NCBI, https://www.ncbi.nlm.nih.gov/protein/NP_828851.1.

[39] Peter Svaar, "Pesquisador norueguês cria polêmica sobre a origem do vírus: – Este vírus não tem origem natural", *NRK*, atualizado pela última vez em 8/jun/2020: https.

à imprensa[40]. Entretanto, o seu artigo revisado por pares não afirma isso[41]. Ele fala sobre pedaços de sequências curtas que foram inseridas na proteína *spike*, mas isso acontece com frequência naturalmente.

Proteína Spike região 1:

```
SARS-CoV-1:   TRNIDATSTGNYNYKYRY
SARS-CoV-2:   SNNLDSKVGGNYNYLYRL
Morcego CoV:  SKHIDAKEGGNFNYLYRL
```

Proteína Spike região 2:

```
SARS-CoV-1:   GKPCTP-PALNCYWPLNDYGFYTTTGIGYQ
SARS-CoV-2:   STPCNGVEGFNCYFPLQSYGFQPTNGVGYQ
Morcego CoV:  SKPCNGQTGLNCYYPLYRYGFYPTDGVGHQ
```

Proteína Spike região 3:

```
SARS-CoV-1:   L----LR
SARS-CoV-2:   NSPRRAR
Morcego CoV:  NS----R
```

Figura 1.1. Sequências completas de proteínas *spike* para SARS-CoV-1[42], SARS-CoV-2[43] e coronavírus do morcego RaTG13[44] foram alinhados usando o Clustal Omega[45],[46]. Aminoácidos são representados por abreviações convencionais, de uma letra[47]. Usando posição numérica para SARS-CoV-2, a região 1 roda de 438 a 455; a região 2 roda de 477 a 506; a região 3 de 679 a 685. Pontos indicam aminoácidos que são correspondentes. A sequência do SARS-CoV-1 está em cinza, exceto onde há correspondência entre as duas sequências SARS e uma incompatibilidade entre SARS-CoV-2 e o coronavírus do morcego. As caixas mostram as posições conhecidas por serem importantes para infectar células humanas.

40 B. Sørensen, A. Susrud e A. G. Dalgleish, "Biovacc-19: uma vacina candidata para Covid-19 (SARS-CoV-2) desenvolvida a partir da análise de seu Método Geral de Ação para Infectividade", *QRB Discovery*, junho 2020.

41 Josh Rogin, "State Department Cables Warned of Safety Issues at Wuhan Lab Studying Bat Coronaviruses", *Washington Post*, 14/abr/2020.

42 "Glicoproteína de superfície (Coronavírus da Síndrome Respiratória Aguda Grave 2)", NCBI, https://www.ncbi.nlm.nih.gov/protein/QJC20993.1.

43 "Spike Glicoproteína (Virus do morcego RaTG13)", NCBI, https://www.ncbi.nlm.nih.gov/protein/QHR63300.

44 "Clustal Omega", EMBL-EBI, https://www.ebi.ac.uk/Tools/msa/clustalo.

45 "DDBJ montou / anotou sequencias", BI-DDBJ, https://www.ddbj.nig.ac.jp/ddbj/code-e.html.

46 Clustal é um programa de computador que faz alinhamento múltiplo de sequências (N. T.).

47 Nickie Louise, "O cientista norueguês Birger Sorensen afirma que o coronavírus foi feito em laboratório e 'não é natural na origem'", *Tech Startups*, 7/jun/2020.

Baseado no que sabemos, então, a conclusão mais segura é a de que o novo coronavírus tem origem natural.

Seja como for, as autoridades chinesas tiveram intenção de infectar humanos com o vírus? Isso também parece forçado. Se eles quisessem testá-lo, eles certamente não teriam escolhido um centro industrial — Wuhan é comumente chamada de "Chicago da China". Eles teriam escolhido algum lugar obscuro no noroeste distante, configurado controles, feito testes e enterrado evidências. Conforme as coisas aconteciam, o vírus jogou o regime em uma pirueta que danificou seriamente a reputação que ele passou décadas e bilhões de dólares cultivando.

Então, o que aconteceu? Por alguns meses, a imprensa e a Organização Mundial de Saúde seguiram com a história de "mercado de peixe chinês". Qualquer um que apontasse evidência de que o coronavírus tenha sido liberado pelo Instituto de Virologia de Wuhan era tido como um teórico da conspiração. Contudo, a evidência continuava crescendo e, finalmente, superou qualquer feitiço sob o qual a mídia estava. Nós sabemos que esse laboratório estudou morcegos infectados com coronavírus. Dois anos antes do surto, oficiais da embaixada norte-americana alertaram sobre fracos padrões de segurança no laboratório[48]. E, em maio de 2020, a NBC obteve um relatório da inteligência britânica e norte-americana que dizia que "não houve atividade de celular em uma porção de alta segurança do Instituto de Virologia de Wuhan, entre 7 a 24 de outubro de 2019, e pode ter havido um 'evento perigoso' em algum momento entre 6 e 11 de outubro".

No momento em que escrevemos, não temos como solucionar esses mistérios. O pensamento de que o vírus foi liberado de um laboratório, seja por malícia ou incompetência, não é louco. Contudo, não é o nosso interesse aqui. Os detalhes sobre a origem do erro podem ter sido suspeitos. Para encontrar as sementes do pânico global, no entanto, nós precisamos olhar em outra direção.

[48] Ken Dilanian *et al.*, "Relatório afirma que dados de telefones celulares sugerem paralisação em outubro do Laboratório Wuhan, mas especialistas estão céticos", *NBC News*, 17/abr/2020.

ODE
ERP
ERP

| CAPÍTULO 2 |

ODE

R P

ER P

CAPÍTULO 2

Quem deu Início ao Pânico?

A ciência é a crença na ignorância dos especialistas.

RICHARD FEYNMAN[49]

Como um contágio social, o pânico da pandemia foi global. Nenhum país escapou dele. Não deveria ser surpresa, então, que um grupo com alcance e aspirações mundiais tivesse contribuído para isso.

Quem

Você já ouviu falar da Organização Mundial de Saúde (OMS). É o braço da ONU que foca na saúde pública internacional. Ela estava lá no surgimento das Nações Unidas. Como diz a cópia de sua propaganda:

49 Richard Feynman, "O que é ciência?" *The Physics Teacher* 7, nº 6 (1969): 313-20, originalmente apresentado na décima quinta reunião anual da Associação Nacional de Professores de Ciências, 1966 na cidade de Nova York.

> A OMS começou quando nossa constituição entrou em vigor em 7 de abril de 1948 — uma data que agora celebramos todo ano como o Dia Mundial da Saúde.
>
> Nós agora somos mais de sete mil pessoas trabalhando em cento e cinquenta países, em seis escritórios regionais e na sede em Genebra, Suíça[50].

Durante a pandemia de 2020, o diretor geral da OMS era (e ainda é) um microbiologista etíope Tedros Adhanom Ghebreyesus, um reconhecido especialista em malária. Ele é afiliado a um partido na Etiópia chamado Frente de Libertação do Povo Tigré — um partido etno-nacionalista e comunista. (Tigré é tanto uma região quanto um grupo étnico da Etiópia).

Antes de se tornar o chefe da OMS, Tedros tinha cargos políticos importantes em seu país, incluindo o de ministro da Saúde. Quando foi eleito ao seu posto na OMS, uma de suas prioridades foi a "cobertura universal de saúde"[51]. A China apoiou a sua eleição aos cargos superiores da OMS em 2017. E, desde o início de seu mandato, Tedros e a própria OMS pareceram fazer as licitações do regime comunista. Como Nicholas Eberstadt e Dan Blumenthal comentaram no *New York Post*, a Organização Mundial de Saúde parece ser uma "serva de Pequim"[52].

Sim, nós sabemos que isso soa como algum livro de conspiração autopublicado que você encontra num evento de armas[53]. No entanto, garantimos que não estamos inventando isso. O homem que dirige a resposta global ao coronavírus é um comunista de longa data que queria socializar a medicina mundialmente. Ele estava trabalhando de perto com o governo comunista da China, onde a pandemia da Covid-19 foi originada sob circunstâncias turvas. Não há motivos para achar que ele fosse o mais sábio ou a melhor pessoa para liderar o trabalho... e, por alguma razão, ele não o era. Em abril, o cientista pesquisador de Berkeley, Xiao Qiang disse à *The Atlantic*:

---

50 Sobre a OMS, Organização Mundial da Saúde, veja https://www.who.int/about.

51 "Biografia do Dr. Tedros Adhanom Ghebreyesus, Diretor-Geral, Organização Mundial da Saúde" *Organização Mundial da Saúde*, http://www9.who.int/antimicrobial-resistance/interagency-coordination-group/dg_who_bio/en.

52 Nicholas Eberstadt e Dan Blumenthal, "Co-conspirador mortal do Coronavirus-Lie da China – Organização Mundial da Saúde", *New York Post*, 2/abr/2020.

53 Agradecimentos a John Zmirak por esta imagem colorida.

> Particularmente no início, foi chocante quando eu vi repetidas vezes que [o diretor geral da] OMS, falando com a imprensa [...] quase diretamente citando o que eu li nas declarações do governo chinês

Kathy Gilsinan, uma escritora que contribui para a *The Atlantic*, mencionou sobre o mesmo fenômeno perturbador:

> O exemplo mais notório veio na forma de um único *tweet* no *Twitter* da conta da OMS no dia 14 de janeiro: "Investigações preliminares conduzidas pelas autoridades chinesas não encontraram evidências claras de transmissão de humano para humano do novo #coronavírus". Naquele mesmo dia, o boletim público da Comissão de Saúde de Wuhan declarou: "nós não encontramos provas de transmissão de humano para humano"[54].

Na verdade, o governo chinês estava oferecendo ressalvas que não estavam incluídas no *tweet* da OMS. "A possibilidade de transmissão limitada entre humanos não pode ser excluída", disse o boletim, "mas o risco de uma transmissão sustentada é baixo".

Mais uma vez, essa foi a revista *The Atlantic*, que você jamais encontrará em uma exposição de armas.

Gilsinan interpretou caridosamente a paridade entre o *tweet* da OMS e a declaração de propaganda do regime chinês. Ela concluiu que o regime "enganou" a OMS. Contudo, em meados de abril, quando seu artigo saiu, todos que prestaram atenção sabiam que a OMS estava comprometida.

Em janeiro, logo que o presidente Trump restringira viagens da China aos Estados Unidos da América e a mídia convencional o atacara, o diretor geral da OMS os estava apoiando. A política do presidente, dissera Tedros, teria "um efeito de aumentar o medo e a estigma, trazendo pouco benefício à saúde pública". Mesmo quando a OMS anunciara emergência na saúde pública, ao final de janeiro, Tedros ainda negava que haveria qualquer motivo para restringir viagens indo ou saindo da China. "Deixe-me ser claro", ele falara, "esta declaração não é um voto de desconfiança na China"[55].

54 Kathy Gilsinan, "Como a China enganou a OMS", The Atlantic, 12/abr/2020.

55 "Coronavírus declarou emergência de saúde global pela OMS", *BBC News*, 31/jan/2020.

Para entender o que acontecia na época, aparentemente, você precisava ouvir teóricos da conspiração em uma exposição de armas.

Entretanto, no final de março, uma rachadura na fachada foi exposta através de uma entrevista com o médico canadense Bruce Aylward, um auxiliar sênior de Tedros. A corajosa repórter foi Yvonne Tong da *RTHK*, fonte de notícias situada em Hong Kong.

À luz do sucesso de Taiwan na luta contra o coronavírus, Tong, que entrevistava Aylward por vídeo, perguntou se a OMS iria reconsiderar a concessão de filiação ao país. Aylward ficou sentado, quieto, contraindo-se por longos seis segundos. Tong finalmente disse, "Alô?", e então Aylward respondeu, "Desculpe, não consegui ouvir a sua pergunta, Yvonne".

"Ok, deixe-me repetir a pergunta", ela disse.

"Não, tudo bem. Vamos continuar para a próxima pergunta", ele replicou.

Humm. Não é isso que você diz quando não ouviu uma pergunta. Tong não caiu nessa e fez a pergunta sobre Taiwan novamente. Nesse momento, Aylward desligou a chamada. Tong ligou para Aylward de volta, mas ele ainda estava evasivo. Quando ela perguntou novamente sobre a resposta de Taiwan para o vírus, ele insistiu que "nós já falamos sobre a China". E, rapidamente, finalizou a entrevista.

O canadense Aylward, um representante da OMS, parte da ONU, estava seguindo a linha dos comunistas chineses sobre Taiwan, a qual nega este ser um país em separado.

Você precisa ver o vídeo para acreditar[56]. A OMS achou aquilo tão constrangedor, que retirou a biografia em inglês de Aylward do seu *website*[57]. O episódio gerou respeito pela OMS entre os norte-americanos que perceberam. Adicione a isso as afirmações estranhas da OMS e o histórico de hidro-

56 Cidade Mundial de Hong Kong, (@HKWORLDCITY), "!! UAU !! Bruce Aylward / @ WHO deu uma entrevista com @rthk_news de HK e quando questionado sobre #Taiwan ele fingiu não ouvir a pergunta. O jornalista pergunta de novo e ele desliga! Ela ligou de volta e ele disse: "Bem, já conversamos sobre a China". APROVEITE + COMPARTILHE A LOUCURA! #CoronaVirus", *Twitter*, 28/mar/2020, 4h40 da manhã, https://twitter.com/HKWORLDCITY/status/1243865641448169474.

57 Jim Treacher, "Especialista da OMS desaparece misteriosamente do *site* após transportar água para a China", *PJ Media*, 28/mar/2020. A OMS disse que fizeram isso para evitar que a mídia o identificasse erroneamente. Certo.

xicloroquina a máscaras. Em maio, saiu uma notícia dizendo que a inteligência alemã havia concluído que o líder chinês Xi Jinping tinha pedido à OMS, em 21 de janeiro de 2020, para reter dados de que o coronavírus poderia ser transmitido entre humanos e para que eles não declarassem uma pandemia global[58]. Se for verdade, a China foi responsável pelo atraso mortal de informação de seis semanas, o que deixou o mundo despreparado para a pandemia.

Mesmo antes dessa bomba, quando o presidente Trump anunciou, em meados de abril, que os Estados Unidos da América — principal doador da OMS — iria parar de financiar a organização, sua base aplaudiu.

O Nascer dos Especialistas

Contudo, a essa altura o estrago já estava feito. A OMS ajudou a China a encobrir seus passos por diversas semanas cruciais. E isso levou à criação de um modelo do Imperial College London que projetou mundialmente quarenta milhões de mortes pelo vírus. Este modelo — uma peça de trabalho de adivinhação matemática — foi a fonte da afirmação chocante, mas falsa, de que 3,4% das infecções por coronavírus eram fatais. Isto é por volta de *trinta vezes* mais mortal do que a gripe sazonal severa. Para comparativo, a gripe de 2018-19 teve um caso de taxa de mortalidade de 0,1%. Os legisladores deveriam ter ficado céticos. Porém, ao invés disso, esse número se tornou a base de sua resposta. Com o apoio da OMS, o modelo duvidoso do Imperial College ganhou *status* oficial, assim como alguns especialistas com conhecimento limitado. No momento em que este livro foi impresso nos EUA, o *Google* ainda estava reportando como fato a taxa de mortalidade como 3,4%.

Sem a OMS, portanto, o pânico da pandemia poderia nunca ter se tornado global.

Em resposta ao susto que as ações da OMS exacerbaram, se não geraram, os governos da maioria dos países e a maior parte dos estados dos EUA ordenaram *lockdown*. Eles fecharam as escolas e negócios, emitiram regras para ficar em casa e impuseram quarentenas em populações saudáveis. Na Espanha,

---

58 Georg Fahrion *et al.*, "Pequim tem que pagar pelos danos da pandemia?" *Spiegel Politik*, 8/mai/2020.

você não podia sair de casa. O mesmo aconteceu em algumas partes dos Estados Unidos da América.

No meio de março, o presidente Trump começou a sediar conferências de imprensa toda noite com membros da Força-Tarefa do Coronavírus da Casa Branca. O grupo era liderado pelo vice-presidente Mike Pence, uma das únicas influências calmas. Sua coordenadora, dra. Deborah Birx, e dr. Anthony Fauci, diretor do Instituto Nacional de Alergia e Doenças Infecciosas, logo seriam nomes comuns nas casas das famílias.

De início, essas pessoas, juntamente com líderes do CDC, davam sugestões de acordo com o modelo do Imperial College. Foi a base para a campanha original da Casa Branca: "Quinze dias para frear o contágio"[59]. Outros modelos logo vieram à tona. Os mais notáveis foram aqueles conduzidos no Instituto de Métricas e Evolução de Saúde (IHME) da Universidade de Washington. Nós falaremos mais sobre modelos adiante. Por agora, basta dizer que ao lidar com algo tão complexo como uma pandemia, estes modelos são, na melhor das hipóteses, palpites estudados — sempre errados nos detalhes, mas às vezes úteis ao mostrar o que não sabemos. Na pior das hipóteses, eles são maços de preconceitos enrolados numa embalagem acadêmica pretenciosa.

Infelizmente, a pandemia do coronavírus apresentou ser mais essa última acepção do que palpites estudados. Ninguém deveria duvidar que os principais modelos e os representantes de governo, que confiaram neles, tiveram um papel tão grande na criação do pânico.

Nós não achamos que os prognosticadores são burros ou malvados. Tampouco que os assessores de saúde pública querem prejudicar as pessoas. O problema veio quando a imprensa, os assessores da saúde pública e os líderes políticos aceitaram esses modelos sem pestanejar e contaram com eles para fazer seus comunicados ao público e para tomar suas decisões quanto a políticas públicas. Esses prognosticadores deveriam ter sido tratados pelo que são — conjecturas de uma via entre as pessoas focadas em uma pequena parcela de um problema de múltiplas partes. Como mencionou um comentarista do Reino Unido na revista digital *Spiked*: "É aqui que as coisas começam a desandar. Os especialistas estabelecem a meta e os políticos colocam a si mesmos no papel de

[59] "15 dias para diminuir a propagação", 16/mar/2020, https://www.whitehouse.gov/articles/15-days-slow-spread.

porta-vozes"[60]. Isso faz com que as coisas aconteçam ao inverso. Não é papel de imunologistas, epidemiologistas e outros especialistas enfiados nas entranhas do Estado administrativo tomar decisões políticas. Este é o papel dos líderes eleitos que são cobrados pelos eleitores. Cai sobre eles a responsabilidade de tomar decisões difíceis que requerem medir perspectivas e interesses competitivos[61]. Apesar de suas imperfeições, os políticos são aptos a serem mais confiáveis do que alguns especialistas quando se trata de fazer escolhas do tipo.

Acrescente a esse problema os incentivos que influenciam autoridades da saúde pública, como Anthony Fauci. Para proteger a sua carreira, é muito melhor exagerar do que subestimar o risco. Se coloque no lugar do dr. Fauci. Imagine que você prevê a morte de milhares de pessoas, mas apenas algumas centenas morrem. O resultado? Todo mundo ficará aliviado e logo esquecerá que você exagerou. Contudo, prever centenas de mortes e ter milhares? É hora de procurar outro trabalho e contratar proteção policial.

Qualquer um que recebeu conselhos dessas autoridades deveria se lembrar desse incentivo e relevar seu conselho na mesma proporção.

Ainda assim, em meados de abril, quando nós sabíamos que os especialistas prognosticadores estavam enganados, a imprensa ainda tratava dr. Fauci como um profeta que trazia tábuas de pedra montanha abaixo. Ele já havia se provado um tecnocrata obstinado, que enxergou o custo do fechamento geral como uma mera "inconveniência". No entanto, lá estava ele na CNN no dia 12 de abril, sugerindo que o presidente não havia dado a devida atenção ao seu conselho de fechar tudo antes.

"Nós encaramos isso de um ponto de vista puramente de saúde", ele disse. "Nós fazemos a recomendação, que é muitas vezes seguida, outras vezes não"[62]. Um mês e meio antes, dia 29 de fevereiro, dr. Fauci tinha outra conversa: "Agora, neste momento", disse ao programa *Today Show*, "não há necessidade de mudar nada que você esteja fazendo no seu dia a dia"[63].

---

60 Norman Lewis, "A perigosa ascensão da regra por especialistas", *Spiked*, 28/abr/2020.

61 Ben Peterson, "Peritos, políticos e o público: a ciência e a arte da tomada de decisão coletiva em uma sociedade livre", Discurso Público, 20/abr/2020; https://www.thepublicdiscourse.com/2020/04/62503.

62 Lucy Sherriff, "'Muita dificuldade': Top Doc Fauci admite que vidas poderiam ter sido salvas se os EUA tivessem sido fechados em fevereiro – mas a recomendação 'não foi adotada'", *U. S. Sun*, 12/abr/2020.

63 "Dr. Fauci sobre o medo do coronavírus: não há necessidade de mudar o estilo de vida ainda", hoje, 29/fev/2020; https://www.today.com/video/dr-fauci- on-coronavirus-fears-no-need-to-change-lifestyleyet-79684677616.

Em meados de maio, dr. Fauci alertava quanto aos perigos do "sofrimento desnecessário" se os estados reabrissem "prematuramente". Ele implicou que o *lockdown* deveria continuar até que uma vacina pudesse ser desenvolvida. Ele se absteve de mencionar que a FDA nunca havia aprovado uma vacina para qualquer coronavírus e permitido que ela fosse trazida ao mercado[64].

Para ser justo, Fauci resistiu às provocações da mídia para falar mal do presidente na maior parte do tempo[65].

E conforme os fatos continuavam mudando, ele finalmente voltou atrás. O real problema foi que a imprensa e os seguidores do *Twitter* agiram como se conselhos de um imunologista tivessem que estar entre os fatores mais relevantes para que o presidente — qualquer presidente — ponderasse numa crise. Eles chamavam dr. Fauci de "o especialista em saúde mais confiável da nação". Eles nunca falaram sobre a questão óbvia: mais confiável para quem? Sua bajulação nesse único especialista foi filtrada ao público e a prefeitos, governadores e ao presidente.

A mídia norte-americana teria se comportado mais racionalmente se a candidata democrata às eleições presidenciais em 2016, Hillary Clinton, estivesse na Casa Branca. Entretanto, com Donald Trump como presidente, a imprensa teve um papel fundamental em criar pânico durante a pandemia.

Achatar a Curva

O número de mortes que o coronavírus causaria dependia do modelo e da data da previsão. No fim de 2019, um modelo da Johns Hopkins simulando o surto de uma doença genérica — não a Covid-19 em si — previu cerca de sessenta e cinco milhões de mortes. O fato dos responsáveis pelo modelo não o terem criado com o coronavírus em mente, não impediu outros de aplicá-lo. Outros modelos iniciais usando "inteligência artificial", isto é, modelos estatísticos com nomes bonitos, disseram que seriam cinquenta e três milhões de

[64] Jeff Wise, "Nós nunca devemos conseguir uma boa vacina para o coronavírus", *New York Magazine*, 20/abr/2020.

[65] Debra Heine, "Fauci volta no programa de entrevistas no domingo, comentários sobre os esforços de mitigação do COVID-19", *American Greatness*, 13/abr/ 2020.

mortes. Bill Gates veio com o número mais baixo das previsões iniciais: trinta e três milhões. Outro profissional de tecnologia disse quarenta e três milhões. O número de cinquenta milhões ficou popular, talvez porque fosse um número redondo[66].

Estes números assustadores ajudaram a incitar o pânico do público. Entretanto, conforme mencionado acima, o número de quarenta milhões de mortes estimado pelo Imperial College London se tornou a previsão favorável. Nós vamos analisar melhor os modelos do Imperial College e do IHME no Capítulo 7. Por enquanto, vamos considerar como essas ferramentas, nas mãos de pessoas erradas, puderam ser usadas para causar pânico.

Todos nós vimos gráficos ilustrando a necessidade de "achatar a curva". A *Vox* produziu a versão mais viral, a qual Barack Obama tuitou para seus cento e dezessete milhões de seguidores[67]. Parecia algo assim:

Há duas curvas: uma de pico alto e outra achatada. A de pico alto representa a previsão diária de casos de Covid-19 sem medidas de proteção; a achatada, com medidas de proteção. Canalizando seus especialistas favoritos, a mídia disse que deveríamos evitar a de pico alto e mirar na achatada. Por quê? Para evitar que hospitais ficassem sobrecarregados com pacientes doentes nas primeiras semanas ao se manter abaixo das linhas tracejadas. A ideia não era reduzir o número total de casos, mas sim garantir cuidado apropriado aos diversos casos inevitáveis. "Uma curva achatada", explicou um artigo da *Live Science*,

66 Aria Bendix, "Peritos da saúde emitiram um alerta ameaçador sobre uma pandemia de coronavírus 3 meses atrás. O vírus, em sua simulação, matou 65 milhões de pessoas", *Business Insider*, 23/jan/ 2020; John Koetsier, "AI prevê que o coronavírus pode infectar 2,5 bilhões e matar 53 milhões. Os médicos dizem que isso não é verossímil e este é o motivo", *Forbes*, 5/fev/ 2020; Patrick Knox, "Apocalipse agora. Bill Gates 'previu' como uma pandemia semelhante ao coronavírus poderia se espalhar, dizendo que 33 MILHÕES podem morrer nos primeiros seis meses", *U. S. Sun*, 24/jan/ 2020; Fabienne Lang, pessoa do departamento de TI, "Previu quantas mortes o Coronavírus realmente causará", *Interesting Engineering*, 4/fev/ 2020; Michael Le Page e Debora Mackenzie, "O novo coronavírus poderia realmente matar 50 milhões de pessoas em todo o mundo?" *New Scientist*, 11/fev/ 2020.

67 Eliza Barclay e Dylan Scott, "Como eventos cancelados e auto-quarentenas salvam vidas em um gráfico", *Vox*, 10/mar/2020; Barack Obama (@BarackObama), "Se você está se perguntando se é uma reação exagerada cancelar grandes reuniões e eventos públicos (e eu amo basquete), aqui está uma cartilha útil sobre porque essas medidas podem retardar a propagação do vírus e salvar vidas. Precisamos cuidar uns dos outros", *Twitter*, 12/mar/ 2020, 19h; https://twitter.com/BarackObama/status/1238238576141352966.

"presume o mesmo número de pessoas a ser infectadas, mas em um período de tempo maior"[68].

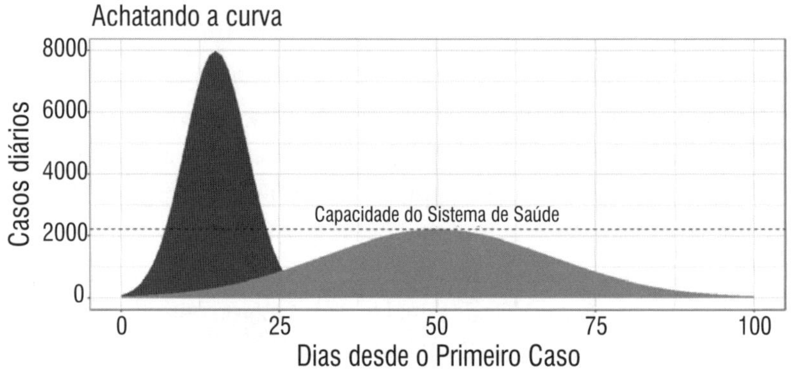

Figura 2.1: Gráficos como este foram usados para ensinar ao público o significado de "achatar a curva".

É uma imagem convincente, mas também é simplista demais. Nós não deveríamos comprimir a capacidade do sistema de saúde em um único número. No mundo real, existem médicos de emergência, médicos de UTI, diferentes tipos de enfermeiros e outros funcionários. Há respiradores e muitos outros tipos de equipamentos. Há suprimentos médicos de todo tipo. Há leitos de emergências, de UTI e leitos hospitalares gerais, também camas cirúrgicas e quartos de recuperação pós-cirúrgica. Existem diferenças entre regiões. E a lista continua... Quantificar a vasta e diversa coleção de recursos em um número é irreal.

Nós podemos contar recursos, como leitos de UTI em um hospital ou uma área. Contudo, nossa contagem não vai incluir os recursos extras que iriam aparecer quando pessoas são forçadas a improvisar. A necessidade é a mãe da invenção. A pressão do tempo pode limitar nossa chance de improvisar, mas a imagem de "achatar a curva" ignora isso totalmente.

Outro problema é que os modelos que geraram as duas curvas foram desenvolvidos considerando casos totais. Contudo, o *total* dos casos é a coisa errada a focar se a preocupação é com a capacidade dos hospitais. Nós deveríamos focar na fração de casos que requerem tratamento. Ninguém tinha uma

68 Brandin Specktor, "Coronavirus: O que é 'achatar a curva' e isso funcionará?" *Live Science*, 16/mar/2020.

boa estimativa disso quando esses modelos foram usados para assustar todo mundo em março de 2020. Somente mais tarde percebemos o quão pequena essa fração era.

Poderes Emergenciais

O gráfico que mostra a curva achatada é um lembrete de que, em 2020, governos ao redor do planeta invocaram poderes emergenciais em nome da saúde pública. Eles precisam desses poderes quando não há tempo para debate público. Pense na chuva de bombas em Pearl Harbor, nos aviões mergulhando nas torres gêmeas e no Pentágono. Entretanto, o gatilho para poderes emergenciais em 2020 não foi uma catástrofe que havia acabado de acontecer, e sim uma previsão do que poderia acontecer.

Os detalhes variaram de estado para estado. Um de nós, coautores (Jay Richards), mora em Maryland, onde houve uma resposta bastante típica. Durante o nosso *lockdown*, sair de casa para negócios não essenciais era considerado um delito que poderia ser punido com uma multa de até cinco mil dólares e um ano de cadeia[69].

A maioria do mundo desenvolvido adotou medidas draconianas similares. Na Nova Zelândia, mesmo quando o número de mortes atribuído à Covid-19 estava num único dígito, o governo trabalhou para impor leis em nome da ciência. O resultado foi sua Lei de Resposta da Saúde Pública à Covid-19. Ela estipulava que "um policial pode entrar, sem mandato, em qualquer terra, prédio, navio, avião, ou qualquer outro lugar ou coisa, se eles julgarem haver motivos razoáveis para acreditar que uma pessoa está falhando em obedecer a qualquer aspecto de uma lei". Os cidadãos que falharem em obedecer à lei iriam encarar responsabilidade criminal, com sentença de cadeia de até seis meses[70].

Ao final de maio de 2020, a maioria das pessoas havia esquecido a história da curva achatada e a maior parte dos estados estavam facilitando as coisas.

69 Heather Mongilio e Jeremy Arias, "Ordem de permanência em casa anunciada em Maryland; policiamento observa conformidade", *Frederick News-Post*, 20/mar/2020.

70 "Projeto de Lei de Resposta de Saúde Pública COVID-19", Legislação da Nova Zelândia, 12/mai/2020; http://www.legislation.govt.nz/bill/government/2020/0246/latest/LMS344194.html.

Entretanto, o CDC continuava a publicar uma lista de orientações de sessenta páginas, detalhando "atividades e iniciativas que apoiam a resposta à Covid-19 e ao plano do presidente para reabrir a América novamente"[71].

O tipo de coisa que a gente abre mão por segurança.

[71] "Atividades e iniciativas do CDC que apoiam a resposta ao COVID-19 e o plano do presidente para abrir a América novamente", *CDC*, mai/2020; https://www.cdc.gov/coronavirus/2019-ncov/downloads/php/CDC-Activities-Initiatives-for-COVID-19-Response.pdf.

| CAPÍTULO 3 |

SSÃO

OBS

OBSE

CAPÍTULO 3

Como se Propagou

Até que você perceba como é fácil manipular sua mente, você permanece um fantoche no jogo de outra pessoa.

EVITA OCHEL[72]

Modelos matemáticos não têm o poder de causar pânico por si sós. Para causar danos reais, eles precisam ser assumidos por agentes empoderados e vendidos ao grande público. Para isso, seus desenvolvedores precisam da mídia. A mídia tradicional — e agora, a mídia social — *media* a relação entre governos e governados. Milhões de vezes mais pessoas viram o gráfico da curva achatada gerado pela mídia do que entenderiam os modelos matemáticos que os inspiraram.

Infelizmente, quando se trata de reportar detalhes técnicos, tais como modelos de previsões, o alcance da mídia tende a ser maior. Como Holman Jenkins disse acerbamente no *Wall Street Journal*,

[72] Evita Ochel, "A propaganda do medo para aqui. As soluções começam com você", *Evolving Beings*, 10/abr/2020.

> Por favor, se você for um jornalista reportando essas questões e não consegue entender "curva achatada" como uma proposição multivariada, largue a profissão. Você é o que os economistas chamam de um funcionário de "produto marginal negativo". Sua não-participação agregaria valor. Sua participação o abstrai[73].

Isso se resume a como repórteres profissionais e de mídias sociais transmitem informações que eles não compreendem totalmente. O cuidado exigiria, primeiro, passar as coisas adiante sem qualquer pregação e, segundo, ir a fundo para descobrir se outros especialistas têm outros pontos de vista. No entanto, cuidado é uma comodidade rara em um mundo onde o objetivo principal é ganhar pontos políticos ou cliques, curtidas e retuítes.

Como Gerar Pânico, Passo um: Percepção Excessiva

Imagine um cenário diferente. Como teria sido a pandemia (1) se nós não tivéssemos visto níveis astronômicos de histeria da mídia — especialmente nas mídias sociais — como vimos e (2) se os especialistas, motivados a errar ao lado de cenários apocalípticos, não tivessem dominado a resposta pública ao vírus?

Imagine uma época de outono. As manchetes nos jornais são sobre alguma coisa que um político tenha dito. Metade do país as recebem com aplausos, a outra metade com afronta. Mais abaixo, na primeira página, uma celebridade fala sobre um assunto do qual não domina e uma nação grata acolhe suas palavras.

Escondido lá no fundo da página, há um item pequeno. Uma pessoa que morreu de uma doença que os médicos dizem ser provavelmente causada por um vírus.

Uma semana mais tarde, as notícias são basicamente as mesmas. Só que agora, em algum lugar mais próximo do topo da página, há uma reportagem sobre dezesseis pessoas que morreram com o vírus.

Mais uma semana depois, com dezoito novos casos, os jornalistas questionam as fontes de suas listas de contatos sobre o porquê do número de mortes

[73] Holman W. Jenkins Jr., "A mídia *vs.* achatar a curva", *Wall Street Journal*, 28/abr/2020.

estar aumentando. Eles reportam que "perguntas são levantadas sobre as mortes".

Notícias sobre o número de mortos pelo vírus agora alcançam o topo das páginas todo dia. Em pouco tempo, as mortes alcançam o número de cento e dezoito. Ele cresce para cento e sessenta e cinco na outra semana e duzentos e cinquenta e nove na semana seguinte. Especialistas alertam sobre um aumento exponencial. Todo mundo ganha um curso rápido sobre crescimento populacional. Médicos alertam que o vírus pode pressionar a capacidade dos hospitais, talvez ao ponto do colapso, a menos que algo seja feito. Ninguém sabe o que "algo" significa — apenas que é melhor que seja feito rapidamente.

Os políticos se atropelam. O *website Drudge Report* publica imagens da morte terrível de algumas vítimas do vírus. Outro veículo cita vizinhos de um homem que disse, "Não estou preocupado com isso", e depois morreu uma semana mais tarde por causa do vírus. O humor do público muda para a opinião de que zombadores assim mereceram. Novas mortes nos Estados Unidos da América chegam a cem em um dia, e mais de duzentas no outro dia — *todo e qualquer dia.*

Pânico e medo estão em todo lugar. Na pior semana, mil seiscentas e vinte e seis mortes são registradas. As notícias são apenas sobre o vírus, o tempo todo.

Então, quando políticos estão prontos para emitirem ordens de ficar em casa, a taxa de mortalidade cai para mil cento e setenta e nove a semana, uma clara redução. A ordem é adiada. As previsões de um segundo pico, baseado em um modelo de computador, viralizam. O tom de pânico ainda é febril.

Apesar disso, a queda se prova real. Pela primeira vez em dois meses, uma semana passa com menos de mil mortes. Na próxima semana, o número abaixa para setecentos e trinta e oito. E então, somente quinhentas.

"Nós não estamos livres disso ainda!", alertam os maiores especialistas da nação. O *L. A. Times* publica uma história com a manchete: "O povo da Califórnia está perdendo o medo do vírus, abrindo caminho para o desastre". No entanto, mesmo quando transmitem seu medo, as mortes caem semanalmente de cem para cinquenta e três. Depois para quarenta e três. E então, vinte e seis.

Na semana seguinte, todos nós já esquecemos o vírus e retornamos para outros ultrajes diários. Até o ano seguinte, quando o ciclo se repete. Como seria todo ano, se nós déssemos uma explicação detalhada da gripe sazonal nos Estados Unidos da América.

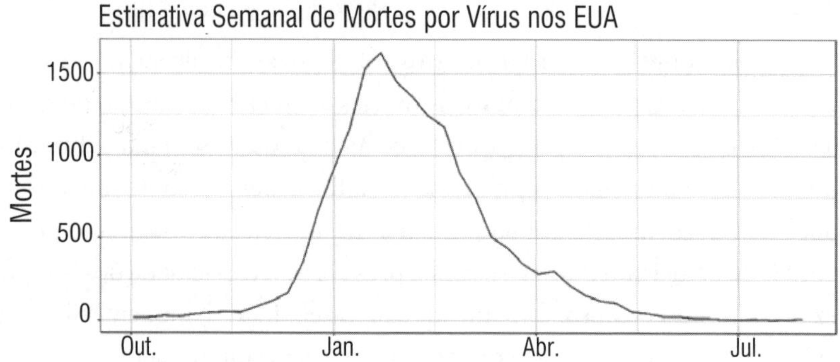

Figura 3.1: O CDC estimou mortes semanais de gripe nos Estados Unidos da América na temporada de 2017-2018.

Além da chamada do *L. A. Times*[74], o exagero no relato acima é ficção. Contudo, o número de mortes é real. Nós o tiramos da temporada da gripe de 2017-18. Os números mudam todo ano, mas a forma geral do pico na *figura 3.1* se repete todo ano, não somente nos Estados Unidos da América, mas no mundo inteiro.

Nos primeiros meses de 2020, o coronavírus causou um pico similar de mortes de dezenas de milhares. Da mesma forma que acontece com os surtos virais, houve um aumento lento. Depois, veio a viralidade exponencial — o momento perfeito para a imprensa induzir tensão e medo. E, em seguida, o vírus alcançou o pico de morbidade e permaneceu um pouco, permitindo que a mídia sustentasse o frenesi por um tempo. Porém, em algum momento os números despencaram; momento em que os repórteres deveriam seguir em frente.

Nós não estamos sugerindo que a Covid-19 tenha sido somente uma gripe. Não foi, como veremos mais adiante. Nosso ponto é que uma tempestade sufocante de reportagens a toda hora, por tantas semanas, poderia provocar pânico em relação a gripe todo ano se nós tivéssemos estômago para isso. Tudo que precisa é ganhar o esforço dos jornalistas, especialistas, políticos e de um público arisco e crédulo, para acender esse tipo de reação exagerada.

---

[74] Rong-Gong Lin II e Sean Greene, "Os californianos estão perdendo o medo do Coronavírus, preparando o terreno para o desastre", *Los Angeles Times*, 3/jul/2020.

O contágio social, tão real quanto o contágio viral e ele pode ser igualmente mortal. Imagine o que aconteceria se combinassem forças. Bom, não precisamos imaginar, precisamos?

O contágio social — pânico em larga escala — não acontece todo ano com a gripe porque nós pensamos na gripe como algo normal e parte da vida. Nós a esperamos e sabemos que não há muito o que podemos fazer a respeito. Nós produzimos vacinas todo ano, e elas têm alguns benefícios. Alertas de lavar as mãos e tossir nos cotovelos podem ajudar um pouco. No entanto, viver dentro de casa durante o inverno permite que o vírus passe facilmente de pessoa a pessoa. Por si só, isso começa a retardar o surto. Mais pessoas tendo a gripe significa menos que ainda poderão pegá-la. Então, a chegada do sol da primavera e a vida ao ar livre ajudam a lavar todos os últimos vestígios.

Nós sabemos isso sobre a gripe, mas é diferente quando um novo vírus aparece com um nome estranho soando a ficção científica. Apesar das mutações trazerem uma nova versão da gripe a cada temporada, as mudanças são poucas. Por outro lado, quando um vírus salta de animais para seres humanos, como o coronavírus fez, ele é uma coisa realmente nova. Talvez sua novidade tenha inspirado a imprensa a forçar os piores cenários em vez de publicar mais do mesmo. Reportagens conscientes teriam servido a um bem comum, mas teriam trazido menos tráfico para os *sites* de notícias. Nós recebemos menos verdades do que precisávamos, e muito mais pânico.

Como Gerar Pânico, Passo Dois: Ficar Obcecado por Casos

E houve um outro caminho ao pânico — fixação em "casos". Idealmente, o que nós gostaríamos de saber durante um surto de vírus é como tantas pessoas estão infectadas agora, e onde elas estão. A palavra *EU* piscando em vermelho, aparecendo no momento da infecção, serviria. Infelizmente, isso não acontece. Nós já estávamos longe do pico do surto do coronavírus quando as pessoas começaram a perceber que testagem em massa jamais iria responder a essas perguntas.

Por exemplo, depois de sabermos que o coronavírus havia se tornado uma epidemia na China, e que pessoas da área afetada haviam viajado para os

Estados Unidos da América, qualquer um teria adivinhado que os viajantes trouxeram o vírus pra cá.

Portanto, quantos cidadãos norte-americanos carregaram o vírus, vamos dizer, em meados de janeiro de 2020?

Nós não sabemos. Não é como se um pouco, ou qualquer, teste de coronavírus estivesse disponível. A questão é que, de início, ninguém estava checando o vírus. Por que checariam antes mesmo de saber sobre ele? E não podemos encontrar o que não testamos. Todos os tipos de vírus respiratórios circulam o tempo todo. Não há um programa para rastrear e registrar cada um deles. Nem deveria haver. E, mesmo quando um vírus está em seu pico, ele vai passar pela maioria das pessoas.

Considere o estado de Washington, casa de sete milhões e seiscentas mil pessoas. Ao final de junho de 2020, ninguém sabia a taxa precisa de infecção de coronavírus. Contudo, baseado nas estimativas, podemos imaginar que cerca de 10% da população, em torno de setecentas e sessenta mil pessoas, estivesse infectada. Os seis milhões e oitocentos mil restantes provavelmente não pegaram o vírus[75]. Não é incomum um vírus desviar de uma grande parcela de qualquer população[76].

Alguns que pegaram o vírus tiveram sintomas de gripe ou de pneumonia. Alguns deles sucumbiram e morreram. Outros achavam que tinham uma gripe. E muitos outros nem notaram nada.

A maioria das pessoas que testou positivo para o vírus dificilmente foi morta por ele. Ainda assim, autoridades usaram esses testes para inflar o número de mortos pela Covid-19. No estado de Washington, 13% das mortes oficiais de Covid-19 "envolveu pessoas que tinham previamente testado positivo para Covid-19, mas não tinham o vírus listado em qualquer lugar no seu certificado de óbito, seja por ter causado ou contribuído com sua morte". Eles estavam contando as mortes por coronavírus por causa da "prática do estado de contar toda pessoa que testa positivo para Covid-19 e,

---

[75] As taxas de infecção estimadas são do CDC. Veja, por exemplo, "O CDC afirma que os casos COVID-19 nos EUA podem ser dez vezes maiores do que o relatado", *NBC News*, 26/jun/2020.

[76] Considere o navio de cruzeiro *Diamond Princess*, que tinha 2.670 passageiros e 1.110 tripulantes, que entrou em quarentena forçada. No entanto, apenas 712 pessoas (19 por cento) foram infectadas. "COVID-19 PANDEMIA DO CORONAVIRUS", *Worldometer*, atualizado pela última vez em 21/jul/2020; https://www.worldometers.info/coronavirus.

consequentemente, morre, ainda que a morte não tenha sido causada pela Covid-19"[77].

Diversas mortes causadas por feridas de tiros estavam incluídas nesse número[78]. Além disso, os profissionais da saúde algumas vezes contavam pessoas que morreram com sintomas parecidos com os do coronavírus como mortas pelo vírus, ainda que *nem sequer* tivessem sido testadas[79].

Conforme os testes expandiram, o número de pessoas que testou positivo (e negativo) para o vírus subiu muito, mesmo conforme as mortes diminuíam. Em meados de junho de 2020, a imprensa reportou, em sua maioria, apenas "novos casos" em vez das mortes[80].

Se as mortes estavam caindo em grupos de todas as idades, como novos "casos" estavam surgindo? Bom, sem dúvidas a falha ainda estava ali. Contudo, uma queda paralela nas mortes entre todos, desde jovens adultos a pessoas com quase noventa e cem anos (veja a *figura 6.5* mais adiante), sugere que o vírus se aproximava do fim de seu curso. Ainda assim, mais testes significavam mais infectados detectados. Algumas pessoas se testaram porque seus empregadores pediram. Outras foram testadas enquanto eram tratadas por doenças não relacionadas. Quando os estados fecharam, muitas pessoas evitaram ir ao médico ou ao hospital por todo tipo de doença não relacionada ao coronavírus. Quando os *lockdowns* relaxaram e as pessoas voltaram a checar seus joanetes, os médicos deram a elas teste de rotina de coronavírus e encontraram infecções ativas ou antigas. Eles precisavam reportar isso. Daí o "onda" e a "pico".

A imprensa, é claro, quase nunca distinguia novos casos de antigos. Eles reportavam todos os novos resultados positivos de testes como se revelassem novas infecções mortais.

No meio de junho, a imprensa alardeou que Oklahoma tinha registrado seu "maior aumento de casos num único dia"[81]. Eles esqueceram de reportar

---

77 Maxford Nelsen, "Estado de Washington sobre notificação de mortes por COVID-19", *Freedom Foundation*, 18/mai/2020.

78 Maxford Nelsen, "Funcionários de saúde de Washington: vítima de tiro contada como mortes no COVID-19", *Freedom Foundation*, 21/mai/2020.

79 "Nova York registra aumento acentuado nas mortes por coronavírus após adição de vítimas não testadas", *Reuters*, 14/abr/2020.

80 Isso é revelado ao traçar o número de testes e novos casos positivos, o que mostra uma forte relação linear na maioria dos locais.

81 Emma Keith, "Oklahoma informa 222 novos casos COVID-19, 6 no condado de Cleveland", *Norman Transcript*, 12/jun/2020.

que as farmácias de Oklahoma haviam recém começado a realizar testes de graça, com outras lojas oferecendo o teste na segunda metade de junho[82]. Portanto, ninguém deveria ficar surpreso quando mais da metade de todos os casos de Covid-19 do estado "foram registrados no mês de junho"[83]. Os testes também foram acelerados pela política oficial.

Ao final de junho, os Estados Unidos da América, como um todo, estavam testando aproximadamente um milhão de pessoas *todo dia*[84].

No dia 27 de junho de 2020, houve quase dois milhões e quinhentos mil testes positivos registrados e cento e dezenove mil e cento e cinquenta e seis mortes atribuídas ao coronavírus nos EUA. Tomar esses números de forma ingênua implica uma taxa de mortalidade de 4,7%. Isso é claramente falso. A verdadeira taxa de mortalidade era muito mais baixa — talvez oitenta vezes mais baixa — como sabemos pelas pesquisas que utilizam amostragens cuidadosamente[85].

O que aconteceu é que a maioria das infecções e casos escaparam do quadro oficial, enquanto nenhuma morte escapou. Como mencionamos acima, a maioria dos que tiveram o vírus nunca fez tratamento, e muitos nem sabiam que haviam sido infectados.

Até a contagem de mortes tem erros embutidos. Políticas influenciam os números tanto quanto patologias — ou ainda mais. Vamos analisar isso com mais detalhes no *Capítulo 6*. O ponto básico é que ambos os números de casos ativos e de mortes pelo vírus podem ser exagerados. Nem todos que se infectam são testados. Nem todos que testam positivo têm a doença. Nem todos que têm a doença morrem. E nem toda pessoa que morre *com* o vírus morre *do* vírus. O número de infecções, em contraste, tende a ser muito subestimado.

A obsessão primeiramente com a taxa de mortalidade e depois com os casos foi uma prescrição para o pânico. A atenção para a idade média e saúde das vítimas e comparações a pandemias anteriores, que não haviam provocado pânico, teria sido um remédio bem mais saudável.

---

82 Darla Shelden, "CVS anuncia novo *site* Oklahoma para teste COVID-19 gratuito", *City Sentinel*, 19/jun/2020.

83 "Mais da metade dos casos COVID-19 de Oklahoma confirmados em junho, de acordo com OSDH Data", *Enid New & Eagle*, 1/jul/2020.

84 Estatísticas COVID-19 dos Estados Unidos, https://covidusa.net.

85 "A taxa de infecção inicial do COVID-19 pode ser 80 vezes maior do que o relatado originalmente", *Penn State News*, 2/jul/2020.

Como Gerar Pânico, Passo Três: Comparar Kiwis com Tangelos

Ninguém sabe quantas pessoas morreram de gripe ano passado. Ou no ano anterior. Ou em qualquer ano. Quer dizer, ninguém sabe o número *exato*. O melhor que podemos fazer é estimar usando um modelo de estatística.

Um artigo explica o desafio de contar mortes de gripe:

> Em anos não-pandêmicos, morte associada à gripe é especialmente restrita aos mais velhos e pessoas com doenças crônicas subjacentes. Contudo, análises de certidões de óbitos mostra que os clínicos frequentemente não atribuem mortes relacionadas à gripe com a gripe, mas sim com sua condição subjacente pré-existente. [O problema oposto do que vimos em 2020, quando mortes com outros fatores contribuintes foram atribuídas à Covid-19]. Mortes associadas à gripe podem, portanto, estar escondidas não somente entre casos de pneumonia, mas outras causas de morte, como eventos cardiovasculares ou distúrbios metabólicos. Consequentemente, a mortalidade de todas as causas é considerada melhor para analisar o total impacto da gripe na mortalidade[86].

Uma vez que nós não sabemos a verdadeira contagem de mortes pela gripe, devemos estimar das variações do total de mortes. A ideia é traçar todas as mortes por época, como na *figura 3.2*.

É fácil identificar o ciclo anual, com picos de morte todo inverno. Se analisarmos melhor, podemos ver que os números estão gradualmente subindo com o passar dos anos: o total da população cresce com o tempo e mais pessoas significa mais mortes.

Para estimar mortes pela gripe, um modelo é adequado a este ciclo anual e para a tendência de crescimento. O resultado é uma curva suave e ondulada com uma sutil tendência de crescimento sobreposta aos números reais. Isso está ilustrado na *figura 3.3* com dados europeus da EUROMOMO, que coleta estatísticas em mortes (e mortes por idade) da Áustria, Bélgica, Dinamarca, Estônia, Finlândia, França, Alemanha (Berlim), Alemanha (Hesse), Grécia, Hungria, Irlanda, Itália, Luxemburgo, Malta, Países Baixos, Noruega, Portugal, Espanha,

---

86 Phillip Zucs *et al.*, "Mortalidade em excesso associada à influenza na Alemanha, 1985-2001", *Temas Emergentes em Epidemiologia* 2, nº 6 (jun/2005): 1-9.

Suécia, Suíça, Reino Unido (Inglaterra), Reino Unido (Irlanda do Norte), Reino Unido (Escócia), Reino Unido (País de Gales). Na barra listrada, bem à direita, em vez dos dados atuais, há um estimado para compensar por atrasos nos registros.

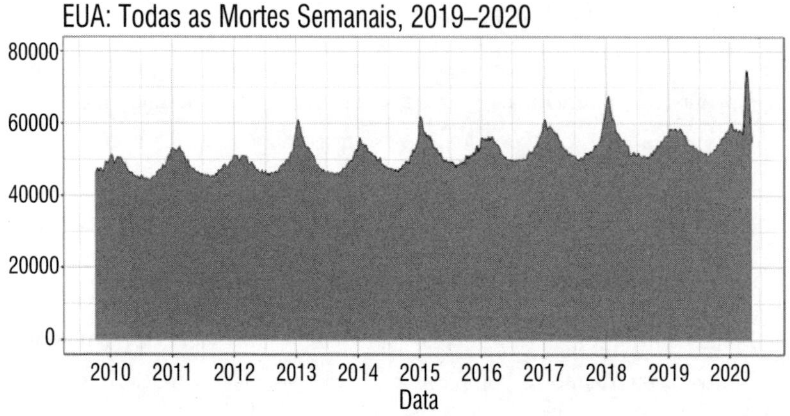

FIGURA 3.2: Mortes semanais por todas as causas nos EUA (CDC). Esse cenário é produzido por três fontes separadas oficiais do CDC[87]. Uma é de 2009 a 2019; a segunda começa em 2014 e continua até a semana vinte de 2020; e a terceira inicia em 2020 e inclui as mortes de Covid-19.

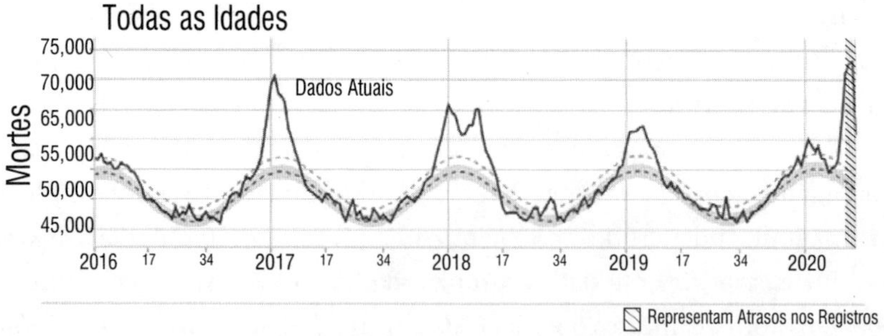

FIGURA 3.3: Mortes semanais por todas as causas nos países europeus litados no texto (linha sólida), junto com modelos matemáticos que tentam capturar a tendência geral (linhas tracejadas).

[87] "Mortes por Pneumonia e Influenza", *CDC*, https://data.cdc.gov/Health-Statistics/Deaths-from-Pneumonia-and-Influenza-P-I-andall-de/pp7x-dyj2/dat.

A *Figura 3.3* mostra duas linhas tracejadas que representam dois aspectos de um modelo de estatística que, como podemos ver, suaviza os dados. Por agora, não se preocupe com as diferenças entre essas linhas. Apenas note a diferença dos dados atuais (linha sólida) e as tendências suavizadas (linhas tracejadas). É fácil observar como os picos de cada inverno se sobressai acima das ondas. Esses picos acima das curvas tracejadas representam o que chamamos de "excesso de mortes". Esses excessos de morte toda temporada de gripe, que podem ser atribuídos a ela, são somados a cada temporada anual da doença para chegar a um número estimado de mortes para aquele ano.

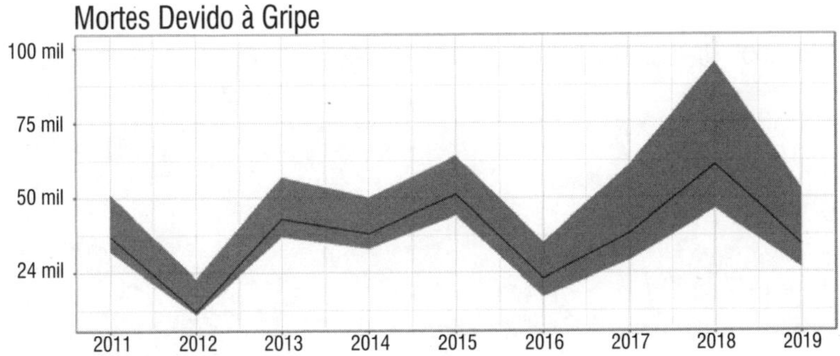

Figura 3.4: Número estimado de excesso de mortes anuais por temporada de gripe nos EUA (2011-2019). Os anos indicam o ano em que a temporada de gripe termina.

A *figura 3.4* mostra como as mortes por gripe variam de ano a ano em uma linha preta, com limites "de confiança" demonstrados em cinza[88]. (O número da temporada de 2019-20 não havia sido reportado quando este livro foi impresso, mas a previsão do CDC é de cerca de vinte e quatro mil mortes).

Até recentemente, este método complicado de estimar as mortes por gripe não recebia grande escrutínio público — porque as pessoas geralmente não entram em pânico por causa da gripe. Antes de 2020, você já havia se perguntado quantas pessoas morriam de gripe todo ano? Seja sincero.

O cenário da *figura 3.4* é anual, portanto é de pico e mais alto nos intervalos de um ano. Contudo, também dá para desenhar informações semanais. Essa linha seria bem mais suave no curso de um ano. Infelizmente, essa diferença

---

88 "Fardo da Influenza", *CDC*, https://www.cdc.gov/flu/about/burden/index.html.

levou alguns autores outrora sérios a cometerem erros graves durante a crise. E foi inevitável que os repórteres hiperpartidários e fomentadores de medo confundissem os detalhes.

De fato, até a mais calma e objetiva mídia comete erros. "Não como a gripe, não como acidentes de carro, não como..." foi o título de um artigo escrito por três editores da *New Atlantis*. Você consegue perceber a essência disso pelo seu gráfico para os Estados Unidos da América (eles fizeram um similar para Nova York, que teve os mesmos problemas). A *New Atlantis* é uma boa publicação que frequentemente desafia a sabedoria convencional. No entanto, neste caso, os editores cometeram um grande erro.

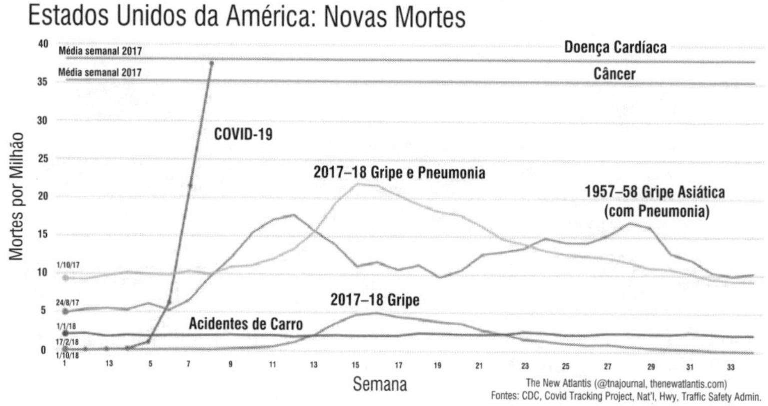

Figura 3.5

A contagem real das mortes registrada como coronavírus por semana são representadas pela linha íngreme intitulada "Covid-19". Em contraste, mortes por doenças cardíacas e câncer são mostradas no topo como estimativas das médias. Acidentes de carro estão embaixo e estimativas de gripe de alguns anos anteriores estão no meio.

Os editores da *New Atlantis* disseram, "Trata-se do pico"[89]. Certamente o é. No entanto, não da maneira que eles dizem. Ninguém deveria comparar esse pico com estimativas suavizadas, como os autores disseram, porque isso pode levar ao engano.

---

89 Ari Schulman, Brendan Foht e Samuel Matlack, "Não é como a gripe, não é como acidentes de carro, não é como... É sobre o pico", *New Atlantis*, 1/mai/2020.

Vamos supor que essa contagem de mortes do coronavírus estejam corretas (como já vimos, elas são provavelmente exageradas). Os editores, ainda assim, estavam comparando dados reais (de mortes de coronavírus) com estimativas suavizadas derivadas de modelos (feitos para a gripe). E estimativas suavizadas de modelos sempre vão fazer a contagem real parecer um pico por comparação. A imagem faz o coronavírus parecer bem pior do que a gripe asiática de 1957-58, o que não faz sentido. A gripe asiática matou entre um e dois milhões de pessoas naquele ano, de acordo com as melhores estimativas[90], sendo que o coronavírus está caindo para um número menor — talvez oitocentos mil, mais ou menos[91].

Ainda não acabou, e todos os estudos não foram realizados. Porém, por enquanto, parece que há tantas mortes pelo coronavírus quanto pela gripe suína de 2009, que nem está demonstrada no gráfico da *New Atlantis*: entre cento e cinquenta e dois mil e quinhentos e setenta e cinco mil mortos, com uma estimativa média de trezentos e sessenta e quatro mil. A gripe de Hong Kong de 1968 também não está representada. Esta matou um estimado de um milhão de pessoas.

Erros como esses importavam. Eles alimentaram as reportagens esbaforidas da imprensa sobre o coronavírus. Um de nós teve uma divergência com um blogueiro bem conhecido, que estava passando exageros e histórias de terror sobre o coronavírus no *Twitter*. Quando eu apontei que o número de mortes da gripe asiática havia sido bem pior, o rapaz ficou incrédulo. Ele nem sequer havia *ouvido falar* da gripe asiática! Ainda assim, ele estava sugerindo aos seus leitores que o coronavírus poderia ser nossa desgraça.

Imagine se a imprensa tivesse reportado os números da gripe asiática sem parar por meses. O terror que atinge nossos corações teria sido quatro vezes maior, no mínimo.

Os editores da *New Atlantis* admitiram que "comparar as mortes [por coronavírus] a, vamos dizer, um ano inteiro de mortes de acidentes de carro ou gripe não é significativo"[92]. Bom ponto. Ainda assim, eles se basearam

90 "Pandemia 1957-1958 (vírus H2N2)", *CDC*, https://www.cdc.gov/flu/pandemic-resources/1957-1958-pandemic.html.

91 Em 30 de junho de 2020, o Worldometer (que tende a contar demais) teve mortes globais por COVID-19 contadas em 409.708; https://www.worldometers.info/coronavirus.

92 Schulman, Foht e Matlack, "Não é como a gripe".

nessa mesma comparação para despachar o "pico" com um significado que ele não teve.

Eles estavam tão focados no pico, que não conseguiam ver o quadro geral. "Em meio ao ruído estatístico há um bom sinal", eles afirmaram. "A pergunta é se nós escolhemos enxergar isso"[93].

O lado bom sobre os picos é que eles abaixam rapidamente. Doenças cardíacas e câncer, por outro lado, continuam preocupando.

Embora você não consiga deixar de notar o pico de contagens diárias em meio a todas essas estimativas suavizadas, é como comparar maçãs com laranjas — ou kiwis com tangelos. Os editores da *New Atlantis* foram enganados por uma miragem estatística. Vários outros a viram também. Contudo, uma miragem ainda é uma miragem, não importa quantas pessoas achem que a veem.

No auge do coronavírus, incontáveis pessoas estavam tentando rastrear o número preciso de mortes em tempo real. Isso é algo que ninguém havia feito antes por nenhuma doença parecida com gripe, porque não se pode ser feito. As incertezas nesse nível de resolução são tão vastas, que o esforço estava fadado a ser um exercício de autoengano. Adicione a isto o exagero da mídia, e ele também se torna um exercício de pânico em massa.

Vamos deixar Bill Maher ter a última palavra. Ele finalmente ficou farto com o que chama de "pornografia de pânico":

> Todo mundo sabe que o corona não é uma caminhada no parque. Porque você literalmente não pode caminhar no parque. Mas, em algum momento, a batida diária de depressão e terror se transforma em pornografia de pânico. Chega de manchetes com "a vida nunca mais será a mesma" [...]. Tudo parece assustador quando você o amplia mil vezes [...]. Dar a perspectiva apropriada não é esconder a verdade. É *a* verdade. Nós precisamos que as notícias acalmem e nos tratem como adultos. O Trump chama vocês de *fake news*. Não façam com que ele esteja certo[94].

---

93 *Ibid.*

94 Tempo real com Billy Maher, "Nova regra: pornô do pânico", vídeo do *YouTube*, 17/abr/2020.

| CAPÍTULO 4 |

ANIA

MA

ANIA

CAPÍTULO 4

Manias Sociais e o Culto da Expertise

Feudos incestuosos e homogêneos de expertise autoproclamada são sempre unidos e autodefensores, acima de tudo.

GLENN GREENWALD[95]

Nós tivemos pandemias virais severas ao longo dos anos, mas esta foi a primeira pandemia do *pânico*. Claro, a mídia está sempre tentando nos assustar, para trazer olhos e ouvidos aos seus *websites* e vender publicidade. Você deve se lembrar como eles exageraram sobre a doença da vaca louca, que iria afetar todos nós. Foi a mesma história com a gripe aviária. E o aquecimento global (mais conhecido como mudança climática), ebola, zika, gripe suína, abelhas assassinas, vespas assassinas e assim por diante. No dia 7 de maio de 2020, a revista *Politico* reportou "nove desastres pelos quais nós ainda não estamos prontos" em uma história útil intitulada "Especialistas sabiam que uma pandemia estava por vir. Aqui está sua próxima preocupação"[96].

95 Glenn Greenwald, *Goodreads*; http://www.goodreads.com/quotes/426096-incestuous-homogeneous-fiefdoms-of-selfproclaimed-expertise-are-always-rank-closing-and.

96 Garrett M. Graff, "Especialistas sabiam que uma pandemia estava chegando. Aqui está o que eles estão preocupados em seguida", *Politico*, 7/mai/2020.

Antes da Covid-19, o desastre provocado por uma doença em larga escala mais recentemente foi a gripe suína de 2009. Estima-se que tenha matado de duzentas mil a mais de meio milhão de pessoas. A imprensa e os políticos certamente alimentaram medo naquela época. Por que isso não criou pânico? Uma diferença principal é o crescimento em tamanho e poder das mídias sociais. Talvez nós tenhamos atingido um limiar de contágio social somente nos últimos dez anos.

Multidões estavam sujeitas a enlouquecer em 2009 tanto quanto agora. Nós tínhamos mídia, *e-mail*, *Internet* e *blogs*. No entanto, durante os onze anos de lá para cá, nós ficamos muito mais conectados. A Apple lançou o iPhone dia 29 de junho de 2007. Em 2009, os *smartphones* foram responsáveis por um quarto da venda de celulares[97], embora a Nielsen tenha estimado que sua penetração foi somente de 17%[98]. Em 2018, mais de quatro entre cinco norte-americanos tinham um *smartphone*[99]. Em 2020, havia três bilhões e meio de pessoas no planeta com um celular[100].

Dois antigos funcionários da Yahoo desenvolveram o aplicativo de mensagens *WhatsApp* para *smartphones* em 2009. *Facebook* o adquiriu em 2014 e, em 2017, ele tinha um bilhão e meio de usuários no mundo todo[101].

Em 2009, o *Twitter* afirmou ter vinte e três milhões e quinhentos mil usuários[102]. Em 2020, a plataforma tinha trezentos e trinta milhões mensalmente e cento e quarenta e cinco milhões de usuários diários, incluindo o presidente dos EUA, Donald Trump[103]. O presidente Obama, quando no cargo, postou sobre a gripe suína em 2009, mas sua conta do *Twitter* era essencialmente uma genérica da Casa Branca. Por bem ou por mal, o presidente Trump foi o primeiro a dominar este meio de mídias sociais.

---

97 "Penetração de *smartphones* nos Estados Unidos de 2008 a 2014", *Statista*, 10/jan/2012.

98 "Com a adoção de *smartphones* em ascensão, a oportunidade para profissionais de *marketing* está chamando", *Nielsen*, 15/set/2009.

99 "Taxa de propriedade de *smartphone* por país, 2018", *Statista*, 27/fev/2020.

100 "Quantas pessoas têm *smartphones* em 2020?" *Oberlo*; https://www.oberlo.com/statistics/how-many-people-have-smartphones.

101 Mansoor Iqbal, "Receita do WhatsApp e estatísticas de uso (2020)", *Business of Apps*, 2/jun/2020.

102 Mercedes Bunz, "Será que o Twitter chegou no pico?" *The Guardian*, 12/mar/2010.

103 Ying Lin, "10 Estatísticas do Twitter que todo profissional de *marketing* deve saber em 2020", *Oberlo*, 30/nov/2019.

O *Instagram* começou em 2010, logo após a pandemia da gripe suína. Ele rapidamente ganhou trinta milhões de usuários[104]. Em 2020, tinha um bilhão de usuários mensais e quinhentos milhões diários[105]. O *Facebook* tinha trezentos e cinquenta milhões de usuários globais ao final de 2009[106] e, em 2020, saltou para um bilhão e sessenta e nove milhões[107]. O *YouTube* cresceu mais de dois bilhões de usuários mensais e um bilhão de horas de conteúdo assistidas diariamente em 2020[108].

Estes são apenas os maiores jogadores. Não podemos esquecer (embora gostaríamos) do *Snapchat*, *Weibo* (China), *WeChat*, *Line*, *Pinterest*, *TikTok* e *Reddit*.

Para resumir, em 2020, bilhões de nós éramos parte de uma conversa global em tempo real. O tamanho e a profusão das mídias sociais, trazidas diretamente aos nossos olhos e ouvidos, se provaram intoxicantes. As redes podem aproveitar a sabedoria de audiências, como acontece com aplicativos de tráfico e buscas do *Google*. Porém, elas também soltam a loucura de multidões — sobrecarregadas com *streaming* de vídeo. No pânico com o coronavírus, nós vimos não somente a rede social, mas a mania social.

Corrija isso: nós estávamos presos *dentro* de uma mania social global, sem nenhuma saída.

Nós Somos Todos Especialistas

A mania era uma parte calma e uma parte exaltada. A mídia social fornece um senso de imediatismo — uma forma de projetar nossa opinião para o mundo mais amplo. Ela oferece uma fácil liberação de dopamina por meio de uma democracia participativa, uma plataforma grátis para sinalizar virtude e indignação a cada minuto de cada dia.

Bem antes, em fevereiro de 2020, nem todo mundo sabia o que um respirador era. Apenas uma pequena parte da humanidade sabia como usar ou consertar um, ou tinha alguma ideia de seus limites e riscos. Um número ainda

---

104 "Linha do tempo do Instagram", *Wikipedia*, última atualização em 18/jun/2020.

105 "Instagram pelos números: estatísticas, demografia e fatos engraçados", *Omnicore*, 10/fev/2020.

106 "Número de usuários ativos no Facebook ao longo dos anos", *Finanças*, 2/out/2012.

107 J. Clement, "Número de usuários do Facebook em todo o mundo de 2015 a 2020", *Statista*, 15/nov/2019.

108 Mansoor Iqbal, "Receita do YouTube e estatísticas de uso (2020)", *Business of Apps*, 23/jun/2020.

menor era equipado para fabricá-los ou conhecia sobre as complexidades de sua cadeia global de suprimentos e entregas.

Em meados de março, contudo, parecia que todo mundo era especialista. Todos, de repente, sabiam quantos respiradores cada UTI em cada hospital precisava no país inteiro. Eles sabiam quantos pacientes morreriam sem um respirador. Poderiam lhe dizer na hora por quanto tempo um paciente com Covid-19 teria que ficar entubado com um respirador — a única possível esperança de vida para ele.

E não foram somente os respiradores. Todos pareciam saber sobre equipe de hospital, utilização de leitos de UTI, procedimentos de triagem e coisas do tipo. Não importa se esses assuntos são tão complexos, tão difíceis até mesmo para os especialistas que os estudam em tempo integral.

Não apenas todos sabiam essas coisas. Eles usaram as mídias sociais para compartilhar seu conhecimento com o mundo.

Num piscar de olhos, um jornalista reportando sobre um assunto do qual ele não sabia nada, influenciou centenas de milhões de citações, fossem elas palavras de aprovação, como se tivessem um "certificado da verdade do alto", ou condenando-o como se fosse uma "falsidade traiçoeira do pai de todas as mentiras".

Em maio, a CNN apresentou um painel sobre o coronavírus. Um membro foi a ativista do clima adolescente Greta Thunberg. Claramente, fama era sua única credencial, mas em um novo mundo de celebridades de mídia social, isso era o suficiente.

Twitter, *Facebook* e *Instagram* explodiram com esse tipo de comentaristas. Abundância de provocações sem fundamento. Todo mundo queria ser o primeiro a produzir uma postagem que fosse viral ou, no mínimo, angariar curtidas ou retuítes. Cada nova morte, rumor, ou factoide era alardeado como se fosse a aterrissagem na Lua. Todos sabiam exatamente o que a tendência mais recente significava e o que esperar da próxima.

Muitos de nós queria ser parte da história e encontramos na rede social a ferramenta de inserção perfeita. No início de março de 2020, quando menos do que quarenta mortes haviam sido atribuídas ao coronavírus no estado de Washington, o médico de um hospital foi ao *Twitter* para participar do pânico. Ele lamentou estar "rodeado de morte". Só havia um problema: dados públicos relevaram que seu hospital havia tido no máximo duas mortes de Covid-19.

Depois que um de nós o questionou sobre isso, ele deletou sua postagem.

Houve muitos incidentes como esse, com pessoas "incrementando" suas experiências. Muitos procuravam dar sentido à crise ao descobrir como se encaixavam nela. E alguns estavam estufando seu currículo, por assim dizer, como uma forma de participar das notícias. Ao fazer isso, eles estavam involuntariamente participando do pânico que gerou bastante dano.

Na realidade, a maioria das pessoas, incluindo grande parte dos jornalistas, não sabia nada sobre respiradores, ou modelos epidemiológicos, ou análises complexas de custo-benefício, ou infecções virais. Contudo, a rede social se tornou a melhor maneira de fingir que sim — mesmo para jornalistas profissionais. Seu diploma de jornalismo não incluía virologia ou epidemiologia ou estatísticas. No entanto, não se requer treinamento para reconhecer uma história assustadora, e isso é tudo o que você precisa para ganhar cliques e ser elogiado por seu conhecimento vicário. Quando os leitores transmitem algo aos seus seguidores, mesmo um rumor frívolo pode ser tornar viral, como algum esquema de *marketing* multinível de reputação.

O problema não foi a falta de conhecimento. (Como você verá, há muito o que criticar sobre o uso errado do real conhecimento). Nós todos não temos conhecimento na maioria das áreas. Nosso ponto é que, durante uma pandemia, as plataformas de redes sociais tenderam a diluir e distorcer o conhecimento real e permitir que pessoas sem conhecimento espalhassem pânico ao assumir uma ilegítima autoridade ali.

Esmagando os Dissidentes

Tudo isso poderia ter acontecido mesmo se as plataformas de rede social tivessem sido o que alegam ser: plataformas neutras para a troca gratuita e aberta de ideias, discursos retóricos, e vídeos de gatos atrapalhados. Os efeitos da rede são reais. No que se chama de a Lei de Metcalfe, George Gilder argumentou que o poder de uma rede aumenta na proporção ao *quadrado* do número de usuários[109]. Contudo, o mais importante é que as plataformas de rede social

[109] Robert M. Metcalfe, "Está tudo na sua cabeça", *Forbes*, 20/abr/2007.

trabalharam horas extras para impulsionar os especialistas oficiais que pregaram o pânico, ao mesmo tempo em que expurgavam dissidentes que imploravam por cuidado e calma.

Se você entrou no *Twitter* durante a crise, deve ter visto frequentemente publicidade de *sites* aprovados para atualizações sobre Covid-19. O mesmo com o *Google*, se você tiver feito pesquisa, como nós fizemos, por tópicos relacionados ao coronavírus. O *Instagram* ofereceu *links* úteis para a OMS e o CDC bem ao topo do seu *feed*.

Essas plataformas tinham o poder de dizer às pessoas onde conseguiriam informação. Como eles sabiam qual informação era a melhor? Uma pergunta melhor ainda: como eles sabiam qual informação era a *pior*?

Em meados de abrirl, a CEO do *YouTube*, Susan Wojcicki anunciou que a plataforma removeria conteúdo que eles julgassem "problemáticos"[110]. Especificamente, removeriam qualquer coisa que fosse contra a Organização Mundial de Saúde como uma violação em seus termos de serviço. Espera! Essa era a mesma OMS que tuitou, no dia 14 de janeiro, que não havia evidências de transmissão do coronavírus de humano para humano — e que, mais tarde, mordeu a língua? A organização que serve aos interesses dos comunistas em Pequim? Sim, essa mesma. Wojcicki cumpriu sua palavra. Sua empresa desconectou muitos vídeos que questionaram essa linha partidária, ainda que a linha tenha mudado.

Um exemplo marcante foi um vídeo dos médicos Dan Erickson e Artin Massihi. Em abril, eles fizeram uma conferência de imprensa no *KERO News 23*, uma estação de Bakersfield, Califórnia[111]. Esses médicos calmamente discutiram dados de fontes oficiais da Califórnia, apoiados com outros dados de seus próprios testes práticos, concluindo que os californianos tinham "uma chance

---

[110] Raheem Kassam (@RaheemKassam), "O CEO do YouTube, @SusanWojcicki, diz que censurará vídeos não aprovados pelo OMS de Tedros. 1. Tedros é um apoiador do PCCh, encobrindo surtos de cólera. 2: a OMS recomendou a "medicina tradicional chinesa". 3: a OMS tinha Mugabe como "embaixador da boa vontade". Não é a melhor empresa, Suze", *Twitter*, 21/abr/2020, 18h11; https://twitter.com/RaheemKassam/status/1252721653240528896. O *YouTube* também foi pego, em maio, excluindo comentários de todos os vídeos que continham frases consideradas "insultuosas" para o Partido Comunista da China. Veja James Vincent, "O YouTube está excluindo comentários com duas frases que insultam o Partido Comunista da China", *The Verge*, 26/mai/2020.

[111] Veronica Morley, "Os médicos de emergência recomendam que seja retirada ordem se se abrigar em casa", *23ABC News* Bakersfield, 22/abr/2020.

de 0,03% de morrer de Covid". Eles questionaram se aquela taxa baixa justificava fecharem os negócios e as exigências de todo o estado procurar abrigo. Sua mensagem foi transmitida a milhões no *FOX News* e, logo após ser postada em canais de *YouTube*, ganhou outras cinco milhões de visualizações.

O *YouTube* respondeu como um jogo de *whack-a-mole*[112] — esforçando-se para bloqueá-lo, policiava a plataforma atrás de canais que mostrassem o vídeo. Contudo, nada morre na *Internet*, portanto, o vídeo continua aparecendo no *site* de notícias original e em outros lugares. Numa reviravolta engraçada que a oficiosa Wojcicki não havia previsto, a própria limpeza que fizeram se tornou notícia, aumentando a visibilidade dos perfis dos médicos, o que não teria acontecido caso o *YouTube* tivesse apenas seguido com o seu trabalho.

Mark Zuckerberg, do *Facebook*, foi à *ABC News* explicar porque sua empresa havia tentado excluir uma página de evento sobre um protesto anti-quarentena em Michigan. Ele disse que esse tipo de coisa é "informação errada e perigosa" e que o *Facebook* "vai tirar do ar"[113]. De acordo com o porta-voz da empresa Andy Stone, a limpeza era justificada porque "eventos que desafiam a orientação do governo de distanciamento social não são permitidos no *Facebook*"[114].

Isso significa que o *Facebook* pretende apoiar *todas* as orientações do governo? Eles vão começar a deletar páginas de evento de protestos contra as ordens executivas do Trump? Claro que não. *Facebook*, juntamente com a maioria das outras grandes plataformas de tecnologia, vai continuar a fazer tudo o que pode para apoiar progressistas. Ninguém espera outra coisa deles.

No início de maio de 2020, Knut M. Wittkowski, que se especializou em bioestatísticas e epidemiologia por vinte anos na Universidade Rockefeller, postou um vídeo no *YouTube*. Ele ofereceu argumentos racionais e sóbrios contra o *lockdown* norte-americano. O *Youtube* o deletou[115]. Em abril, quando Wittkowski começou a falar, seu empregador anterior se sentiu compelido a responder,

---

[112] *Whack-a-mole*, em livre tradução, seria "golpeie a toupeira". É um jogo de tabuleiro no qual toupeiras sobem aleatoriamente por buracos e seu objetivo é golpeá-las com martelo. (N. T.)

[113] Eliza Relman, "O Facebook está removendo as promoções de protestos anti-quarentena que violam os pedidos para ficar em casa na Califórnia, Nova Jersey e Nebraska", *Business Insider*, 20/abr/2020.

[114] Justin P. Hicks, "Facebook exclui evento de protesto em casa em Michigan", *Michigan Live*, 29/abr/2020.

[115] Jon Levine, "Knut Wittkowski, epidemiologista de censura do YouTube, por oposição ao *lockdown*", *New York Post*, 16/mai/2020.

anunciando que suas visões "não representam as da Universidade Rockefeller, nem de seus líderes, tampouco do seu corpo docente"[116].

Normalmente não é preciso dizer isso. Nós não conhecemos nenhuma universidade que diz que seu corpo docente fala por ela. Entretanto, na era da mania social, muitas universidades temem o diálogo crítico e diverso que costumava ser a essência de um ensino superior. Evidentemente, a Universidade Rockfeller é uma delas.

Várias instituições poderosas forçam a "diversidade" — exceto quando se trata de diversidade de pontos de vista. Não são apenas os conservadores que enxergam isso. Cada vez mais acadêmicos do espectro político estão reconhecendo o dano que este pensamento em grupo causa às universidades. A Academia Heterodoxa foi formada em 2015 para combater este problema. Aos milhares, seus membros todos declararam: "Estou preocupado com tantos campos acadêmicos e universidades que atualmente carecem de diversidade de pontos de vista"[117].

Grandes empresas de tecnologia têm o mesmo problema. Contudo, o fato das mesmas se inclinarem para a política de esquerda não explica por que foram ativistas quanto ao coronavírus. A imprensa pode ter um incentivo para instigar o medo, mas até onde sabemos, instigar medo de infecção viral não é um ponto chave do pensamento progressista. Por que isso, então?

Aqui está a nossa teoria: é a mesma dinâmica estranha com especialistas que nós já vimos. As grandes empresas de tecnologia estão repletas de especialistas. Os dias de Bill Gates, Steve Jobs (1955-2011) e Susan Wojcicki trabalhando em suas garagens já acabaram (a garagem de Wojcicki foi o primeiro escritório de Larry Page e Sergey Brin, do *Google*). Nos dias de hoje, a maior parte dos engenheiros de *software* de alto nível e líderes de empresas de tecnologia vêm com credenciais acadêmicas. Professores, pesquisadores e burocratas em lugares como a OMS são credenciados por eles mesmos.

Não há nada de errado com credenciais, é claro. Na maioria dos casos, eles certificam conhecimentos avançados em um campo. Wojcicki sabe totalmente sobre negócios e *marketing* de sistemas de busca e *streaming* de vídeo. Entretanto, se ela for como a maioria dos especialistas que não são médicos, ela não

[116] "The Rockefeller University lança declaração sobre Knut Wittkowski", *The Rockefeller University*, 13/abr/2020.

[117] "Nossa história", *Heterodox Academy*, https://heterodoxacademy.org/our-story.

tinha ideia de como diferenciar um coronavírus de um rinovírus antes de 2020. Por que ela saberia? Fora da medicina, ninguém se importava com isso até recentemente.

Ainda assim o *YouTube* escolheu se tornar arbitrário nessas questões. Nós duvidamos que a empresa tenha contratado um time de virologistas, pneumologistas e epidemiologistas para ajudá-los a considerar quais vídeos deletar e quais manter e divulgar. Então, Wojcicki teve que apelar para uma fonte externa. Mas qual?

Por que não *a melhor*? A melhor seria aquele grupo com as melhores credenciais. Em nível global, essa é a OMS. Não, a OMS não é um cérebro confiável formado pelas pessoas mais inteligentes do mundo. É uma burocracia da ONU. No entanto, é reconhecida no mundo como *oficial*. Por que não se apoiar a eles nas controvérsias relacionadas à pandemia? Se a OMS estiver errada em algumas delas, o *YouTube* teria uma ótima desculpa. Se eles estiverem certos, então, o *YouTube* teria feito a escolha certa.

Não se trata de estar certo ou errado, somente. Trata-se de estar visivelmente alinhado com as pessoas certas. E mais do que *isso*; é sobre ser visto desaprovando as pessoas erradas. Isso se chama "sinalização da virtude". As pessoas certas são aquelas que ocupam altas posições no *estabilishment*; as pessoas erradas são aquelas que criticam essas pessoas.

Não importa se você acha que são intelectuais os jornalistas, ou líderes de tecnologia, ou editores do *Wikipedia*. O que importa é que eles acham que são. Por isso se alinham tão servilmente com a visão consensual do *estabilishment* intelectual. De controvérsia em controvérsia, eles provam que sua fantasiosa associação com os grandes pensadores importam para eles bem mais do que fazer a coisa certa.

Com poucas exceções, inclusive os grandes pensadores agem dessa forma (por isso, a necessidade da Academia Heterodoxa). As próprias elites que, se tivessem coragem, poderiam balancear o pensamento de outras elites em vez de acabar numa dança de afirmação mútua. Dessa forma, especialistas tendem a reforçar a rede de visões ortodoxas por meio de uma multidão de campos.

Entretanto, puxe um fio e a coisa toda se desfaz. É por isso que, quando um estranho chega e escolhe um fio, os construtores da rede do clube da ortodoxia intelectual gritam "Negador!" O zurro é especialmente abusivo se o estranho não for credenciado. Aranhas dos mais altos níveis habitam o centro da teia e o estranho é uma ameaça real, como um gafanhoto gigante desajeitado.

É por isso que o *YouTube* não poderia simplesmente promover a OMS. Ele tinha que deletar vídeos que contradissessem a história do dia da OMS. Ele — e o *Facebook* e o resto dos gigantes das mídias sociais — tinha que promover apenas conteúdo "respeitável" e deletar os dissidentes.

Isso é o que aconteceu com os dr. Erickson e dr. Massihi, como nós vimos. Eles tinham credenciais mas, ao se oporem à ortodoxia, eles provaram ser o tipo errado de pessoa. Eles tinham dados e inteligência, no entanto, não eram membros do clube. Todas as pessoas certas (por definição) estavam deferindo as maiores autoridades da saúde.

O mesmo vale para Aaron Ginn, um jovem *growth hacker*[118] do Vale do Silício interessado em política e políticas de tecnologia. Baseando-se nas estatísticas da Johns Hopkins, ele escreveu uma crítica ao *lockdown* na *Medium*, uma revista *on-line* que afirma "encorajar ideias vindas de qualquer lugar". Foi surpreendentemente bom, considerando a falta de conhecimento de Ginn. Logo o artigo ganhou milhões de visualizações e inspirou um debate *on-line* saudável.

Então, um oficial especialista em doenças infecciosas, Carl Bergstrom, da Universidade de Washington, lançou uma tirada desagradável contra ele em sua página do *Twitter*. Ele disse que o artigo de Ginn era como se "traduzisse Shakespeare para japonês no tradutor do *Google*, depois de volta para o inglês, e por alguém que nunca tenha ouvido falar em Shakespeare". Esse é o tipo de coisa que você diz quando você quer desesperadamente se opor a alguma coisa, mas não consegue pensar num bom argumento. Qualquer um que tivesse lido o artigo soube que a acusação foi absurda. O texto de Ginn era lúcido e analítico. Não importa. A *Medium* o retirou do ar o artigo treze horas depois de sua publicação. O *Twitter* obedientemente adicionou um alerta nas publicações sobre ela. Outros professores da Universidade de Washington a usaram como exemplo de "desinformação" de rede social em um artigo para o *Washington Post*[119].

A *Medium* publicou um artigo de outro *growth hacker* do Vale do Silício, Tomás Pueyo. Ele argumentava que o coronavírus era bem pior do que a maio-

---

[118] O termo *growth hacker* se refere ao profissional que trabalha com *growth hacking*, uma nova forma de *marketing* digital que visa encontrar pontos críticos de uma empresa para ajudá-la a crescer rapidamente. (N. T.)

[119] Kate Starbird, Emma Spiro e Jevin West, "Essa desinformação da Covid-19 se tornou viral: aqui o que aprendemos", *Washington Post*, 8/mai/2020.

ria das pessoas pensava. Seu artigo ganhou impulsionamento de Steven Pinker e do *New York Times*. O *BuzzFeed* o citou como sendo "o artigo definitivo sobre o surto de Covid-19"[120]. Pueyo não tinha mais conhecimento do que Ginn e, além disso, estava factualmente errado, mas estava do lado certo. Seu artigo segue disponível na *Medium*.

Mais uma vez, seu alinhamento é o que torna você certo, não as suas credenciais ou a qualidade de seus argumentos. Pegue Knut Wittkowski, por exemplo, uma das vítimas da censura do *YouTube* mencionadas acima. Ele é o antigo chefe de Bioestatísticas, Epidemiologia e Pesquisa de Design no Centro de Ciência Clínica e Translacional da Universidade Rockefeller. Ele tem Ph.D. em ciência da computação pela Universidade de Stuttgart e um doutorado em biometria médica pela Universidade de Tübingen, as melhores universidades alemãs. Ele tem tanto conhecimento quanto qualquer um da OMS. Contudo, ele era um crítico firme aos *lockdowns* e da lógica por trás deles. Isso o fez ser uma das pessoas erradas.

A empresa britânica Journey Pictures postou uma contundente entrevista por vídeo com ele, oferecendo-o tempo amplo para defender a imunidade de rebanho contra *lockdowns*. Após o vídeo ter viralizado, eles publicaram uma atualização. Adivinha o que aconteceu com o primeiro vídeo? Não precisamos nem contar. Você entendeu.

Especialistas que não foram censurados (até onde a gente sabe) foram massacrados por contrariar a linha do partido. Entre eles o professor de Stanford, John Ioannidis, que publicou um estudo sugerindo que o vírus estaria mais disseminado do que os testes revelavam[121]. Ele e seu time testaram pessoas no condado de Santa Clara, Califórnia, e descobriram que a taxa da infecção era, de fato, maior.

Isso não deveria ser nem surpreendente, nem controverso. Porém, o era. Verdade que Ioannidis e seu time não estavam oferecendo a palavra final sobre o coronavírus, apenas um olhar inicial e útil sobre o progresso da doença. Contudo, o que aconteceu, como descrito no *New York Times*, foi "a versão acadêmica

---

[120] Zoe Schiffer, "Como o meio se tornou o melhor e o pior lugar para notícias sobre o coronavirus", *The Verge*, 14/abr/2020.

[121] Eran Bendavid *et al.*, "Soro prevalência de anticorpos do COVID-19 no condado de Santa Clara, Califórnia", *MedRxiv*, 30/abr/2020.

de um assado"[122]. Cientistas e acadêmicos trataram Ioannidis e seus coautores como se tivessem cometido um sacrilégio. Eles foram para além das críticas normais e produtivas em cima dos detalhes de um estudo, partiram para ataques pessoais na fossa da rede social, que celebrou com sua cerimônia usual de empilhamento para desacreditar hereges[123].

A mídia ficou enfurecida quando críticos do fechamento citaram o estudo. Depois surgiram "revelações" de um "denunciante" que parte do estudo havia sido financiada por uma entidade não governamental. Isso condenou o estudo para além da esperança. A *The Nation* disse que a Universidade de Stanford — na qual Ioannidis é professor de medicina, pesquisa em saúde e ciência de dados biomédicos — havia "perdido sua alma"[124].

É assim que funciona o culto de especialistas. Não se trata de inteligentes genuínos, ciência cuidadosa, ou de seguir evidências onde elas levam. Se trata da autoridade que vem por ser um membro de carteirinha do clube *oficial*. Se oponha a ele e você perde sua carteirinha. Há uma ideia absurda de que o dinheiro do governo é puro e dinheiro privado é contaminado. E não há exceção à regra: qualquer indivíduo com dinheiro suficiente para financiar o clube ganha afiliação honorária. A fundação do Bill Gates é a segunda maior doadora da OMS, após os Estados Unidos[125], então, Gates é iluminado.

Os gigantes das mídias sociais apoiaram pessoas que estavam do lado de um consenso manufaturado, fossem elas especialistas ou não. E eles reprimiram pessoas que estavam do outro lado, fossem elas especialistas ou não. Isso fez o pânico da pandemia ser não apenas assustador, mas sinistro.

---

[122] Aleszu Bajak e Jeff Howe, "Um estudo disse que Covid não era tão mortal. A direita aproveitou", *New York Times*, 14/mai/2020.

[123] Marc Lipsitch (@mlipsitch), "Está ficando cada vez mais difícil levar a sério a linha de 'vamos manter a ciência' de John Ioannidis. Meu orientador de pós-doutorado Bruce Levin disse 'O que distingue a ciência do resto da academia é que, na ciência, você não pode prever a conclusão a partir do nome do autor'", *Twitter*, 20/mai/2020, 10h34 da noite; https://twitter.com/mlipsitch/status/1263296963627356161.28.

[124] Jeet Heer, "Como Stanford perdeu sua alma", *The Nation*, 20/mai/2020; https://www.thenation.com/article/society/
Stanford-lost-soul-coronavirus.

[125] Josephine Molds, "Como a Organização Mundial da Saúde é financiada?" *Fórum Econômico Mundial*, 15/abr/2020.

| CAPÍTULO 5 |

ESSA

PR

PRE

CAPÍTULO 5

A Pressa para o *Lockdown*

Democracia é a teoria de que pessoas comuns sabem o que querem, e merecem fazê-lo bem e com força.

H. L. Mencken[126] (1880-1956)

Políticos não estão imunes ao culto simbiótico da *expertise* entre a mídia, plataformas de mídias sociais e especialistas oficiais. Eles estão sujeitos a desmaiar diante de especialistas de alto escalão assim como os presidentes de empresas tecnológicas. Mesmo aqueles com imunidade parcial, como o presidente Trump, não podem ignorá-los quando a imprensa aciona seus sinais para o público. Se enquetes mostram que os eleitores estão em pânico, então, presidentes, governadores e prefeitos sabem que o público deve vê-los fazendo alguma coisa — *qualquer coisa* — para solucionar o problema. Em meados de março, a maioria dos norte-americanos queria uma ação do governo, boa e firme[127].

126 MENCKEN, H. L. *Um pequeno livro em dó maior.* Nova York: John Lane Co., 1916.

127 Frank Newport, "10 principais conclusões: opinião pública sobre o coronavírus", *Gallup*, 20/mar/2020.

A crença de que governos podem e devem consertar todo grande problema é mais pronunciada na política de esquerda do que de direita. Contudo, dadas as circunstâncias, provavelmente qualquer ocupante da Casa Branca teria favorecido um *lockdown*, e a maioria dos governadores teriam feito o mesmo. Afinal de contas, a maioria dos governos da maioria dos países do mundo reagiram desta forma. Isso sugere que a causa do pânico da pandemia transcende a política.

De fato, o pânico público já estava bem encaminhado quando políticos, sentindo a ondulação, começaram a competir pelo prêmio da categoria "a resposta mais séria".

Alguns deles abraçaram seus novos poderes com gosto. Como mencionamos na Introdução, o presidente das Filipinas, Rodrigo Duterte, ordenou à polícia e ao exército matar cidadãos que desafiassem o *lockdown*[128].

A polícia na Índia foi bem mais humana. Em alguns lugares, eles dirigiam em seus patinetes e golpeavam violadores na cabeça[129].

Aqui nos Estados Unidos da América, nós nos conformamos com multas e prisão. A prefeita de Washington D. C., Muriel Bowser, ameaçou residentes com "noventa dias na cadeia e uma multa de cinco mil dólares" se eles saíssem de casa durante a crise[130]. Os estados emitiram ameaças similares aos negócios. O estado de Vermont ordenou ao Walmart e ao Target pararem de vender itens não essenciais, como roupas e eletrônicos, em suas lojas[131].

Nós não vamos abusar da questão; vocês têm suas próprias histórias. O que nós achamos perplexo foi que, no início, poucas pessoas se opuseram contra essas restrições. Pelo contrário: na maioria das vezes, o público participou e, até mesmo, liderou o caminho.

---

128 Christina Capatides, "'Atire para matar: o presidente das Filipinas, Rodrigo Duterte, ordena que policiais e militares matem cidadãos que desafiam o bloqueio por coronavírus", *CBS News*, 2/abr/2020.

129 Ankita Mukhopadhyay, "Índia: polícia sob fogo por uso de violência para impor o *lockdown* do coronavirus", *Deutsche Welle*, 28/mar/2020.

130 Steven Nelson, "Prefeita de DC ameaça pena de prisão por sair de casa durante o coronavirus", *New York Post*, 30/mar/2020.

131 Wilson Ring e Travis Pittman, "Vermont faz pedidos ao Walmart e Target para interromper a venda de itens não essenciais na loja", *13 WTHR*, 2/abr/2020, atualizado pela última vez em 3/abr/2020.

Delação

Ao invés de protestar contra o engano do governo, as pessoas ao redor do mundo denunciavam seus vizinhos por descumprir o *lockdown*. No dia 30 de março de 2020, Brendan O'Neill da *Spiked*, alertou sobre uma doença viral se espalhando pela Grã-Bretanha — "a doença da delação"[132].

Como o título de uma reportagem mencionou, "Alemãs denunciam seus vizinhos que zombam das regras do vírus, no eco da antiga polícia Stasi". A repórter explicou que

> [...] a polícia de Munique recebeu cento e cinquenta ligações todos os dias da semana passada de cidadãos reportando violações das regras do corona[133].

Taiwan lidou com a crise melhor do que a maioria dos países. Entretanto, ainda havia alguns loucos no país. Por exemplo, na cidade Taipei, o governo ofereceu recompensas para aqueles que reportassem quem jogasse máscaras no chão (os taiwaneses usam muitas máscaras)[134].

Nos Estados Unidos da América, o prefeito de Los Angeles, Eric Garcetti, tentou minar o estigma social atrelado à delação. "Sabe o velho ditado sobre dedos-duros", ele disse, "bem, neste caso eles recebem recompensa"[135]. E não foi somente vizinho dedurando vizinho. Foi tribo dedurando tribo. Uma manchete dizia, "Coronavírus em Delaware: polícia autorizada a parar motoristas de fora do estado durante pandemia"[136].

Nós não alcançamos os níveis assassinos dos comunistas de espionar cidadãos. No entanto, houve muita delação. Um de nós observou diariamente o *chat* da vizinhança, *NextDoor*. Os vizinhos deduraram vizinhos por darem uma

---

132 Brendan O'Neill, "A doença da delação", *Spiked*, 30/mar/2020.

133 Madeline Chambers, "Alemães denunciam vizinhos que desobedecem às regras de vírus, ecoando o passado da Stasi", *Thomson Reuters Foundation News*; https://news.trust.org/item/20200402160625-8y12u.

134 "O governo da cidade de Taipei recompensa aqueles que denunciam os que não usam máscaras", *Taiwan News*, 2/abr/2020.

135 "'Dedos-duros ganham recompensa: Garcetti emite novas regras para locais de construção, encoraja comunidade a denunciar violadores", *CBS Los Angeles*, 31/mar/2020.

136 "Coronavirus Delaware: polícia autorizada a parar motoristas de fora do estado durante a pandemia", *3 CBS Philly*, 2/abr/2020.

segunda caminhada ao ar livre, não fazer distanciamento social e por suspeitas de outras atividades não sancionadas.

Em uma questão de semanas, o fraco medo da morte transformou milhões de nós em *bullies* chorões.

Porque nós Concordamos

Por que o público norte-americano concordou com isso? Uma coisa é a gente decidir que seria melhor trabalhar de casa e evitar grandes multidões. No entanto, outra coisa são cidades e estados ordenarem que não se vá ao trabalho, ou à igreja ou, até mesmo, deixar nossas casas, sob a ameaça de sermos preso se não obedecermos. Os estados podem fazer isso legalmente apenas nas emergências mais extremas. A maioria dos norte-americanos nunca havia testemunhado algo parecido — nem mesmo no meio de um furacão. E, ainda assim, em grande parte, nós concordamos com isso.

Milhões de pessoas estavam com medo de si mesmas, mas isso foi apenas parte da história. O que fez total diferença foi: nós achamos que as vidas de *outras* pessoas estavam em risco.

Como dizem, a sua liberdade acaba quando a do outro começa. Isso porque seu vizinho tem os mesmos direitos que você, nem mais, nem menos. Rapidamente nós rendemos nossos direitos durante a pandemia do pânico, porque os limites entre liberdades ficaram borrados. A maioria de nós conhece a extensão de nossa liberdade e a distância da liberdade dos nossos vizinhos. Contudo, e se, ao exercer seu direito de visitar o *shopping*, você inadvertidamente exala partículas infecciosas de vírus? Onde fica o limite? E se algumas dessas partículas encontra seu caminho nos narizes de outros e os infectam? E se essas pessoas seguirem infectando outras sem o saber, e milhares de pessoas morrerem como resultado? Seu exercício de liberdade pode ser a sentença de morte de incontáveis pessoas.

"Estamos em guerra com um vírus mortal", disse o presidente Trump aos norte-americanos em 31 de março de 2020.

> O sucesso nesta luta vai requerer uma medida total da nossa força coletiva, amor e devoção. É muito importante. Cada um de nós tem o poder sob nossas

escolhas e ações para salvar vidas norte-americanas e resgatar os mais vulneráveis dentre nós[137].

Palavras poderosas. Mais do que o suficiente para suprimir os mais ávidos amantes da liberdade norte-americanos, ao menos, por um tempo. Uma coisa é defender o seu direito à religião e à assembleia pacífica. No entanto, e se sua presença na igreja causasse uma infeção que mata uma mulher de oitenta e cinco anos, que está sentada na sua frente?

Como disse o senador Ted Cruz:

> Essa crise nos mostrou o caráter do povo norte-americano. Nós vimos que norte-americanos de todo tipo de vida estão prontos e dispostos a fazer sacrifícios para o bem público, para ajudar a parar a propagação desse vírus[138].

O perigo ia além da propagação do vírus. A primeira justificativa para "distanciamento social" era "achatar a curva" — diminuir o contágio da infecção para reduzir a pressão no sistema de saúde. Talvez você não tivesse muito risco de morte, mas se você ficasse doente o suficiente para ir ao hospital, precisaria de um leito, médico, enfermeiros, remédios e equipamentos que poderiam salvar a vida de um idoso.

Estranhamente, em meados de março, evitar os outros se tornou nossa primeira diretiva. "Proximidade é geralmente associada à intimidade e distância à estranheza", observou um antropologista no auge do frenesi. "O desafio do povo no momento é que nós devemos aprender a expressar nosso cuidado e preocupação ao manter distância, o que é contraintuitivo"[139].

Essa lógica se estendeu até para aqueles que, em outros tempos, arriscariam suas vidas para cuidar de outros. "Uma coisa é fazer de si mesmo um mártir", disse o padre católico e teólogo Thomas Joseph White,

---

137 "Comentários do presidente Trump, vice-presidente Pence e membros da força-tarefa do coronavírus em *briefing* de imprensa", 31/mar/2020; https://www.whitehouse.gov/briefingsstatements/remarks-president-trump-vice-president-pence-memberscoronavirus-task-force-press-briefing-15.

138 Ted Cruz, "Ted Cruz: as restrições ao distanciamento social são boas – o autoritarismo mesquinho não", *New York Post*, 14/abr/2020.

139 "Por que as pessoas acumulam e se socializam durante uma pandemia?" *University of Rochester*, 2/abr/2020.

> e outra é erradicar um asilo no processo. Numa situação dessas, os padres só devem ministrar aqueles que estão infectados, se eles mesmo tomarem precauções suficientes para não infectar outros[140].

Isso foi um grande problema para os católicos. Sermões e preces podem ser realizados *on-line*, mas sacramentos só podem ser administrados pessoalmente.

Como resultado, há sempre alguma chance de que um padre irá infectar alguém. Na prática da comunhão católica, padres colocam hóstias consagradas em centenas, além milhares, de mãos e bocas toda semana. Eles esvaziam o cálice após a comunhão *bebendo* o que restou. Toda a operação é o pesadelo de um germófobo. A maioria dos católicos e padres levam isso com calma. Eles ficam em casa ou, ao menos, mantêm distância se estiverem doentes. Usam álcool em gel durante a temporada de gripe.

Suspender missas públicas, confissões e batismos, portanto, somente faz sentido se o risco for extremo. Por exemplo, se há um vírus altamente contagioso e exclusivamente mortal que provavelmente chegaria ao cálice. As missas deveriam ser canceladas se a taxa de mortalidade de um vírus fosse 1%? 10%? 100%? É difícil, se não impossível, dizer. Entretanto, não é surpresa que o fechamento de igrejas e as ordens de ficar em casa, para citar apenas duas respostas, fossem baseadas em previsões antecipadas, apocalípticas e totalmente imprecisas sobre o coronavírus. Foi assim que as autoridades convenceram a maioria dos padres que eles tinham o dever de evitar a administração dos sacramentos — algo que eles não concordariam nem em tempos de guerra, perseguição ou fome em massa.

Em meados de abril, quando o apocalipse não veio, alguns começaram a se perguntar se o risco justifica essa reação. A opinião estava bem dividida. Em 17 de abril de 2020, o *Washington Post* fez cobertura dos protestos "de direita" contra os *lockdowns* em Michigan, Minnesota e Virgínia. "Eu chamo essas pessoas de Rosa Parks[141] (1913-2005) dos tempos modernos", publicou o *Post*, ci-

140 Thomas Joseph White, "Perigo epidêmico e sacramentos católicos", *First Things*, 4/abr/2020.

141 Rosa Parks é um dos nomes mais importantes para o movimento antissegregacionista dos Estados Unidos no século XX. Parks ficou especialmente famosa após corajosamente se negar a ceder o seu lugar no ônibus a um branco, em 1º de dezembro de 1955, na cidade de Montgomery, Alabama. Após o ocorrido, vários ativistas negros e demais simpáticos à causa — entre eles Martin Luther King Jr. (1929-1968) — se

tando o economista conservador Steve Moore. "Eles estão protestando contra injustiça e a perda de liberdades"[142]. Isso rendeu a Moore seus dois minutos de ódio no *Twitter*. O colunista da *New York Magazine*, Mark Harris, resumiu o sentimento: "Nunca vou me esquecer do dia que Rosa Parks subiu no ônibus com uma metralhadora e se recusou a usar uma máscara por causa da liberdade"[143]. Outros alegaram que os protestantes haviam perdido seu direito à assistência médica e, inclusive, desejaram doença e morte para eles.

Entretanto, protestantes pacíficos são tão norte-americanos quando a torta de maçã. Imagine qualquer outro cenário. E se o presidente, governadores e prefeitos nos tivessem forçado a fechar negócios e igrejas e a ficar em casa porque nós corremos muito risco quando dirigimos, trabalhamos ou brincamos no parque? Nós nunca teríamos tolerado isso. Teria havido grandes protestos bipartidários do Atlântico ao Pacífico. Conservadores teriam eriçado com a perda da liberdade e progressistas teriam denunciado os fascistas da Casa Branca e da Câmara e Senado.

O que houve, por fim, foi que a maioria de nós obedeceu e se impôs à regra — por meses.

Por quê? Porque acreditamos que as restrições não eram somente para o nosso bem. Também eram para o bem de outros. A pandemia de pânico se estabeleceu porque apelou não apenas para nossos vícios — nosso medo e partidarismo mesquinho — mas para nossas virtudes — nosso amor por parentes mais velhos e avós e companheiros norte-americanos. Como no *jiu-jitsu*, autoridades usaram nosso peso moral para nos içar por meio das nossas próprias bombas.

Mostraremos mais adiante porque essa jogada não foi justa. Se todos tivéssemos percebido o mal que os *lockdowns* do pânico iriam causar a outros, certamente, teríamos sido menos complacentes.

---

juntaram ao movimento de boicote aos ônibus de Montgomery. O boicote, de fato, gerou perdas significativas às empresas que ofereciam o transporte público naquela cidade. Hoje a referida postura de Rosa Parks é considerada o estopim principal do movimento que levou à queda de inúmeras leis segregacionistas nos EUA do século passado. (N. E).

142 Toluse Olorunnipa, Shawn Boburg, e Arelis R. Hernandez, "Manifestações contra pedidos de abrigo em casa crescem conforme Trump fica do lado de protestantes", *Washington Post*, 17/abr/2020.

143 Mark Harris (@MarkHarrisNYC), "Nunca esquecerei o dia em que Rosa Parks entrou no ônibus com uma submetralhadora e se recusou a usar máscara por causa da liberdade", *Twitter*, 18/abr/2020, 1h31 p.m.; https://twitter.com/MarkHarrisNYC/status/1251563951864852480.

A Pandemia do Pânico

Se estivesse preso em uma simulação, como no filme *Matrix* (1999), você perceberia? Você notaria a falha aleatória no seu campo de visão, o fragmento pixelizado do céu, o ciclo de repetição do vídeo quando você estivesse correndo na vizinhança? Ou você não perceberia, ou conseguiria justificar as coisas, ou colaboraria?

Mude o cenário. Imagine que você foi submetido a uma campanha global de guerra psicológica. Toda fonte de informação parecia confirmar a mesma história assustadora, e apelar para o instinto do medo enterrado no fundo de sua alma. No entanto, tudo estava o enganando. Como você saberia? Qual estratégia você usaria para se tirar dessa situação, para resistir, buscar a verdade, por mais desagradável que seja?

Você notaria, conseguiria justificar as coisas, ou colaboraria?

No início do último século, milhões de europeus morreram de tuberculose a cada ano. No período de alguns meses, em 1918, cerca de cinquenta milhões morreram da gripe espanhola. As duas guerras mundiais levaram a mais de cem milhões de mortes. Nenhum desses eventos fechou a economia global, ou levou a ordens compulsórias de ficar em casa ao redor do mundo. Nenhum deles fez o mundo livre esvaziar igrejas e sinagogas. E, ainda assim, em 2020, nós fizemos todas essas coisas — nos sujeitando ao maior experimento social que o mundo jamais viu.

Houve boas razões para o ceticismo, mesmo no começo. E agora há evidência esmagadora de que nós caímos no feitiço — não da conspiração, mas do contágio social global. Se você continuar lendo, não ficará mais sem o notar. Então, terá uma escolha a fazer: encarar, explicar, ou continuar colaborando com ele.

| CAPÍTULO 6 |

TIRA

ME

MEN

CAPÍTULO 6

Desembaraçando os Números

Se você torturar os dados por tempo suficiente, eles vão confessar qualquer coisa.

Ronald Coase (1910-2013)

Atribuir causas de morte é uma questão confusa. Médicos em hospitais com pacientes idosos, assolados por "comorbidades", enfrentam o dilema todo dia. Há um paciente de noventa anos que morre. Ele tinha diabetes tipo 2, angina, pressão alta e artrite severa, e veio à sala de emergência na noite anterior com sintomas de gripe. O que você coloca na certidão de óbito? Haverá tipicamente uma causa imediata da morte juntamente com outras causas, subjacentes e outros fatores complicados. Você envia o paciente a uma autópsia, que é cara e gasta tempo? Ou você deixa para lá, já que a morte foi natural e iminente?

Com o novo coronavírus, a política tornou essas escolhas ainda mais confusas. Os especialistas, que haviam acionado o alarme do planeta sobre o coronavírus e recomendado fechamentos draconianos para lutar contra ele, certamente sabiam que seriam culpados se fosse um alarme falso. Então, eles tinham um bom motivo, conscientes ou não, para exagerarem as mortes de

Covid-19. E se os números reais acabassem bem abaixo das previsões, eles iriam creditar os fechamentos pela queda. A última coisa que eles queriam era admitir um enorme "Ops!".

A OMS declarou o surto de Covid-19 como uma "emergência de saúde pública de interesse internacional" no dia 30 de janeiro de 2020[144]. Dia 11 de março, eles a transformaram numa pandemia[145]. Duas semanas mais tarde, dia 25 de março, emitiram orientações para designar casos como Covid-19. De acordo com essas novas regras, um paciente com febre e tosse que necessitou de hospitalização seria classificado nos "casos suspeitos de Covid-19" se o clínico atendente achasse se os sintomas se encaixariam melhor[146]. Além disso, "um caso *provável* é um caso *suspeito* para aqueles cujo relatório de testes laboratoriais para o vírus Covid-19 é inconclusivo"[147]. Você leu certo. O protocolo dizia para classificar casos suspeitos para prováveis se o resultado de teste fosse *inconclusivo*.

Grupos de controle de doenças ao redor do mundo forçaram estas regras aos médicos. Em 8 de abril, um distrito local de uma escola pública alertou um de nós sobre um professor que havia sido diagnosticado com Covid-19.

> O professor [...] visitou a sala de emergência no domingo, 5 de abril de 2020, onde ele foi diagnosticado pelo médico. Ele não foi testado; contudo, foi diagnosticado por um médico baseado em seus sintomas.

Esse padrão era bizarro — particularmente quando consideramos que, naquela época, 80% dos testes em pessoas com sintomas voltavam negativos[148].

Os padrões para causa da morte estavam igualmente relaxados. Nos Estados Unidos da América, o CDC mudou as regras no meio do caminho, declarando

144 Timothy Akinyomi, "Se você torturar os dados por muito tempo, eles confessarão qualquer coisa", *Business Day*, 29/jan/2020.

145 "Declaração sobre a Segunda Reunião do Comitê de Emergência do Regulamento Sanitário Internacional (2005) em relação ao surto do novo coronavírus (2019-nCoV)", *Organização Mundial da Saúde*, 30/jan/2020.

146 "Discurso de abertura do Diretor-Geral da OMS no *briefing* para a mídia sobre COVID-19", *Organização Mundial da Saúde*, 11/mar/2020.

147 "Codificação COVID-19 em CID-10", *Organização Mundial da Saúde*, 25/mar/2020.

148 "Códigos CID de uso de emergência para surto de doença COVID-19", *Organização Mundial da Saúde*; https://www.who.int/classifications/icd/covid19/en.

no início de abril que os médicos poderiam listar Covid-19 como causa oficial da morte sem um teste[149]. A mudança levou a um pico nas mortes oficiais de coronavírus[150]. Começaram a surgir histórias de famílias questionando como a Covid-19 tinha aparecido na certidão de óbito de seus parentes, sem evidência[151].

Classificar as mortes foi um alvo em movimento durante a pandemia. Naturalmente, a imprensa fixou-se em qualquer desculpa para criar uma imagem mais sombria. Por exemplo, o *Covid Tracking* da *The Atlantic* reportou noventa e uma mil, duzentas e oitenta e sete mortes por coronavírus nos Estados Unidos da América no dia 22 de maio, quase 24% mais alto do que a imagem de setenta e três mil, seiscentos e trinta e nove que o CDC reportou na mesma época. Essa discrepância se tornou consistente no início de maio, como mostra a *figura 6.1*. A imprensa frequentemente defendeu os números elevados com base na gravação oficial atrasada do CDC. De acordo com o CDC, seus números "forneciam o cenário mais completo e correto da perda de vidas à Covid-19"[152].

No Reino Unido, o professor de patologia John Lee explicou que seu país não havia registrado previamente patógenos que levassem à morte por falha respiratória (uma causa comum de morte) em certidões de óbito "a menos que a doença seja 'notável' e rara"[153]. Até recentemente, a lista dessas doenças especiais excluía viroses sazonais comuns, tais como a gripe e os coronavírus anteriores. Em vez disso, tinha patógenos realmente assustadores — antraz, a praga e assim por diante.

Adicionar Covid-19 a essa lista foi uma profecia autorrealizável: inflou a contagem de mortes pela Covid-19. Como disse dr. Lee, "Tornar a Covid-19 notável pode dar a impressão de que ela esteja causando o aumento do número de mortes, seja isso verdade ou não". Com as novas regras, seja qual for a verdadeira causa de morte, uma vez que um paciente testa positivo, a equipe do

---

149 "Número total de testes COVID-19 por caso confirmado", *Our World in Data*, 19/abr/2020.

150 Os óbitos são codificados como U07.1 quando a doença coronavírus 2019 ou COVID-19 são relatados como uma causa que contribuiu para a morte na certidão de óbito. Isso pode incluir casos confirmados laboratorialmente, bem como casos sem confirmação laboratorial". Atualizações diárias de totais por semana e estado: contagens provisórias de mortes por doença coronavírus 2019", *CDC*, 6/abr/2020. Isso contradiz o protocolo da OMS citado na nota 2 deste capítulo, acima.

151 "Novas mortes diárias nos Estados Unidos", *Worldometer*, última atualização em 26/jul/2020.

152 "Tristes, irritados e confusos: a família diz que a mãe nunca foi testada, mas certidão de óbito lista COVID-19", *WHEC TV*, 21/mai/2020.

153 "Atualizações diárias de totais por semana e estado: contagens provisórias de mortes por doença coronavírus 2019", *CDC*, 2/jul/2020.

hospital "*tem* que registrar a designação de Covid-19 na certidão de óbito — ao contrário da prática usual para a maior parte das infecções desse tipo". Isso cria uma questão entre morrer *com* o vírus e morrer *do* vírus.

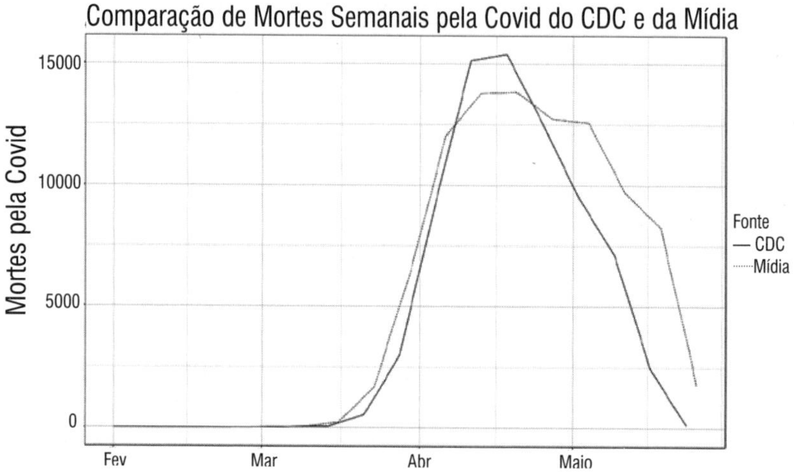

Figura 6.1: Comparação da contagem de mortes semanais pela Covid-19 do CDC (Contagem de Mortes pela Doença do Coronavírus[154].

Nos Estados Unidos da América, o CDC divulgou orientações que eram tão confusas quanto. Não é de se admirar que a dra. Deborah Birx tenha dito "não há nada do CDC que eu possa confiar"[155] em uma reunião da Força-Tarefa de Coronavírus, em maio. A imprensa, obviamente, deu boas-vindas a números inflados e, inclusive, adicionou sua própria inflação.

Quão Mortal ela é?

Bem, vamos deixar de lado as manchetes, que são guias cegos, e ver se conseguimos responder à simples pergunta: quão perigoso é o novo coronavírus para a saúde pública? Ele é frequentemente a causa *única* de uma morte, como ebola, que

---

[154] Disponível em: <https://www.cdc.gov/nchs/nvss/vsrr/covid19/index.htm>) e o Projeto de Rastreamento da Covid (associado à The Atlantic, disponível em: <https://covidtracking.com>), até 26/mai/ 2020.

[155] John Lee, "Quão mortal é o Coronavirus? Ainda está longe de estar claro", *Spectator*, 28/mar/2020.

mata metade das pessoas que infecta, incluindo as saudáveis[156]? Ou ele basicamente contribui para a morte de pessoas não saudáveis, como o vírus da gripe sazonal?

Um vírus realmente terrível seria tão mortal quanto ebola e tão contagioso quanto a gripe. Um vírus assim infectaria aproximadamente 20% da população e mataria metade das pessoas infectadas — cerca de *oitocentos milhões* de mortes ao redor do mundo, mais de trinta milhões dessas nos EUA. Algo assim aconteceu quando a Europa perdeu cerca de um terço de sua população para uma pandemia bacteriana (a peste bubônica) de 1347 a 1352.

Na verdade, o coronavírus não é nem como a peste bubônica, nem como o ebola, que matam uma grande quantidade de pessoas, tanto doentes quanto saudáveis. Como a gripe sazonal, ele contribui para mortes das pessoas mais velhas ou que já estão doentes por outras causas. Quando o coronavírus mata, ele gera uma pneumonia severa que, em última instância, leva à parada respiratória. Contudo, a maioria das pessoas que pega a gripe, ou o coronavírus, se recupera. Ambos os vírus trabalham de cima para baixo no trato respiratório para causar pneumonia. No entanto, uma resposta imune forte geralmente limpa a infeção antes que isso aconteça.

É assim que típicos vírus da gripe se diferenciam de variantes mais letais como a gripe espanhola. Uma temporada normal de gripe atinge, em grande parte, os idosos devido ao seu sistema imunológico mais fraco e outros problemas de saúde[157]. Entretanto, os idosos podem ter uma vantagem sobre variantes mais raras e mortais de gripe, que aparecem poucas vezes no século. Por quê? Porque eles viveram mais dessas raras pandemias. Seu sistema imunológico pode ser mais lento, mas tende a carregar anticorpos de infecções anteriores. É por isso que versões raras da gripe matam um número desproporcional de jovens saudáveis. A gripe espanhola de 1918, por exemplo, atingiu pessoas entre dezoito e trinta e cinco anos[158]. A gripe suína de 2009 pareceu atingir grupos entre vinte e cinto e quarenta e nove anos[159].

---

156 Bob Brigham, "Deborah Birx supostamente diz à força-tarefa que não se pode confiar 'em nada do CDC'", *Salon*, 9/mai/2020.

157 Frauke Rudolf *et al.*, "Influência da via de encaminhamento na taxa de casos fatais com doença do vírus ebola e efeito do viés de seleção de sobrevivência", *Doenças infecciosas emergentes* 23, nº 4 (abr/2017): 597-600.

158 Jordi Rello e Aurora Pop-Vicas, "Revisão Clínica: Pneumonia Viral por Influenza Primária", *Cuidados Intensivos* 13, nº 6 (dez/2009):235.

159 *Ibid.*

Uma boa maneira de avaliar uma nova causa de pandemia é compará-la às causas anteriores. As vítimas são mais jovens e saudáveis do que as usuais de pneumonia? Isso seria uma bandeira vermelha. Se, por outro lado, as mortes de pneumonia se encaixam no perfil demográfico comum, então, há menos motivo para preocupação.

A média de idade de pessoas que morrem de pneumonia nos Estados Unidos da América é de setenta e seis anos[160]. Mais de 80% deles já têm sérios problemas de saúde[161]. Um estudo descobriu que quase metade das vítimas de pneumonia tinha doença arterial coronária[162]. Mais de um terço tinha doença no fígado ou nos rins, e mais de um quarto tinha câncer.

Como o novo coronavírus se compara? Um relatório do dia 23 de março de 2020 do *Journal of the American Medical Association* deu a primeira pista[163]. Era uma resenha detalhada de prontuários médicos para trezentos e cinquenta e cinco vítimas de Covid-19 na Itália. As vítimas tinham idade média de 79,5 anos e estavam com saúde debilitada. Mais de um terço tinha diabetes e pouco menos de um terço tinha doença isquêmica do coração. Um quarto tinha fibrilação atrial. Um quinto tinha câncer ativo e mais de um sexto tinha demência ou histórico de derrame. Das trezentos e cinquenta e cinco pessoas, apenas três tinham saúde boa antes de pegar o coronavírus.

Dados dos Estados Unidos da América mostram um cenário similar. Em 20 de maio de 2020, a idade média das mortes por coronavírus era de 76,2 anos[164]. Como na Itália, essas pessoas eram predominantemente doentes. Em Nova York, onde os índices de mortes eram os mais altos dos EUA, 89,1% das vítimas sofriam ao menos de um problema sério de saúde antes de contrair o vírus[165]. Houve exceções, é claro, mas como via de regra, as vítimas do corona-

---

160 "Características da doença de H1N1 e surto precoce em 2009", *CDC*, 27/out/2009.

161 "Divisão de Estatísticas Vitais, Dados de Mortalidade", *CDC*, 17mar/2016; <https://www.cdc.gov/nchs/data/health_policy/influenza-andpneumonia-deaths-2008-2015.pdf>.

162 Grant W. Waterer *et al.*, "Mortes em hospitais entre adultos com pneumonia adquirida na comunidade", *Peito* 154, nº 3 (set/2018): 628-35.

163 *Ibid.*

164 Graziano Onder, Giovanni Ressa, e Silvio Brusaferro, "Taxa de casos fatais e características de pacientes que morrem em relação ao COVID-19 na Itália", *Journal of the American Medical Association* 323, nº 18 (mar/2020): 1775-76.

165 "Atualizações semanais por seleção de características demográficas e geográficas: contagem provisória de óbitos por doença por coronavírus (COVID-19); Tabela 2c", *CDC*, 20/mai/2020.

vírus parecem muito como vítimas usuais de pneumonia: idosas e doentes. É por isso que o coronavírus atingiu tanto os asilos[166].

O CDC reportou uma média de 2,5 condições *sem* Covid-19 listadas em certidões de óbito atribuídas ao coronavírus[167]. Na verdade, Covid-19 era a única causa listada por *somente 7%* dessas mortes. De forma ainda mais desconcertante, "injúrias intencionais e não intencionais, intoxicação e outros eventos adversos" eram listados como causas de milhares de mortes atribuídas à Covid-19. Essa é uma pequena parcela do total, mas mostra um problema sistemático de como os dados eram tratados durante a pandemia. O CDC busca a precisão no longo prazo, mas não tira tempo para entregá-la. Quando a imprensa clama por manchetes repletas de más notícias a cada hora, mais se frustram com o longo processo de concluir os dados de mortes. Então, eles cortam o caminho e fazem como dá ao fabricar números na pressa.

A *figura 6.2* mostra como a contagem altamente imperfeita de mortes por coronavírus de 2020[168] se compara às mortes por pneumonia em 2018 e ao total de mortes em 2018 em diversos estados[169]. Somente em três deles — Nova York, Nova Jersey e Connecticut — as mortes por coronavírus foram bem mais altas do que as por pneumonia. Em outros lugares, as mortes atribuídas ao vírus estavam próximas ou abaixo do número atribuído ao da pneumonia em 2018. Em nenhum estado o vírus causou mais do que uma fatia de mortes anuais normais.

Ainda assim, em alguns estados, a Covid-19 tirou mais vidas em 2020 do que qualquer pneumonia em 2018 (um ano relativamente ruim por pneumonia). Essas são mortes em excesso. Apesar de toda a bagunça com a contagem, portanto, o coronavírus claramente matou muitas pessoas antes que, de outra forma, teriam morrido.

166 "Fatalidades", Departamento de Saúde do Estado de Nova York, atualizado pela última vez em 27/jul/2020.

167 Karen Yourish *et al.*, "Um terço de todas as mortes por coronavírus nos EUA são residentes ou trabalhadores em lares de idosos", *New York Times*, 11/mai/2020.

168 "Atualizações semanais por seleção de características demográficas e geográficas: contagem provisória de óbitos por doença por coronavírus (COVID-19); Tabela 4", *CDC*, 20/mai/2020.

169 "O Projeto de Rastreamento do COVID", O Projeto de Rastreamento do COVID: *The Atlantic*; https://covidtracking.com/api.

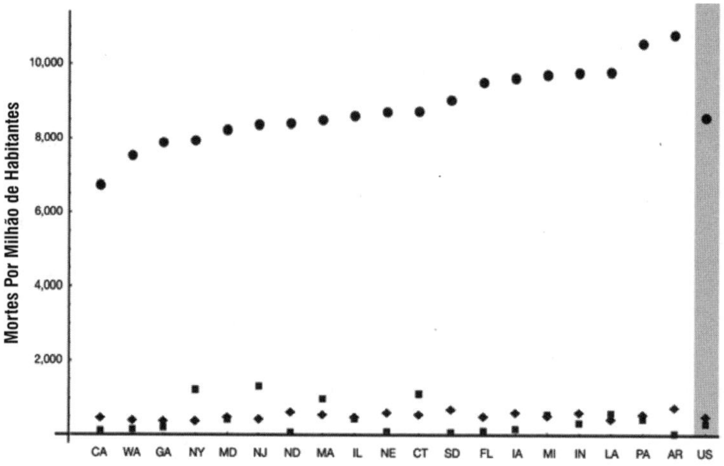

Figura 6.2: Comparação de mortes atribuídas à Covid-19 em vários estados em 2020 (quadrados) com os números do total de mortes de 2018 (círculos) e mortes por pneumonia (diamantes). A contagem de morte pela Covid-19 está atualizada de acordo com o dia 31 de maio de 2020[170].

Casos, Infecções, Mortes, Confusão

Embora não tenha sido útil para o público se tornar obcecado com números de mortes, eles são um aspecto padrão da epidemiologia. A taxa estimada de mortalidade pode ser baseada tanto nas infecções quanto nos casos. O primeiro deles (a taxa de mortalidade de infectados, ou TMI) é um princípio simples: pegue o número total de pessoas que morreram *pelo* vírus e divida-o pelo o número total de infectados por ele. É mais fácil falar do que fazer, porque não é fácil contar as infecções. Os resultados dos testes dizem um determinado número, mas esse número sempre depende de outro, altamente variável: quantas pessoas já foram testadas.

A taxa de letalidade (TL), em contraste, é simples, na prática, porém mais ambígua para ser definida. O número de mortes é o mesmo, mas agora é dividido pelo número de pessoas infectadas que se tornaram "casos". O que é um caso? Bom, geralmente é alguém que aparece no hospital para ser tratado.

170 Fonte dos dados: <https://covidtracking.com/data>. 1

Contudo, os casos na pandemia de Covid-19 não foram bem assim. Eles eram uma mistura de pessoas que compareceram aos hospitais e pessoas que compareceram aos locais de teste. Algumas nem sequer apareciam. Quer dizer, algumas pessoas doentes provavelmente estavam com muito medo de procurar tratamento, então ficaram em casa e nunca foram contados. Quantos? Ninguém sabe.

As estimativas iniciais da taxa de letalidade do novo coronavírus estavam entre 0,3% a 1,3%. As melhores estimativas da taxa de mortalidade de infectados estavam entre 0,15% a 0,26% (veja mais abaixo).

A *figura 6.3* mostra o quanto a contagem dos casos relatados subestima o número real de pessoas infectadas pelo vírus. A linha preta embaixo mostra o total de casos reportados no mundo inteiro, o que sabemos estar possivelmente muito abaixo, se a taxa de mortalidade dos casos estiver sequer próxima da marca. A área cinza-clara mostra o total de números de casos atuais (dada a variação de 0,3% a 1,3 % da taxa de letalidade). Há bem mais casos reais do que reportados — cerca de cinco a vinte e uma vezes mais. O número total real de casos em 27 de maio de 2020 estava beirando vinte e cinco a cento e vinte milhões de pessoas. Isto é, cerca de 0,3% a 1,6% da população mundial havia tido sintomas, ou eram casos por essa data.

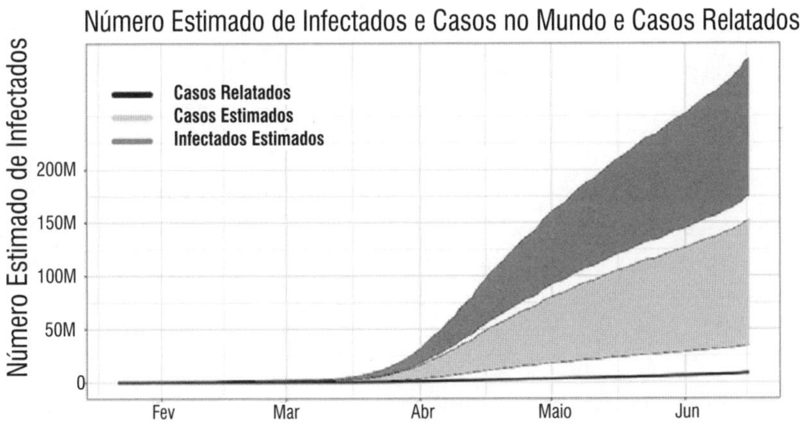

Figura 6.3: O total de casos reportados de Covid-19 mundialmente por data, comparado às estimativas totais do número de casos e infecções. As estimativas são derivadas usando a taxa de infecções e casos reais, providenciada pelo CDC e outras fontes. Isso mostra que os casos reportados não chegam perto de mensurar a verdadeira extensão da propagação do coronavírus.

A área cinza-escura mostra o número estimado total de infectados no mundo, por data, utilizando o estimado da taxa de mortalidade de infectados de 0,15% a 0,26%. O TIM de 0,15% (a linha mais alta) dá a maior estimativa do total de infecções. Isso faz sentido, já que para um determinado número de mortes, mais infecções reduzem as taxas de mortalidade por infeção. O número estimado de pessoas infectadas é vinte e cinco a quarenta e três vezes maior do que os casos relatados. Isso será importante quando considerarmos o que a mídia fez com os casos relatados. Nós estimamos que o número real de infecções estaria entre cento e quarenta e duzentos e quarenta milhões, por volta de 27 de maio. Quer dizer, aproximadamente 1,8% a 3% da população mundial teria tido sintomas ou sido infectada nessa data.

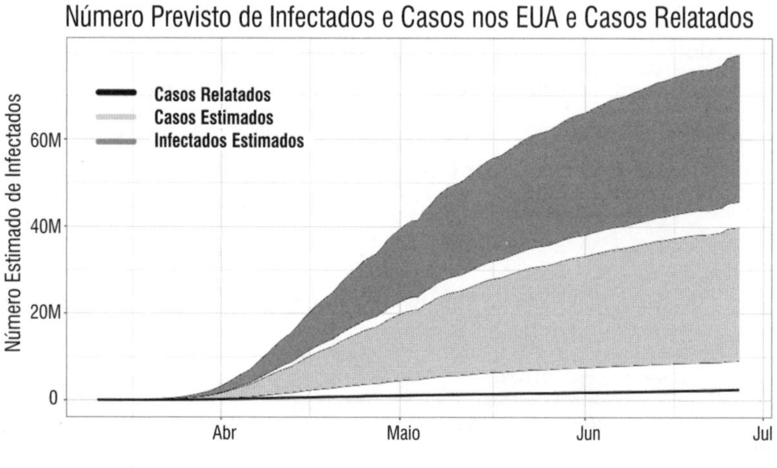

Figura 6.4: O total de casos reportados de Covid-19 nos EUA por data, comparado às estimativas totais do número de casos e infecções. As estimativas são derivadas usando a taxa de infecções e casos reais, providenciados pelo CDC e outras fontes. Isso mostra que os casos reportados não chegam perto de mensurar a verdadeira extensão da propagação do coronavírus.

A *figura 6.4* faz a mesma comparação para os Estados Unidos da América. Como antes, a linha preta embaixo mostra o total de casos relatados. A área cinza-clara representa o estimado do total de casos, assumindo 0,3% a 1,3% da TL. Novamente, nós presumimos que o número real de casos seja entre cinco a dezenove vezes maior do que os reportados. O número total de casos reais estava perto de oito a trinta milhões de norte-americanos por volta de 27 de maio.

Quer dizer, aproximadamente 2,4% a 9,2% da população dos EUA teria tido sintomas ou sido infectada nessa data.

A área cinza-escura representa o estimado do total de pessoas infectadas, assumindo 0,15% a 0.26% da TMI. Portanto, o número de infectados seria cerca de *vinte e duas a trinta e oito vezes maior* do que o de casos relatados. O número de infecções reais seria perto de trinta e sete a sessenta e dois milhões de pessoas. Isto é, aproximadamente 11% a 19% da população dos EUA teria sido infectada por volta de 27 de maio de 2020.

Lembre-se que todas estas estimativas dependem de o total de mortes reportadas ser verdadeiro. Se for muito alto, então, os casos e infecções estimadas serão altos também. Ainda assim, ajudam a estimar o número de casos e infecções verdadeiros, o que é bom saber por si só. Elas também ajudam a enquadrar o que a imprensa e as autoridades fizeram com os casos e testes. Conforme as mortes subiam em março e abril, eles as reportaram dia a dia, hora a hora. A mensagem era clara: a menos que você se submeta às restrições, é só uma questão de tempo antes que o vírus mate você ou alguém que você ama.

Então, no final de abril, as mortes diárias começaram a diminuir. Entretanto, essa boa notícia teve menos cobertura do que as ruins anteriores; ao invés disso, a imprensa agora passa mais tempo relatando *casos*. Em meados de maio, a NPR observou um "pico" de casos em frigoríficos no Texas após o estado começar a restaurar liberdades[171]. O *The Hill* pareceu encantado em reportar "casos subindo" no Texas, Carolina do Norte e Arizona após esses estados afrouxarem as rédeas[172]. Cada estado que abria se tornava alvo da mídia.

Claro, a forma mais fácil de acabar com novos relatos de casos seria parar de testá-los. O oposto também funciona: para ter mais casos relatados, faça mais testes. As *figuras 6.3* e 6.4 expõe esse truque claramente. De volta a março, o número de pessoas infectadas, ou casos, era muito maior do que as imagens relatam. Mais testes teriam revelado isso. E vejam só, quando mais testes estavam disponíveis e mais pessoas foram testadas, mais infectados foram reporta-

---

171 "Vigilância da mortalidade por pneumonia e influenza do Centro Nacional do Sistema de Vigilância de Mortalidade de Estatísticas de Saúde", *CDC*; https://gis.cdc.gov/grasp/fluview/mortality.html.

172 "Texas enfrenta um aumento nos casos de coronavírus em fábricas de empacotamento de carne", *NPR*, 18/mai/2020.

dos! Não foi simplesmente porque mais pessoas estavam sendo infectadas — foram mais infecções sendo detectadas[173].

Se há um pico de novos casos quando as mortes estão diminuindo, é quase certo que há mais testes sendo feitos. E não se engane: mortes estavam diminuindo em maio. A *figura 6.5* do CDC mostra a contagem provisória de mortes pela Covid-19 nos EUA por semana e para grupos de idades variadas. Não importa a idade, o número de mortes estava se reduzindo antes do final de abril. Uma boa explicação para o declínio seria o início da imunidade do rebanho. Isso acontece quando boa parte da população suscetível ao vírus foi infectada para retardar outras infecções mortais. Os *lockdowns* foram feitos para espalhar ("achatar") as curvas da infecção. Isso também espalharia as curvas de morte. Nós vamos analisar criticamente se eles funcionaram no *Capítulo 9*. De toda forma, o vírus havia percorrido seu curso mortal em grande parte no final de junho.

Frequentemente, incêndios florestais têm uma trajetória similar. Eles se espalham rápido quando uma região seca não está queimada, em certo ponto, porém, vão além das árvores. Nesse momento, uma imprensa honesta reportaria que o fogo está contido e apagado. Claro, os repórteres poderiam encontrar um pequeno fogo em algum lugar e focar suas câmeras ali por um tempo. É isso que a mídia fez com a Covid-19. Chegando em julho, eles tentaram manter as chamas da Covid-19 queimando ao caçar números de casos.

No dia 20 de maio de 2020, de acordo com *Worldmeter*, as mortes globais pela Covid-19 relatadas estavam em trezentos e vinte e nove mil setecentas e trinta e duas, e os casos relatados em cinco milhões, noventa mil e sessenta e quatro. O que nós chamamos de taxa de letalidade era de 6,5%. As mortes relatadas nos Estados Unidos da América, de acordo com o *Covid Tracking Project*, eram setenta e sete mil quatrocentas e setenta e duas e casos relatados um milhão quinhentos e quarenta e dois mil e trezentos e nove. Usando todos esses números, a taxa de letalidade era de 5,7%. Qual está certo: 6,5% ou 5,7%?

Nenhum está certo. A *figura 6.6* mostra como as estimativas desses casos de taxa de letalidade variam dia a dia no mundo e nos EUA conforme a pandemia acontece. Se há uma taxa realmente verdadeira, então, os números de esti-

[173] Peter Sullivan, "Texas, Carolina do Norte e Arizona veem casos crescentes à medida que são reabertos", *The Hill*, 19/mai/2020.

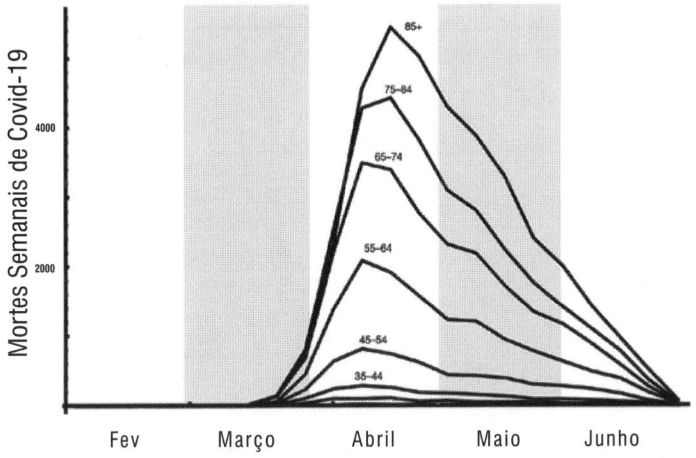

Figura 6.5: Mortes semanais atribuídas à Covid-19 nos EUA, conforme reportadas pelo CDC na semana que terminou em 27 de junho de 2020. As legendas indicam as faixas etárias (referentes às seis curvas acima). A curva de morte de 25-34 anos está visível abaixo da de 35-44 anos. Mortes de pessoas abaixo 25 anos estão plotados em uma curva única, com números pequenos demais para serem vistos aqui.

mativas diárias estão errados. Na verdade, eles podem estar *todos* errados. É por isso que nós destacamos que eles são baseados nos casos e mortes relatados, não em casos e mortes verdadeiros.

Se as mortes relatadas são muito altas — por exemplo, se muitos que morreram *com* o vírus, mas não *pelo* vírus, foram classificados como morte pela Covid-19 —, a taxa de letalidade também está muito alta. Subestimar a contagem ou os relatos dos casos reais também faria a taxa mais alta. Ambos os erros provavelmente aconteceram.

Ainda mais relevante do que a taxa de letalidade é a taxa de mortalidade de infectados. Este é o número que pode dizer a probabilidade de morte se você pegar o vírus — mais ou menos. Ambas são bem diferentes, apesar de a imprensa nem sempre fazer essa distinção. O coronavírus não estava matando 5% ou 7% das pessoas infectadas no início de maio, como um leitor ingênuo dessas figuras poderia sugerir. Os testes limitados não estavam revelando todas as infecções. A maioria dos infectados não foi testada porque tinha poucos ou nenhum sintoma.

Qual é a real taxa de mortalidade de infectados, então? No momento em que escrevemos este livro, ninguém sabe dizer ao certo. Especialistas usando amostragem inteligente de dados, tais como relatórios de autópsias verificados,

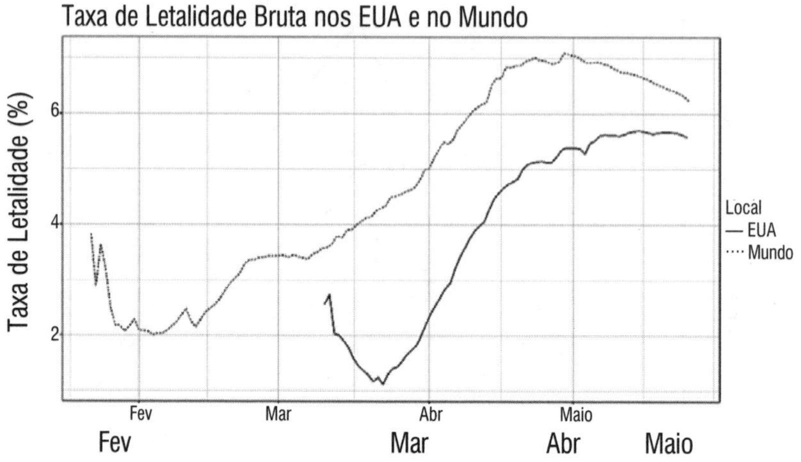

Figura 6.6: Estimativas diárias da taxa de letalidade de Covid-19 bruta no mundo e nos Estados Unidos da América, de 21 de maio.

vão estimar isso mais tarde. Alguns estudos já começaram. Um deles coloca a taxa de "mortalidade de infectados de pacientes sintomáticos" numa porcentagem enorme de 1,3%[174]! Contudo, essa não é a taxa real; é somente outra maneira de indicar a taxa de letalidade. Por quê? Os que estavam infectados, mas não tinham sintomas, não foram contados no estudo. Outro estudo forneceu uma estimativa de letalidade baixa, 0,3%, o que significa que a taxa de mortalidade por infecção devia ser ainda menor[175]. A taxa de letalidade da gripe é cerca de 0,1%. Baseado nesses números, podemos dizer que a Covid-19 é três vezes mais mortal do que a gripe — quer dizer, se você se tornar um "caso". Nesse momento, entretanto, há muita ambiguidade sobre o que é um caso de Covid-19.

O certo é que essa taxa de mortalidade de infectados deve ser menor do que a taxa de letalidade. Um estudo sobre infecções assintomáticas de rinovírus, a causa mais comum do resfriado mais comum, estimou que "infecção assintomática é quatro vezes mais comum do que a sintomática". Com a MERS-CoV[176]

[174] Veja, por exemplo, "O Coronavírus da Califórnia é associado a um aumento nos testes, e não na reabertura de empresas, afirmam oficiais", *Los Angeles Times*, 12/jun/2020.

[175] Anirban Basu, "Estimando a taxa de mortalidade por infecção entre os casos sintomáticos de COVID-19 nos Estados Unidos", *Health Affairs*, 7/mai/2020.

[176] Dimple D. Rajgor, *et al.*, "As muitas estimativas da taxa de mortalidade de casos COVID-19", *Lancet*, 27/mar/2020. Síndrome respiratória do Oriente Médio. (N. T.)

(um vírus como o Covid-19 e muito mais comum em crianças), por outro lado, casos assintomáticos eram somente 1% a 42% dos sintomáticos[177]. Assim sendo, se a taxa de letalidade da Covid-19 estivesse por volta de 0,3% a 1,3%, utilizando as estimativas do rinovírus como o limite inferior e a estimativa maior da MERS para o limite superior, a taxa de mortalidade de infectados seria provavelmente cerca de 0,15% a 0,26%.

A taxa de mortalidade de infectados da gripe comum depende da cepa em particular, mas os números comuns usados são 0,04% a 0,1%[178]. Nós poderíamos comparar a pandemia da gripe suína em 2009, mas é uma comparação tensa, porque a taxa de infecção por idade foi quase uma inversão da taxa da Covid-19. A gripe suína atacou os jovens, a Covid-19 os mais velhos. A gripe suína se espalhou facilmente. Um estudo descobriu que a taxa de infecção — o número total de pessoas que pegaram o vírus — era de 39% para as idades de três a dezenove anos, mas somente 0,77% para pessoas acima de sessenta anos[179]. O mesmo estudo descobriu uma taxa de infecção geral (de idade média) de 0,007%. O CDC produziu estimativas parecidas[180].

Nós podemos derivar números precisos de mortalidade do experimento natural de *lockdown* do navio de cruzeiro *Princess*, no qual três mil setecentos e setenta passageiros e tripulação estavam em quarentena. (Note que isso pode não corresponder com a forma que a doença agiria em uma população normal). De acordo com as Forças de Autodefesa do Japão,

> A idade média dos pacientes era sessenta e oito anos, e o número de homens e mulheres era quase a metade. A tripulação estava entre seus trinta e cinquenta anos, em sua maioria. Os passageiros estavam principalmente na casa dos setenta anos"[181].

---

177 Jaffar A. Al-Tawfiq, "Infecção assintomática por coronavírus: MERSCoV e SARS-CoV-2 (COVID-19)", *Medicina de viagem e doenças infecciosas*, (fev/2020); https://library.umsu.ac.ir/uploads/25_1481_51_71.pdf.

178 Justin Fox, "O Coronavírus não é apenas a gripe, Bro", Bloomberg, 24/abr/2020; Rachael Rettner, "Como o novo coronavírus se compara à gripe?" *Live Science*, mai/2020.

179 Steven Riley *et al.*, "Características epidemiológicas de 2009 (H1N1) Influenza pandêmica com base em soros pareados de um estudo longitudinal de corte comunitário", *PLOS Medicine* 8, nº 6 (jun/2011): e1000442.

180 "Cenários de planejamento pandêmico", *CDC*, última atualização em 10/jul/2020; https://www.cdc.gov/coronavirus/2019-ncov/hcp/planning-scenarios.html; Veja também Daniel Horowitz, "O CDC confirma taxa de mortalidade por coronavírus extremamente baixa. Onde está a mídia?" Ron Paul Institute for Peace and Prosperity, 24/de /2020.

181 "Sem 'infecção hospitalar' com 112 tratamentos em navios de cruzeiro! Por que o 'Hospital Central da Força de Autodefesa' pode fazer um milagre", *Daily Shincho*, 30/abr/2020.

Houve setecentos e doze infectados relatados, com taxa de infecção de 19%. Houve treze mortes, com uma taxa de mortalidade de infectados de 1,8% — bem alta, mesmo levando a idade em consideração. Isso também era a taxa de letalidade, já que todos os infectados do navio foram tratados como casos. A taxa geral de mortalidade (morte por população) foi de 0,3%. Contudo, todos esses números devem representar um limite superior, por causa da quarentena. Não é de se estranhar que todos os números sejam menores em áreas fora de quarentenas.

Isso também lembra que nem a taxa de letalidade ou de mortalidade de infectados nos diz muita coisa. A taxa geral revela melhor o verdadeiro perigo de um vírus. Afinal de contas, nem todo mundo pega o vírus, nem todos que pegam ficam doentes e nem todos que ficam doentes morrem. Mesmo assim, uma taxa geral é bruta e não distingue elementos de uma população por idade ou condição de saúde prévia. Então, o número aplicado a uma população como um todo não necessariamente corresponde ao *seu* risco.

Pandemias Passadas

Portanto, como deveríamos comparar a letalidade da pandemia presente com as do passado? Uma medida decente seria a porcentagem da população mundial morta.

Esse número também mede ruptura: quanto maior o número de mortos, maior o impacto nos que ficaram vivos e naqueles que irão nascer. No entanto, os detalhes de pandemias passadas são geralmente incertos[182]. Quanto mais recentes os eventos são, mais nós sabemos. Mesmo no século XX, nós talvez tenhamos estimativas cruas. A estimativa de mortes da gripe espanhola, por exemplo, varia entre dezessete a quase sessenta milhões[183]. Ainda assim, faz sentido comparar com a pandemia atual esses eventos, especialmente os dos últimos séculos.

[182] "Lista de epidemias", *Wikipedia*, última atualização em 26/jul/2020.

[183] "No frio e nas costas: recém-descoberto interesse na gripe espanhola", *História Cultural e Social* 3, nº 4 (out/2006): 496-505.

EVENTO	DATA	MORTES MUNDIAIS	PERCENTAGEM
Peste de Atenas	429-426 a. C.	75-100 mil	0,8
Peste Antonina	165-180	5-10 milhões	3
Peste de Cipriano	258	1 milhão	0,4
Peste de Justiniano	541-542	25-100 milhões	21
Epidemia de Varíola Japonesa	735-737	2 milhões	0,6
Peste Negra	1331-1353	75-100 milhões	21
Epidemia de Varíola do México	1520	5-8 milhões	1,4
Epidemia do Cocoliztli	1545-1548	5-15 milhões	0,2
Epidemia do Cocoliztli	1576-1580	2-2,5 milhões	0,4
Peste Italiana	1629-1631	280 mil	0,05
A Grande Peste de Londres	1665-1666	100 mil	0,02
A Grande Peste de Marselha	1720-1722	100 mil	0,007
A Peste Persa	1772	2 milhões	0,2
Primeira Epidemia de Cólera	1816-1826	100 mil	0,009
Segunda Epidemia de Cólera	1829-1851	100 mil	0,008
Terceira Epidemia de Cólera	1852-1860	1 milhão	0,008
Pandemia da Gripe	1889-1890	1 milhão	0,06

Tabela 6.1: A porcentagem de mortos em todo o mundo por várias doenças com taxa de mortalidade de, no mínimo, cem mil, até o início do século XX. O cálculo para os números da porcentagem da população mundial é da *Wikipedia*[184].

Na *figura 6.5* nós reunimos informações de dezoito pestes, epidemias e pandemias historicamente significantes. Em tempos modernos, os números são bem precisos. Quanto mais a gente volta no tempo, mais incertos eles estão.

184 "População mundial", *Wikipedia*, última atualização em 21/jul/2020.

Mostramos apenas eventos nos quais o número total de mortes foi reportado ser, no mínimo, cem mil[185].

A história registra muitas pestes sem dar uma contagem de morte. Apenas metade das epidemias observadas tem taxa de mortalidade no registro histórico.

As pandemias também aconteceram com menos frequência nos dias antigos, já que a maioria das pessoas não andava muito longe de casa. No entanto, populações concentradas ainda permitiam grande número de mortos. A peste antonina de 165-180 d. C. matou cerca de 3% da população mundial. Uma proporção equivalente ao que hoje seria de duzentos e trinta e um milhões de mortes (3% de sete bilhões e setecentos milhões). Quase quatro séculos mais tarde, veio a peste de Justiniano, que levou aproximadamente 21% da população mundial em um ano — o equivalente a *um bilhão e seiscentos milhões* de mortos no mundo de hoje! Um evento dessa escala hoje seria causa ampla para pânico.

O único outro evento registrado dessa magnitude é a peste negra na Europa. Espalhada por mais de vinte anos, ela aniquilou entre setenta e cinco e cem milhões de pessoas. Novamente, isso era cerca de 21% da população mundial — um desastre épico.

Através dos tempos, houve uma tendência bem clara na qual a maioria dos eventos que mata 1% ou mais da população mundial aconteceu na Idade Média ou antes. Isso podia ser devido a dificuldades de registro. Seja qual for a razão, nos tempos modernos o único evento a ultrapassar 1% foi a epidemia de varíola do México de 1520, que matou entre cinco e oito milhões. Naquele tempo, havia cerca de quatrocentos e oitenta milhões de pessoas no planeta. Um evento similar hoje destruiria cento e oito milhões.

Registros históricos não listam a gripe como uma grande assassina até 1889-1890, quando ela matou cerca de um milhão de pessoas, ou aproximadamente 0,06% de um bilhão e seiscentos milhões de pessoas vivas naquela época. Um evento comparativo hoje iria tomar quatro milhões e seiscentas mil vidas.

185 Essa escolha mostra um chamado viés de disponibilidade de medição. Sabemos muito mais sobre pandemias modernas do que antigas. Não temos registros detalhados de épocas anteriores. Nossos ancestrais consideravam a morte mais garantida do que nós. Nós, modernos, também nos fixamos em números precisos. Grupos de algumas dezenas de mortes são agora "notícias de última hora". Séculos atrás, os escribas registravam apenas os maiores surtos.

Epidemias e pandemias a partir de 1900 estão listadas na tabela 6.6. A peste devastadora de varíola durou de 1877 a 1977, um século inteiro. É dita ter tomado cerca de quinhentos milhões de vidas, uma média de 0,3% de mortes por ano, por cem anos.

PERCENTAGEM MUNDIAL	MORTES	DATA	EVENTO
0,007*	>12 milhões	1855-1960	Pandemia Peste Bubônica
0,0002*	> 800 mil	1899-1923	Sexta Pandemia de Cólera
0,008*	1,5 milhões	1915-1926	Pandemia de Encefalite Letárgica
3	17-100 milhões.	1918-1920	Gripe Espanhola
0,07	2 milhões	1957-1958	Gripe Asiática
0,3*	500 milhões	1877-1977	Varíola
0,03	1 milhão	1968-1969	Gripe de Hong Kong
0,02*	> 32 milhões	1920-Presente	Pandemia de HIV/Aids
0,009	152-575 mil	2009-2010	Gripe Suína
0,004	400 mil	2019-junho de 2020	Covid-19

Tabela 6.2: Epidemias e pandemias com, ao menos, cem mil mortes desde o início do século XX. As percentagens com asterisco (*) são médias por ano imprecisas, pois representam eventos que ocorreram entre períodos de tempo. Por exemplo, a varíola matou uma média geral de 0,3% anualmente de 1877 a 1977.

Alguns cientistas afirmam que o surto de HIV/Aids começou no início dos anos 1920[186], apesar da maioria das mortes não ocorrer até o final dos anos 1970 e início dos anos 1980. Em média, no século anterior, o HIV/Aids matou aproximadamente 0,02% por ano. A peste bubônica, causada pela mesma bactéria da peste negra, também durou por mais de um século — começou em 1855 e durou até 1960, matando por volta de doze milhões de pessoas, a maioria na Índia e China.

Os outros eventos foram mais localizados no tempo. A gripe espanhola é a mais infame, tendo matado de dezessete a cinquenta e oito milhões de pessoas,

[186] Ainda hoje é debatido a origem do HIV/Aids, assim como a data mais provável do início do contágio em seres humano. Entretanto, o estudo mais aceito no campo da zoologia e virologia, atualmente, é o que foi coordenado pelo Phd. Brandon F. Keele, publicado com o título: *Chimpanzee Reservoirs of Pandemic and Nonpandemic HIV-1* na revista Science no dia 28 de julho de 2006. (N. E.)

com algumas estimativas tão altas quanto cem milhões. Se o número de cinquenta milhões está correto, então, o surto de influenza matou 3% de, mais ou menos, dois bilhões de pessoas vivas. Isto seria duzentos e trinta e um milhões nos números de hoje!

Dentre os surtos mais recentes da influenza, a gripe asiática (1957-1958) matou em torno de dois milhões de pessoas, ou 0,07% da população mundial. Não havia pânico mundial. A gripe de Hong Kong, nos anos de 1968-1969, matou em torno de um milhão de pessoas, ou 0,03% da população. Novamente, nada de pânico mundial.

A síndrome respiratória aguda grave (SARS) foi um evento de mídia em 2002-2004, especialmente na Ásia. Houve certa preocupação generalizada na época, divulgada por fontes oficiais e não-oficiais, que a doença poderia causar uma grande devastação. E, ainda assim, matou somente setecentas e setenta e duas pessoas — não é o suficiente para ser incluída em nossa tabela. Lembra-se do zika vírus transmitido por mosquito? Isso gerou uma enxurrada de manchetes em 2015-2016, com foco nos perigos para mulheres grávidas. Matou cinquenta e três pessoas.

Melhor o Diabo que Você Conhece

A OMS estimou que "até seiscentas e cinquenta mil pessoas no mundo, a cada ano, morrem por doenças respiratórias ligadas à gripe", ou 0,0083% da população mundial em um ano ruim de gripe[187]. Mesmo assim, ninguém entra em pânico quando se trata deste assassino persistente, até nos piores anos.

Como uma contagem não seria prática de fato, o CDC estima o número de doenças gripais sintomáticas, hospitalizações e mortes a cada ano[188]. Estas estimativas vêm de um modelo, portanto, são incertas. O CDC estabelece limites em torno de uma estimativa central, dentro da qual é 95% de certeza que o número está correto. Este número é útil para medir a quantidade de serviços médicos necessários.

---

[187] "Até 650.000 pessoas morrem de doenças respiratórias associadas à gripe sazonal a cada ano", Organização Mundial de Saúde, 14/dez/2017.

[188] "Relatório Semanal de Vigilância da Gripe dos Estados Unidos (FluView)", *CDC*, última atualização em 24/jul/2020.

A *figura 6.7* mostra o número estimado de infecções gripais sintomáticas para cada temporada de gripe de 2011 a 2019[189]. Em 4 de abril de 2020, o CDC fechou suas estimativas preliminares para os anos de 2019-2020 da temporada de gripe. A estimativa deles era de trinta e um a quarenta e cinco milhões de doenças sintomáticas, fazendo deste um ano normal[190]. A temporada de 2017-2018, em contraste, foi um ano ruim para a gripe. A estimativa para aquele ano era de quarenta e cinco milhões de doenças sintomáticas, com algo entre trinta e nove a cinquenta e oito milhões de doenças possíveis. Isso significa que 12% a 18% do país sofreu de gripe.

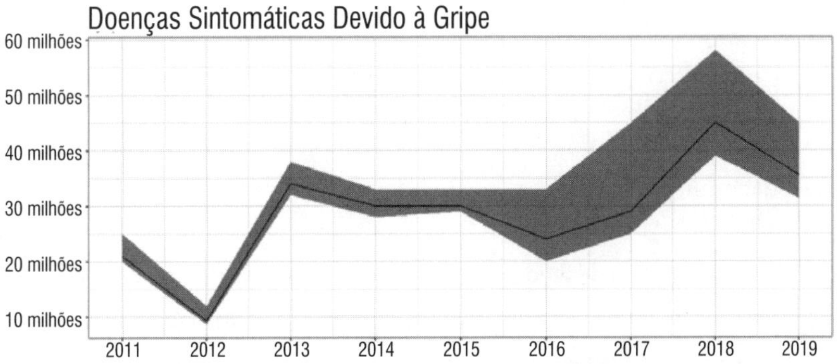

FIGURA 6.7: Estimativa de doenças gripais sintomáticas nos Estados Unidos da América da temporada 2011-2012 à temporada 2019-2020. As estimativas são plotadas no ano em que a temporada começa (então, a estimativa para a temporada 2019-2020 é colocada em 2019).

Agora, na *figura 6.8*, estão as hospitalizações por gripe no mesmo período. No final de maio de 2020, havia uma estimativa de quatrocentos e dez mil a setecentos e quarenta mil hospitalizações para a temporada de 2019-2020. Novamente, o ano de 2017-2018 foi particularmente ruim. Houve uma estimativa de oitocentas e dez mil hospitalizações, com intervalo de confiança variando de seiscentas e vinte mil a um milhão e quatrocentos mil.

189 "O fardo da gripe", *CDC*, última atualização em 17/abr/2020.

190 "Temporada de gripe dos Estados Unidos de 2019-2020: estimativas preliminares de encargos", *CDC*, última atualização em 17/abr/2020.

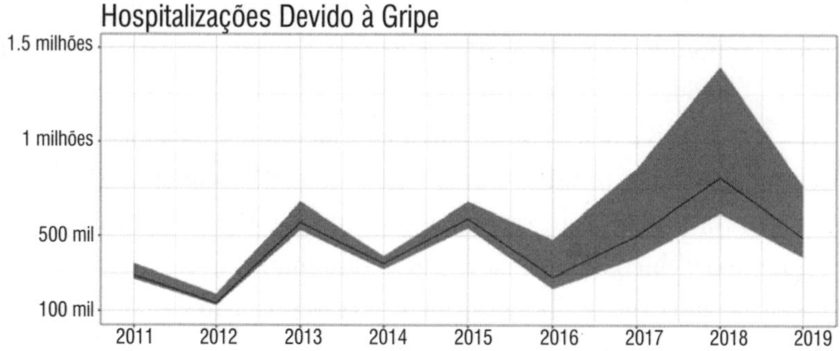

FIGURA 6.8: Hospitalizações estimadas relacionadas à gripe nos Estados Unidos da América das temporadas de 2011-2012 a 2019-2020. Estimativas são plotadas no ano em que a temporada começa (então, o estimado para 2019-2020 é feito em 2019).

A gripe hospitaliza muitas pessoas, incluindo aquelas previamente saudáveis. Em 2016, um de nós (Jay Richards) acabou no hospital com pneumonia aguda e derrame pleural.

> Meu peito encheu de fluido grudento, o que causou a colagem do meu pulmão esquerdo nas minhas costelas. Eu mal podia respirar. Enquanto minha esposa me levava à sala de emergência, eu ouvi um coral cantar (sem o rádio estar ligado) e, provavelmente, estava a poucas horas da morte. Passei dias em tratamento intensivo, aguentando procedimentos que não resolviam o problema. Finalmente tive uma grande cirurgia, o que requeria dos médicos colapsar meu pulmão. Passei outra semana no hospital depois disso, com três tubos largos dentro do meu peito, saindo pelo meu lado esquerdo. O médico apenas os removeu no dia de me dar alta. Levou semanas para parar de tomar o coquetel de opioides e um mês para me recuperar totalmente. Tudo isso começou com um resfriado ou gripe comuns. Eu estava saudável e nos meus quarenta e poucos anos. Apenas pense o que a gripe consegue fazer com pessoas mais velhas e com a saúde debilitada!

A *figura 6.9* mostra o número de mortes atribuído à gripe todo ano nos EUA. A média é de trinta e oito mil. O estimado para a temporada de 2019-2020 é de vinte e quatro a sessenta e duas mil mortes. Novamente, o ano de 2017-2018 foi especialmente ruim. A melhor aposta esteve entre sessenta e um mil mortos (algo entre quarenta e seis a noventa e cinco mil).

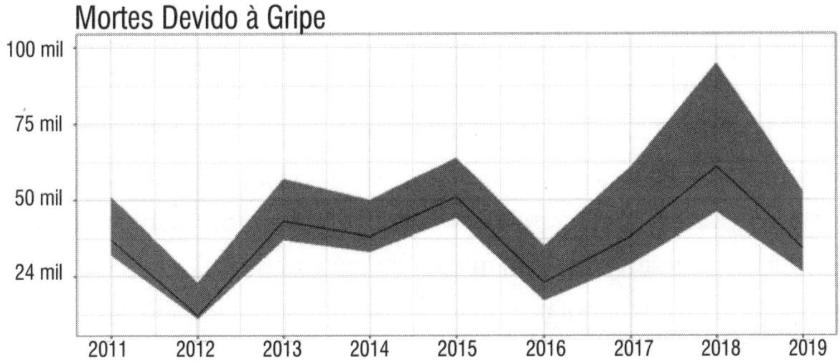

Figura 6.9: Estimativa de mortes relacionadas à gripe nos EUA das temporadas de 2011-2012 a 2019-2020. As estimativas são plotadas no ano em que a temporada começa (então, o estimado para 2019-2020 é feito em 2019). Fonte dos dados: "Vigilância de Mortalidade por Pneumonia e Gripe do Centro Nacional do Sistema de Vigilância de Mortalidade de Estatísticas de Saúde", CDC[191].

A temporada de gripe de 2019-2020 foi de média a baixa em termos de mortes, como podemos ver na *figura 6.10*. As mortes por gripe tendem a começar por volta de primeiro de outubro. Elas crescem rapidamente, com pico durante e depois do Ano Novo nas temporadas ruins, como 2014-2015 e 2017-2018, ou no início de março em anos comuns. Em meados de maio, a gripe não é mais um problema.

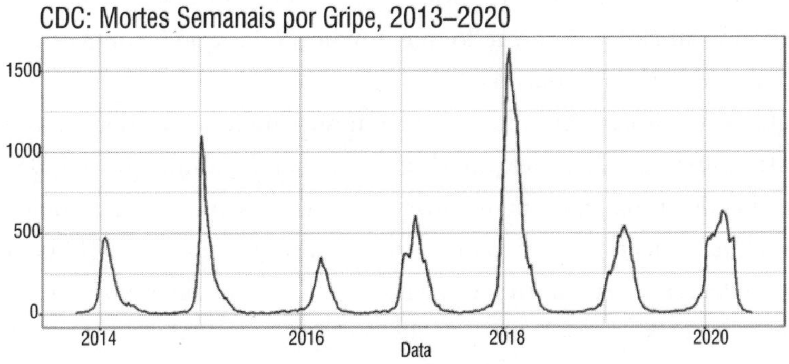

Figura 6.10: Mortes semanais devido à gripe de 2013 a 2020, conforme estimadas pelo CDC.

191 Disponível em: https://gis.cdc.gov/grasp/fluview/mortality.html;"NCHSData 14(5)," CDC, disponível em: <https://www.cdc.gov/flu/weekly/weeklyarchives2019-2020/data/NCHSData15.csv>.

Covid-19 em Contexto

Covid-19 vai ficar na história, mas não por causa do número de mortes que causou, como vimos na tabela 6.6 anteriormente. Todas as mortes trazem dor, mas no que diz respeito a pandemias históricas, o vírus foi insignificante. O que foi significante foi a forma como reagimos a ele. A pandemia de gripe suína de 2009, que matou de cento e cinquenta e dois mil a quinhentos e setenta e cinco mil (cerca de 0,009% da população mundial), não causou nenhum pânico. Ao final de maio de 2020, a Covid-19 talvez tenha matado tanto quanto a gripe suína.

A imprensa fez cobertura sobre a gripe suína, mas não houve pânico mundial. Talvez a rede social tenha feito a diferença. Ou talvez tenham sido as várias atitudes diferentes da mídia em relação aos ocupantes da Casa Branca em 2009 e 2020[192].

Houve muita confusão sobre causas de morte entre pessoas infectadas com o coronavírus. O vírus estaria amplificando problemas de saúde pré-existentes? Ou melhor, foi ele somente um fator entre outros apressando a morte de grupos de risco, como os idosos? Se sim, então nós precisávamos de uma maneira de contar as mortes extras causadas pelo vírus acima daquelas que já iriam ocorrer de toda maneira. Esse foi um problema de informações, bem longe das previsões.

Ainda assim, se a Covid-19 tivesse causado realmente todas as mortes associadas com ela, o vírus não estaria entre os agentes de doenças mais mortais. De fato, nós sabíamos desde cedo que a maioria dos que o contraíssem nem sequer apresentaria sintomas.

O novo coronavírus não está nem mesmo no topo das doenças mortais mais preventivas. A Organização Mundial de Saúde estima que a malária tomou a vida de aproximadamente um milhão de pessoas, incluindo duzentas e setenta e duas mil crianças abaixo de cinco anos, somente em 2018! Contudo, a maioria delas morreu na África e na Ásia, e foi cortada de programas de notícias proeminentes e dos *tuiteiros* de Hollywood.

O clamor para fechar o mundo em 2020 começou antes mesmo de dez mil pessoas no mundo — a maioria destas mais velhas e já sofrendo de outros

---

[192] Há evidências de que a mídia minimizou a gripe suína. Veja Chrissy Clark, "CNN minimizou a gripe suína sob Obama, foi Gonzo na gripe de Wuhan sob Trump", *The Federalist*, 19/mar/2020.

problemas de saúde — terem morrido de Covid-19. Bernie Sanders, que frequentemente acusava Donald Trump de ser um ditador fascista, de repente ficou entusiasmado com a ideia de pedir uma intervenção militar em resposta ao vírus[193].

Seja lá o que tenha levado ao fechamento sem precedentes da economia mundial, à redução dos direitos e ao pânico ante o coronavírus, não foi um número de mortes histórico.

[193] Leo Shane III, "Biden e Sanders dizem que os militares podem desempenhar um papel na resposta ao coronavirus", *Military Times*, 15/mar/2020.

UEIRA

CEG

CEGU

| CAPÍTULO 7 |

UEIRA

CEG

CEGU

CAPÍTULO 7

Modelos Cegos

Pare de tentar prever o futuro. Você está tendo dificuldade suficiente prevendo o passado.

CONSELHO DE EDWARD C. BANFIELD
PARA O CIENTISTA SOCIAL JAMES O. WILSON[194]

Muitos dados sobre o novo coronavírus foram disponibilizados cedo, mas, como vimos, foi uma bagunça, especialmente quando falamos em provocações de causa, efeito e confusão. Governos acabaram tomando decisões baseadas não nos catastróficos números de mortes, mas em modelos epidemiológicos que previam tais números. Tivemos suposições bem construídas disfarçadas de pura ciência. E, como vimos, não foram boas suposições.

Como Apostar Errado e Ainda Ganhar Muito

A história nos mostra que você raramente perderá seu emprego fazendo previsões erradas se estiver na direção correta. Por outro lado, você pode mesmo

[194] História contada por Charles Murray em *Diversidade Humana: A Biologia do Gênero, Raça e Classe*. Nova York: Twelve, 2020.

perder o emprego se estiver certo, mas na direção errada. Nem governantes, nem súditos, cumprimentam o portador de más notícias, ainda que verdadeiras. (Especialmente se forem más notícias para a elite empoderada).

> Tenho sido muito zeloso pelo Senhor, o Deus dos Exércitos. Os israelitas rejeitaram a tua aliança, quebraram os teus altares, e mataram os teus profetas à espada. Sou o único que sobrou, e agora também estão procurando matar-me. (1 Reis 19, 14)[195].

Assim reclamou o profeta Elias a Deus, quando estava fugindo para salvar sua vida do poderoso casal Acab e Jezabel, no Velho Testamento. Elias previu uma seca:

> Ora, Elias, o tesbita da Tisbe de Gileade, disse a Acab: "Juro pelo nome do Senhor, o Deus de Israel, a quem sirvo, que não cairá orvalho nem chuva nos anos seguintes, exceto mediante a minha palavra" (1 Reis 17,1).

Apesar de estar correto, ninguém queria escutar o que Elias tinha a falar. Ninguém lhe agradeceu quando a seca passou.

Entretanto, estar errado na direção certa, muitas vezes lhe traz recompensas. Os primeiros modelos da pandemia indicaram que apenas ações drásticas e imediatas vindas do Estado poderiam nos salvar. Os modelos estavam errados — bastante — mas estavam errados na direção correta. Deram justificativas políticas por terem tomado conta de quase todos os aspectos das vidas dos cidadãos. Deram à imprensa milhares de chamarizes para atrair o público. Não estamos aqui pressupondo malícia. Nós pressupomos que muitas dessas pessoas se sensibilizaram por preocupação e, até mesmo, pelo amor ao próximo. A questão é de incentivos e da natureza humana, e não de más intenções.

Alguns modelos — naturalmente menos excitantes para os repórteres e menos favoráveis aos especialistas que empurram drásticos esforços de mitigação — diziam que o coronavírus seria como a maioria dos outros surtos virais, provavelmente como um ano bem ruim de gripe. O vírus viria e, então, iria

195 Todas as citações bíblicas que porventura venham aparecer no livro foram retiradas do <www.bibliaonline.com.br>. (N. E.)

embora. Estes cenários sugeriram que a melhor estratégia seria proteger os mais vulneráveis enquanto a população em geral adquiria sua imunidade de rebanho; medidas extremas certamente infligiriam mais prejuízo do que ganhos.

Entretanto, isso não era o que os líderes da maioria dos países queriam ouvir. A elite geralmente não gosta de escutar que a melhor coisa que podem fazer é ficar de lado, que seus talentos não são bem-vindos e que sua interferência até mesmo cause prejuízo. Portanto, não os ouviram. Os modelos não-alarmistas estavam corretos na direção errada.

Eles favoreceram em seu lugar os modelos alarmistas, que estavam errados na direção correta.

Um Triste Histórico

O registro histórico mostra que aqueles que estão errados na direção correta podem ser amplamente recompensados. Neil Ferguson, por exemplo, supervisionou um grupo de trinta pessoas do Imperial College Response Team, no Reino Unido, até ser pego violando seu próprio conselho durante o *lockdown*. O *Financial Times* chamou Ferguson de "um grande nome em modelo epidemiológico". Por isso, seu modelo inicial sobre o coronavírus

> [...] causou um choque no sistema do Reino Unido e dos Estados Unidos da América, levando a introdução da presente política britânica de "distanciamento social" e supressão, com seu pesado custo econômico e social para o público[196].

A carreira de Ferguson é rica em recompensas por fazer previsões erradas na direção certa. Em 2001, em resposta à crise da doença de pé e boca no Reino Unido, o grupo de Ferguson criou um modelo que incitava o abate em massa de animais. Havia críticas severas à sua previsão.

---

[196] Jonathan Ford, "A batalha no coração da ciência britânica sobre o coronavirus", *Financial Times*, 15/abr/2020.

> Foi dito por especialistas como Michael Thrusfield, professor de epidemiologia veterinária da Universidade de Edimburgo, que o modelo de Ferguson quanto ao pé e boca estava "severamente defeituoso" e causou "um grave erro" ao "ignorar a composição de espécies nas fazendas", e o fato de que a doença se espalha mais rapidamente entre diferentes espécies[197].

Entretanto, Ferguson e seu modelo prevaleceram. O custo das decisões inspiradas pelo modelo? Por volta de dez milhões de libras. Ferguson, até onde podemos dizer, não sofreu perdas como resultado.

No final dos anos 1990, a doença da vaca louca (encefalopatia espongiforme bovina, EEB) fora suspeita de causar vDCJ (doença variante de creutzfeldt-jakob) em humanos através do consumo de carne. EEB afetou o gado através de comida contaminada — miúdos de ovelha preparados com a carne de uma ovelha adoecida pela chamada paraplexia enzoótica de ovinos, muito similar à EEB. Abordando essa preocupação para com a saúde humana, Ferguson previu em 2002 que entre cinquenta e cento e cinquenta mil pessoas morreriam caso a EEB fosse novamente infectar o gado e ovelhas no Reino Unido, ou somente até cinquenta mil, caso a doença não chegasse a infectar ovelhas[198]. O número real de mortes foi de cento e setenta e sete. Isto é mais do que cinquenta, então, está dentro da janela, porém a previsão não é precisa por duas razões. Primeiro, a maioria dessas mortes foi causada antes de 2002, portanto, o limite inferior não é nem mesmo uma previsão. Segundo, a janela é tão ampla (a ponta mais alta é três mil vezes maior que a ponta mais baixa) que chega a ser inútil. No entanto, Ferguson estava errado na direção correta.

Em 2005, Ferguson previu que duzentos milhões de pessoas poderiam morrer de gripe aviária. "Por volta de quarenta milhões de pessoas morreram durante a crise da gripe espanhola em 1918", disse ele ao *The Guardian*[199]. "Há seis vezes mais pessoas no planeta agora, assim sendo, pode-se escalar para até duzentos milhões de pessoas, provavelmente". E quando tudo ocorreu, quatrocentas e quarenta pessoas morreram de gripe aviária de 2003 a 2015[200]. Em

---

197 Steerpike, "Seis perguntas que devemos questionar a Neil Ferguson", *Spectator*, 16/abr/2020.

198 Lee Elliot Major, "Ovelhas infectadas com EEB, um 'maior risco' para humanos", *The Guardian*, 9/jan/2002.

199 James Sturcke, "Pandemia de gripe aviária 'pode matar 150m'". *The Guardian*, 30/set/2005.

200 "Relatório de mortalidade por H5N1 da OMS", 31/mar/2015.

outras palavras, a previsão de Ferguson estava errada *em quase quinhentos mil*! Porém, mais uma vez, os poderes constituídos não detinham isso contra ele.

E nessa conta errada sobre a gripe aviária, Ferguson teve uma luta acirrada. David Nabarro, a quem o *The Guardian* descreve como "um dos mais antigos especialistas de saúde pública na Organização Mundial de Saúde", disse que a gripe aviária poderia matar de cinco a cento e cinquenta milhões[201]. Um porta-voz anônima da OMS disse "'na melhor das hipóteses' seriam sete milhões e quatrocentas mil mortes no mundo todo". A OMS também escapou do erro ilesa.

Em 2009, Ferguson estimou que a taxa de mortalidade para a gripe suína seria de 0,4%. O governo britânico confiou que esse número previa um "pior cenário razoável" de sessenta e cinco mil mortes no Reino Unido. No final, quatrocentas e cinquenta e sete pessoas morreram[202]. Ferguson estava errado por um fator de cento e quarenta e dois. É uma grande evolução desde sua previsão sobre a gripe aviária, porém isso não diz muito.

Imperial College London

O modelo produzido pelo Imperial College London, no qual a OMS confiou, previu que o novo coronavírus seria tão mortal quanto a gripe espanhola de 1918 (que matou entre dezoito e cinquenta e oito milhões)[203]. Eles previram que o coronavírus tomaria a vida de quarenta milhões de pessoas no mundo todo[204], incluindo dois milhões e duzentos mil nos Estados Unidos da América[205], caso nada fosse feito para desacelerar o contágio. Quarenta *milhões* de mortes? Aterrorizante!

---

201 *Ibid.*

202 Ford, "A batalha no coração da ciência britânica".

203 Max Roser, "A gripe espanhola (1918-20): o impacto global da maior pandemia de gripe da história", *Our World in Data*, 4/mar/2020.

204 Sabine L. van Elsland e Ryan O'Hare, "Pandemia de coronavírus poderia ter causado 40 milhões de mortes se não fosse controlada", notícias do *site* do Imperial College London, 26/mar/2020.

205 Neil Ferguson *et al.*, "Relatório 9: impacto das intervenções não farmacêuticas para reduzir a mortalidade por COVID-19 e a demanda por cuidados de saúde", notícias do *site* do Imperial College London, 16/mar/2020.

Contudo, como não-especialistas saberiam checar tais números?

Mesmo no momento da previsão, no final de março de 2020, ela não batia com os fatos. A taxa de mortalidade já estava se estabilizando em alguns países, com apenas um pouco acima de vinte mil mortes reportadas no mundo. Havia muito mais mortes por vir, é claro, mas seria realmente crível que seriam *duas mil vezes* mais? Parecia difícil de acreditar.

Algo estava estranho. O pessoal do Imperial College disse que o coronavírus poderia causar esse número de mortes caso não fosse dada a "devida atenção". No entanto, na época os *lockdowns* estavam acontecendo em muitos países. A previsão quase parecia ser sobre outro mundo e não o que vivemos. Então, os campeões do modelo do Imperial College aceitaram a incompatibilidade entre suas previsões e a realidade como prova de seu valor. A diferença entre as mortes esperadas e as mortes reais eram para ser interpretadas como "vidas salvas" — quase quarenta milhões de vidas salvas no mundo[206].

Muitos cientistas independentes usaram o código do modelo do Imperial College para executá-lo em outros países. Um estudante de Ph.D. da Cornell executou o modelo para a Suécia usando dados reais do país, incluindo o tipo de distanciamento social voluntário encontrado lá (onde não havia *lockdown*)[207]. O modelo previa milhares de mortes por dia em seu pico. E em primeiro de julho de 2020, o total de mortes atribuídas à Covid-19 na Suécia alcançou a marca de cinco mil e trezentos. O número mais alto em um único dia foi de cento e quinze[208].

É um absurdo para qualquer um dizer que o modelo justificava os *lockdowns*. Este recurso — parecendo bom, sem importar o quão ruins eram suas previsões — nos lembra o clássico "golpe do fazedor de chuva". Desesperado por chuvas no verão de 1984, as pessoas de uma das cidades do Nebraska con-

[206] Sabine L. van Elsland e Ryan O'Hare, "Pandemia de coronavírus poderia ter causado 40 milhões de mortes se não fosse controlada", notícias do *site* do Imperial College London, 26/mar/2020.

[207] Philippe Lemoine (@phl43), "Muitas pessoas afirmam que, se o modelo da ICL superestimasse radicalmente o quão ruim seria a epidemia na Suécia sem um *lockdown* (https://medrxiv.org/content/10.1101/2020.04.11.20062133v1...), é só porque ele não levou em consideração o distanciamento social voluntário, mas tenho algumas más notícias para eles", *Twitter*, 21/mai/2020, 11h51 a.m.; https://twitter.com/phl43/status/1263497666144669696.

[208] "Suécia", *Worldometer*, última atualização em 28/jul/2020, https://www.worldometers.info/coronavirus/country/sweden.

trataram um "fazedor de chuva" para resolver seu problema. Seu aparato de "fazer chover" consistia em "dois jarros de barro, com capacidade de quase quarenta litros cada"; um era chamado de "jarro do trovão" e o outro de "jarro do raio". Eram caixas pretas para os habitantes da cidade, porque "como o que causa o engodo está dentro, a verdade interior da engenhoca não é visível a olho nu". Eles tinham que confiar no especialista (o fazedor de chuva), que declarou que iria chover dentro de cinco dias. Ou, caso não chovesse, significaria que teria "algo de errado com a atmosfera" — para qual o fazedor de chuva tinha uma solução mais cara ainda[209].

Aquele truque onde qualquer coisa que acontecer prova que ele estava certo pode ser muito útil. Um doutor da Califórnia o usava com maestria quando o número de mortes veio a ser menos do que o previsto. "O que estamos tentando fazer é prevenir que as pessoas morram, é o que estamos tentando fazer na área da baía", disse ele.

> As primeiras projeções mostraram que seriam quarenta e quatro mil mortes na área da baía. Tiveram duzentos e dez até agora, portanto, eu acho que estamos indo muito bem e eu, com certeza, não quero estragar esse tipo de sucesso[210].

Mesmo em meio à crise, quando outros especialistas atacaram o modelo do Imperial College, as autoridades e a mídia continuavam citando-o. Nós esperamos que os campeões dos *lockdowns* mantenham isso por anos. Funcionários do governo continuarão citando-o porque é o único argumento que eles têm, de que salvaram milhões de pessoas que o vírus teria matado.

No entanto, sejamos claros: tal uso do modelo é político, não é científico. Há maneiras científicas bem conhecidas para se julgar a performance de um modelo. Por qualquer uma dessas medidas, esta previsão inicial foi um fracasso abissal.

E ainda assim, inspirou a Organização Mundial de Saúde a declarar uma emergência global. Por quê? Você sabe a resposta. Assim como as épicas previ-

---

209 "Devemos pagar o fazedor de chuva?" *History Nebraska*, https://history.nebraska.gov/publications/should-we-pay-rainmaker.

210 J. R. Stone, "Pandemia de coronavírus: médicos Bakersfield pressionam para suspender a ordem de abrigo no local, especialistas em saúde de NorCal discordam", *ABC7*, 27/abr/2020.

sões errôneas de Ferguson, estavam errados na direção correta. E os políticos e a imprensa, não a lógica ou a ciência, decidem qual direção é a correta.

O que é um Modelo?

Não é só que os modelos de pandemia estavam errados. E não é apenas que eles estavam errados na direção correta — ao fazer previsões que levaram as autoridades a acreditar que poderiam salvar o mundo por meio de um exercício massivo de poder governamental. O problema também era na maneira como os especialistas os utilizavam.

Um modelo é uma lista de proposições e previsões sobre um fenômeno observável que podemos medir. "Observáveis" são coisas reais que podemos ver e documentar, muitas vezes, com instrumentos — a temperatura, a presença de um vírus ou uma morte.

Por exemplo, considere este modelo simples: "A temperatura máxima amanhã será igual à de hoje". Este modelo costuma estar errado, mas pode ser bastante útil. Usamos esse modelo como regra para todos os tipos de decisões — como quando planejamos o que vestiremos amanhã.

Se qualquer coisa mais importante do que a sua escolha de roupa depender da temperatura de amanhã, você pode querer recorrer a um modelo muito mais complexo e específico, usando matemática, física, estatística, código de computador e dados atuais. Como nosso modelo simples acima, os modelos dos especialistas incorporaram observações anteriores; mas mesmo suas observações são muito mais complexas do que apenas notar que a temperatura máxima de hoje é de 30° C. Eles dependem de formas sofisticadas de coleta de dados e um senso aprimorado de quais dados eles devem ou não incluir em seus cálculos.

Os modelos podem ter dois propósitos: 1) explicar ou, pelo menos, nos ajudar a entender, como os vários "observáveis" interagem; e 2) fazer previsões. Alguns modelos têm um desses objetivos, outros têm o outro, e alguns tentam fazer as duas coisas.

Nosso modelo prático não explica o clima. Nós apenas o usamos para adivinhar a temperatura de amanhã. Um modelo não precisa explicar o que está acontecendo, ou o porquê, para fazer suposições boas ou úteis sobre o futuro.

Na verdade, um modelo poderia ser um profeta perfeito, porém sombrio. Digamos que observamos, ano após ano, o produto interno bruto (PIB) dos EUA, que está, em média, crescendo. E notamos que os números de suicídios também estão aumentando anualmente. Um modelo estatístico que liga o PIB aos suicídios faria *previsões decentes* sobre o número de suicídios. Mas não *explicaria* os suicídios, que não são causados pelo aumento de prosperidade. Em vez disso, tanto o PIB quanto o número de suicídios estão subindo porque a própria população está crescendo.

E, claro, se um modelo trouxer previsões malfeitas, não podemos confiar em suas explicações. Sua falha em prever com precisão significa um erro, portanto, não devemos acreditar no que diz sobre como o mundo funciona.

Suponha que um modelo de pandemia viral inclua três proposições: A, B, e C. O modelo *assume* que cada uma dessas afirmações é verdadeira; são suas entradas conceituais. Com essas em seu lugar, entradas numéricas podem ser então usadas para prever quantas pessoas o vírus irá infectar. É dito que um milhão de pessoas serão infectadas até certa data. No entanto, neste dia, no mundo real, apenas dez mil pessoas são infectadas. Ops! O modelo estava errado por um fator de cem. Porque a entrada numérica são fatos do mundo real, nós sabemos que há algo de errado com A, B e/ou C — com qualquer ou todas elas.

Nosso modelo de pandemia imaginário cometeu um grande erro. Como explicar aquele erro gritante? Em um mundo perfeito, os especialistas que criaram o modelo, divulgaram e usaram-no para criar políticas públicas para reavaliar as suposições que alimentaram o modelo — A, B e C — encontrar o erro, e tentar novamente, até que se corresponda melhor aos "observáveis".

Entretanto, não vivemos em um mundo perfeito com especialistas perfeitos. E se os especialistas relutam em admitir que estavam errados? (Nós sabemos que é um pouco exagerado, mas continuemos). E se eles foram homenageados pela imprensa e promovidos a posições de autoridade e poder? Eles têm outras além da humilhante opção de voltar à prancheta. Para começar, eles podem parar de usar a palavra "previsões" para descrever o prognóstico que o modelo está apresentando. Agora eles são apenas "cenários" ou "diretrizes" ou "projeções". No entanto, esses são apenas jogos de palavras. Há pouca diferença entre uma previsão, uma hipótese, um palpite, um cenário e uma projeção. Todas essas palavras descrevem o que o modelo está fazendo quando diz: *se A, B e C são verdadeiras, então, algo como X irá acontecer, com ou sem uma margem de erro.* Se nada como X acontecer, então, algo está errado com, pelo menos, uma das entradas conceituais do modelo, isto é, com uma das proposições de que aquele modelo presumia ser verdadeira. Pelo *menos*, uma entre A, B ou C deve estar errada.

Nossos construtores de modelos especializados ainda têm opções. Por exemplo, eles podem alegar que sua previsão falhou porque eles ficaram um pouco tímidos a respeito do *insight* de uma de suas proposições. Suposição B, a título de exemplo, acabou sendo ainda mais dramaticamente verdadeira do que eles pensavam.

Digamos que B era a suposição de que o público obedeceria ao conselho de especialistas para mitigação por distanciamento social, cumprindo *lockdowns* e assim por diante. Com base nessas informações, os especialistas previram que em algum momento haveria entre cem mil e duzentas mil mortes no total pelo novo coronavírus nos Estados Unidos da América. Ou até mesmo tanto quanto duzentas e quarenta mil, de acordo com o gráfico exibido na Casa Branca em 31 de março de 2020, na conferência de imprensa da Força-Tarefa do Coronavírus estrelada pelos doutores Anthony Fauci e Deborah Birx.

Esses números eram as previsões do modelo *supondo* o B — isto é, *dada* a conformidade do público com a mitigação extrema pela qual os especialistas estavam aconselhando. Sabemos disso porque o presidente Trump explicou, na mesma conferência de imprensa, que os especialistas lhe deram um número bem maior (dois milhões e duzentas mil mortes, na verdade) no caso de não haver mitigação. Portanto, em 31 de março, o modelo em que os especialistas confiavam previa cem mil como o menor número possível de mortes, dada a total conformidade em todos os lugares. "Estas duas semanas podem ser terríveis", avisou o presidente[211].

Então, menos de duas semanas depois, os especialistas mudaram a previsão. Em 9 de abril, o dr. Fauci anunciou um novo total previsto em: sessenta mil mortes. Isso foi pelo menos 40% menos do que ele disse apenas nove dias antes (ou 75% menos, considerando o limite superior dessa previsão): "A conta final

[211] Berkeley Lovelace Jr., "Casa Branca prevê que 100.000 a 240.000 morrerão nos EUA por causa do coronavírus", *CNBC*, 31/mar/2020. O modelo usado não foi especificado, mas dados os comentários posteriores do dr. Fauci observados abaixo, era provavelmente o modelo do Instituto de Métricas e Avaliação de Saúde.

atualmente 'parece mais com sessenta mil do que cem mil a duzentos mil, que as autoridades norte-americanas estimaram anteriormente, disse Fauci"[212].

Em alguns lugares, sabemos que a suposição B era mais ou menos verdadeira: as pessoas cumpriram com a mitigação extrema. Conforme relatado pela *NPR* (rádio nacional):

> A análise revisada [isto é, a nova previsão de sessenta mil mortes de Fauci] surge enquanto milhões de norte-americanos vivem em "abrigos" e empresas fechadas por ordens que contribuíram para a perda massiva de empregos e outras perturbações.

O artigo citava o próprio Fauci elogiando "a adesão do público norte-americano à separação física e outras restrições"[213]. Contudo, não era verdade em todos os lugares. Oito estados nunca entraram em *lockdown* e a obediência era baixa inclusive em lugares com *lockdown*[214].

A explicação de Fauci foi clássica: um especialista relutante em admitir o erro vai dizer que ele não estava errado. O que aconteceu, ele vai insistir, foi que o B da vida real extrapolou o B do modelo original. Ou seja, as pessoas praticaram o distanciamento social ainda mais do que o modelo presumia. De acordo com o relatório da *NPR*, Fauci "também diz que a adesão do público norte-americano à separação física e outras restrições está reduzindo drasticamente as projeções do número de mortes pelo vírus respiratório". Lembre-se que o total de cem mil mortes que Fauci previu, apenas nove dias antes, era *o melhor* cenário, com base na mitigação máxima.

Com menos mitigação, os especialistas afirmaram que poderia haver tanto quanto duzentos e quarenta mil mortos; e sem mitigação, dois milhões e duzentos mil teriam morrido. Então, era um absurdo o dr. Fauci dizer, nove dias depois, que "a adesão do público norte-americano à separação física e outras

---

212 Bill Chappell, "Fauci diz que as mortes por coronavírus nos EUA podem ser 'em torno de 60.000'; testes de anticorpos a caminho", *NPR*, 9/abr/2020.

213 *Ibid.*

214 Katherine Shaver e John D. Harden, "A maioria de nós está sob ordens de ficar em casa. Então, por que 6 entre 10 veículos ainda estão na estrada?" *Washington Post*, 4/abr/2020; Sean McMinn, "Dados de telefones celulares mostram que mais americanos estão deixando suas casas, apesar das ordens", *NPR*, 1/mai/2020.

restrições" foi "reduzindo drasticamente" as previsões do modelo. Na verdade, a máxima adoção dessas mitigações foi incorporada ao modelo. Os fatos não *modificaram* as previsões do modelo.

A Falsa Promessa de Modelos

Se você esquecer tudo sobre modelos, lembre-se disso: você não pode tirar de um modelo o que você nunca colocou. Isso vale para modelos simples e para os complicados. Eles apenas dizem o que lhes pedimos para dizer.

Suponha que uma cientista esteja usando nosso modelo simples de temperatura que prevê que amanhã provavelmente teremos a mesma temperatura máxima que tivemos hoje. Ela percebe que faz um bom trabalho. Então, escreve um artigo científico explicando o quão bem o modelo se saiu. Um jornalista vê o artigo e escreve uma história, "Cientista descobre o vínculo entre a temperatura máxima de ontem e a temperatura máxima de hoje".

Na verdade, ela não descobriu tal coisa. Ela supôs isso desde o início! Não descobriu nada de novo. Ela disse ao modelo o que mostrar.

A mesma coisa vale para qualquer modelo. Os modeladores querem resultados específicos, portanto, eles constroem seus modelos para produzir esses resultados.

Aqui vai um típico exemplo. Uma manchete de 12 de maio de 2020, de uma emissora local afiliada à *CBS* em Minnesota, anunciou

> um modelo atualizado da Universidade de Minnesota e do Departamento de Saúde do estado está prevendo que os casos de Covid-19 terão um pico no fim de julho com possíveis vinte e cinco mil mortes — se a ordem de ficar em casa for estendida até o final de maio[215].

Até essa data, as mortes diárias estavam pouco abaixo dos vinte, com seiscentas e quatorze mortes no total no estado. E ainda assim, os jornalistas locais estavam levando a sério um modelo que previu vinte e cindo *mil* mortes.

---

[215] "Impacto do coronavírus: modelo atualizado prevê o pico de COVID-19 no final de julho com ordens de ficar em casa estendidas até maio; 25 mil mortes possíveis", *CBS Minnesota*, 11/mai/2020.

O governador de Minnesota, Tim Walz, disse que o modelo mostrou que "se você fizer distanciamento social, terá mais tempo"[216]. Ele estava errado. O sucesso do distanciamento social foi uma *entrada* do modelo. Os modelos não provam que distanciamentos sociais funcionam – eles *supõem* que sim. O sucesso desse distanciamento não é algo que modelos sequer podem descobrir. Na verdade, isso pode nem ser verdade! Verdadeira ou não, essa foi uma suposição que eles alegaram desde o começo[217].

Como as coisas aconteceram em Minnesota? Por volta de primeiro de julho, o total de mortes reportadas foi de mil quatrocentas e cinquenta e oito. A taxa diária de mortes estava abaixo de um único dígito, quase chegando a zero.

Uma Bagunça Cheia de Erros

Finalmente vamos ao modelo construído pelo Imperial College pelo seu time de "Resposta à Covid-19", liderado pelo autor Neil M. Ferguson, que já conhecemos antes[218]. Esse modelo tenta prever não somente a taxa de infectados, números de casos e mortes, mas também como seres humanos vão se comportar. Ele tenta simular, por exemplo, o fornecimento e uso de recursos de hospitais. De acordo com uma reportagem da *Nature*[219], esse modelo foi

> baseado em tentar compreender como e o quão rápido pessoas se movem entre três estados principais: indivíduos estão suscetíveis (S) ao vírus, os que já foram infectadas (I) e os que se recuperam (R) ou morrem.

Ele pertence a uma classe de modelos ambiciosos que "subdividem pessoas em grupos menores — por idade, sexo, *status* de saúde, emprego, número de contatos e por aí vai — para ver quem encontra quem, quando e em que lugares".

---

216 *Ibid.*

217 "Modelagem SARS-CoV-2 (COVID-19) (Versão 2.0)", Departamento de Saúde de Minnesota, 28/abr/2020.

218 Neil Ferguson *et al.*, "Relatório 9".

219 David Adam, "Relatório especial: as simulações que impulsionam a resposta do mundo ao COVID-19. Como os epidemiologistas se apressaram em modelar a pandemia do coronavírus", *Nature*, 3/abr/2020.

Finalmente, "utilizando informação detalhada do tamanho e densidade da população, a idade das pessoas, *links* de transportes, o tamanho de sua rede social e provisão de seu plano de saúde, os modeladores construíram uma cópia virtual de uma cidade, região ou um país inteiro usando equações diferentes para governar movimentos e interações de grupos da população em espaço e tempo".

O artigo da *Nature* apontou que, "conforme os grupos são divididos em subconjuntos sociais menores e mais representativos para melhorar o reflexo da realidade, os modelos ficam muito mais complicados".

E os fatores desconhecidos? "Enquanto isso, alguns parâmetros devem ser inteiramente supostos", o artigo admite. "O time da Imperial teve que presumir, por exemplo, que não há imunidade natural à Covid-19 — então, a população total começa em um grupo suscetível — e as pessoas que se recuperam de Covid-19 são imunes à reinfecção em curto prazo".

Assim sendo, nós temos suposições e simplificações em abundância. Algumas delas não são melhores do que puros palpites. E foi assim que o modelo "estimou dois milhões e duzentas mil mortes nos EUA".

Esses modelos são ridiculamente complexos. Este especificamente é tão complexo que, na verdade, não funcionou quando foi testado independentemente, dois meses após sua divulgação. Um veterano engenheiro de *software* investigou o código do modelo e encontrou vários erros. Tantos que o modelo deu "vários resultados diferentes para entradas idênticas"[220]. As diferenças não eram pequenas.

Lembre-se que modelos podem dizer somente o que são programados para dizer. De acordo com o engenheiro que descobriu os erros deste, o problema foi que o R_e[221], a taxa efetiva de infeção, era

> [...] tanto a entrada quando *a saída* desses modelos, e é rotineiramente ajustada para diferentes ambientes e situações. Modelos que consomem suas próprias entradas e saídas [...] podem levar à divergência e previsão incorreta[222].

220 Sue Denim (pseudônimo *lol*), "Revisão de código do modelo de Ferguson", *Céticos do lockdown*, 10/mai/2020, https://lockdownsceptics.org/code-review-of-fergusons-model.

221 Re é uma variação do número de reprodução R0, um termo de epidemiologia para indicar o quanto uma doença infecciosa é contagiosa. O Re é utilizado quando políticos e cientistas calculam o tempo de progressão de um surto e considera como algumas pessoas podem ganhar imunidade. (N. T.)

222 *Ibid.* A crítica, na verdade, centrou-se em R0, que é o valor inicial de Re em uma população suscetível.

A história fica ainda mais estranha. O modelo que o time da Imperial College liberou não foi o que eles usaram para suas famosas previsões, mas sim uma versão modificada. O código que eles liberaram no *GitHub* (um *site* popular de compartilhamento de códigos) foi "uma modificação pesada derivada do" código original, "após passar por atualizações por mais de um mês pelo time da Microsoft e outros". O engenheiro de *software* concluiu que, "claramente, a Imperial está muito constrangida pelo estado dele para divulgá-lo por sua própria vontade, o que é inaceitável, visto que ele foi pago pelo contribuinte e pertence a eles". O artigo da *Nature* também citou Ferguson falando que "o código do modelo não foi divulgado quanto as projeções de seu time sobre a pandemia do coronavírus ficaram públicas, mas a equipe está trabalhando com a Microsoft para arrumar o código e deixá-lo disponível"[223]. Uau! Como o código, que não era apropriado para a visualização do público, poderia ser apropriado para tomar decisões que afetariam bilhões de pessoas?

Outros dois engenheiros, que escreveram para o *Telegraph*, disseram que estavam "profundamente perturbados com o que descobriram. O modelo parece ser totalmente não confiável" e ele "pode entrar para a história como o erro de *software* mais devastador de todos os tempos, em termos de custos econômicos e vidas perdidas". Eles notaram que o modelo parecia ter sido escrito por uma linguagem altamente antiquada de programação, Fortran. Por que isso é um problema? A linguagem

> contém problemas inerentes com sua gramática e a forma que assinala valores, o que pode gerar múltiplas falhas de *design* e imprecisões numéricas. Um arquivo do modelo da Imperial continha quinze mil linhas de código[224].

Os engenheiros concluíram que, "era uma bagunça cheia de erros que parecia mais com uma tigela com macarrão cabelo de anjo do que uma programação bem ajustada"[225].

---

223 David Adam, "Relatório especial: as simulações que impulsionam a resposta do mundo".

224 David Richards e Konstantin Boudnik, "O modelo do Imperial de Neil Ferguson pode ser o erro de *software* mais devastador de todos os tempos", *Telegraph*, 16/mai/2020.

225 Hannah Boland e Ellie Zolfagharifard, "A codificação que levou ao *lockdown* era 'totalmente não confiável' e uma 'bagunça cheia de erros', dizem os especialistas", *Telegraph*, 16/mai/2020.

Infelizmente, ninguém sabia disso dia 15 de março de 2020, quando o Imperial College publicou seus primeiros resultados, junto com duas "estratégias" sugeridas.

As duas estratégias recomendadas para a Grã-Bretanha foram:

> (a) mitigação, que foca em diminuir e não necessariamente em conter a propagação da epidemia — reduzir o pico de demanda de cuidados médicos enquanto protege aqueles com maior risco de doença severa por infecção, e (b) supressão, o que mira em reverter o crescimento da epidemia, ao reduzir números de casos para níveis baixos e manter essa situação indefinidamente.

De acordo com o Imperial College,

> [...] as políticas da mitigação *ideal* [...] *podem* reduzir o pico da demanda do sistema de saúde em dois terços e as mortes pela metade. Contudo, a epidemia mitigada ainda resultaria em centenas de milhares de mortes e sistemas de saúde [...] superlotando ainda mais (ênfase adicionada).

Por mitigação, eles querem dizer coisas como, em suas próprias palavras:

- Combinar isolamento de casos suspeitos em casa;
- Quarentena daqueles que moram na mesma casa como casos suspeitos;
- E distanciamento social dos idosos e outros com maior risco à doença severa.

Mas o time aconselhou a supressão antes da mitigação. Isso quis dizer uma combinação de — novamente, nas palavras deles:

- Distanciamento social da população inteira;
- Isolamento de casos e quarentena de membros da família em casa;
- Fechamento de escolas e universidades;
- E outras políticas parecidas, muitas que foram adotadas.

Eles disseram que as autoridades precisariam reforçar a supressão por "potencialmente dezoito meses ou mais" até que a vacina pudesse ser descoberta.

E se a sociedade simplesmente mitigasse? Seria uma catástrofe. "A estratégia de mitigação mais efetiva examinada, que leva a uma única, relativamente curta, epidemia", eles escreveram,

> mesmo se todos os pacientes pudessem ser tratados, nós previmos que ainda seria uma ordem de duzentas e cinquenta mil mortes na GB [Grã-Bretanha] e um milhão e cem mil a um milhão e duzentos mil nos EUA.

Ok. Entretanto, com a supressão, se as autoridades agissem rapidamente, as mortes na Grã-Bretanha poderiam ser bem menores, entre cinco mil e seiscentas a quarenta e oito mil, dependendo de como a doença foi transmitida e do uso das UTIs. Eles disseram que os números seriam proporcionais para os EUA, mas não deram números precisos[226].

Quase um mês mais tarde, em 13 de abril, o total de mortes no Reino Unido foi de onze mil trezentos e vinte e nove. Uma vez que isso está na extremidade da faixa presumida de supressão, significa dizer que o modelo estava correto? Não.

A maior parte do mundo acabou adotando as medidas de "supressão" recomendadas pelo Imperial College (e mais) — "distanciamento social", fechamentos de escolas e um *lockdown* que colocou em quarentena não apenas os doentes, mas os saudáveis. Contudo, não há prova de que os *lockdowns* fizeram muita coisa para "achatar a curva", diminuir o contágio da doença ou mudar o curso da pandemia — como veremos em detalhe no *Capítulo 9*. Por agora, é o suficiente dizer que a infecção e curvas de mortes nos países e estados dos EUA foram indiferentes aos *lockdowns* dos governos.

De toda forma, as previsões comuns estavam sempre altas demais para serem críveis.

---

226 "Relatório 9: Impacto das intervenções não farmacêuticas para reduzir a mortalidade por COVID-19 e a demanda por cuidados de saúde, "Equipe de Resposta COVID-19 do Imperial College, 16 de março de 2020, https://www.imperial.ac.uk/media/imperial-college/medicine/sph/ide/gidafellowships/Imperial-College-COVID19-NPI-modelling-16-03-2020.pdf.

O modelo do Imperial College havia previsto que, sem nenhuma mitigação, cerca de quinhentos e dez mil morreriam na Grã-Bretanha e dois milhões e duzentos mil nos Estados Unidos da América. Esses números são impressionantes. Há cerca de sessenta e seis milhões e setecentas mil pessoas no Reino Unido e trezentos e vinte e oito milhões e duzentas mil nos EUA. O modelo previu que, por dia, a cada cem mil pessoas haveria um pico de vinte e uma mortes por dia na Grã-Bretanha (por volta de primeiro de junho) e dezessete nos Estados Unidos da América (por volta de 20 de junho)[227].

Isso se traduz em, aproximadamente, quatorze mil mortes por dia no Reino Unido e cinquenta e seis mil por dia nos Estados Unidos da América! Nós estamos chocados por alguém ter acreditado nesses números assombrosos.

Claro, não há uma forma real de mesurar se o modelo fez essas previsões mórbidas corretamente. Não podemos comparar o que aconteceu (ambos os países supressos e mitigados) com o mundo contrafactual onde isso não aconteceu (se eles não tivessem agido dessa maneira). De toda forma, os números da não-mitigação são tão grandes, que qualquer um não investido no modelo deveria ter duvidado deles de cara.

O modelo previu seiscentos e setenta a cada cem mil mortos por coronavírus sem mitigação. Compare isso à gripe espanhola de 1918. Ela aconteceu em um mundo com sistema de saúde pobre no final da guerra mundial. Entre dezessete e cinquenta e oito milhões foram mortos mundialmente[228]. O CDC estima que cerca de seiscentos e setenta e cinco mil norte-americanos morreram de uma população de cento e seis milhões nos EUA.

Isso seria seiscentos e trinta e sete mortos a cada cem mil — pouco menos do que a previsão da Imperial College para o coronavírus sem mitigação. O modelo, então, estava prevendo que, mesmo com a medicina moderna, o coronavírus seria mais mortal do que a gripe espanhola. Mesmo sem saber do triste estado do código do modelo, observadores perspicazes deveriam ter suspeitado.

---

[227] *Ibid.*

[228] Max Roser, "A gripe espanhola (1918-20): o impacto global da maior pandemia de gripe da história", *Our World in Data*, 4/mar/2020.

O Modelo do IHME

Outro modelo oficial que teve um grande papel na resposta ao vírus nos EUA foi um produzido pelo Instituto de Métricas e Avaliação de Saúde (IHME), da Universidade de Washington[229]. Esse modelo era como o do Imperial College ao dizer não apenas quantas pessoas o vírus iria infectar, mas quantos leitos de UTI seria preciso. Ele ainda revelou, no estilo bola mágica, quantas internações em hospitais haveria e quantos respiradores seriam necessários em cada *estado*. Seus desenvolvedores atualizavam o modelo regularmente, utilizando as estatísticas mais recentes.

A seu favor, o IHME não somente forneceu um número esperado para cada uma dessas métricas; eles também providenciaram os limites para mais, ou para menos, de cada uma. Isto é, eles admitiram que o modelo não era preciso. Somente os limites, que deram frequentemente, eram tão amplos, que faziam as previsões insignificantes. Por exemplo, dia 13 de abril de 2020, o modelo previu que os Estados Unidos da América precisariam de cinquenta e nove mil e seiscentos leitos de hospitais para lidar com o coronavírus dia 14 de abril. Essa previsão veio com limites incertos de treze mil e cento e noventa e dois mil. Essa é uma grande variação, considerando que estava tentando adivinhar o que aconteceria no dia seguinte!

O mesmo modelo executou uma previsão de que haveria mil novecentas e cinquenta e três mortes reportadas no dia 14 de abril, com variação entre duzentos e noventa e dois a seis mil setecentas e setenta e um. Houve, de fato, duas mil e duzentas e noventa e nove mortes reportadas naquele dia. De novo, essa previsão foi feita com um dia de antecedência[230].

É estranho que as incertezas dos limites seriam tão grandes numa previsão de vinte e quatro horas. Isso deveria ter sido um alerta para não confiar muito nesse modelo. Estranhamente, nem os especialistas, nem quem toma decisões políticas, chegaram a essas conclusões.

Ainda estranhamente, o modelo foi mais preciso para previsões de duas semanas do que previsões para o dia seguinte. Essa característica bizarra apa-

229 "Pandemia de 1918 (Vírus H1N1)", *CDC*, última atualização em 20/mar/2019.

230 "*Downloads* de estimativa do COVID-19", *IHME*, última atualização em 22/jul/2020; http://www.healthdata.org/covid/data-downloads.

recia toda vez que era executado. A primeira previsão do modelo do IHME, no dia 25 de março, era de que haveria duas mil trezentas e quarenta e uma mortes reportadas no dia 14 de abril, com janela de incerteza de mil cento e quarenta e nove a quatro mil oitocentas e quarenta e quatro. Ou seja, o número real de 14 de abril (duas mil duzentas e noventa e nove) foi previsto consideravelmente melhor no dia 25 de março do que no dia 13 de abril.

Como todos os modelos, o do IHME era imperfeito, mas acertou em alguns pontos. Na verdade, é mais fácil bater quatrocentos do que criar um modelo de pandemia epidemiológico que acerta todas as previsões. O real problema, como veremos mais à frente, é que tantas pessoas ingenuamente acham que modelos perfeitos para comportamentos complexos sequer existam.

Conselheiros políticos pegaram os piores cenários de um modelo altamente impreciso como se ele fosse perfeito. Nas mãos erradas, ferramentas produzidas às pressas podem se tornar armas de destruição em massa.

Feira de Ciências do Ensino Médio

Talvez o fato mais esquisito sobre os modelos de coronavírus foi descrito num artigo do *New York Times*, "A história não contada do nascimento do distanciamento social". A ideia começou como "uma importante descoberta realizada por um projeto de pesquisa do ensino médio da filha de um cientista do Sandia National Laboratories".

Em 2006, Laura Glass, de quatorze anos, desenvolveu um modelo de redes sociais na sua escola em Albuquerque. Isso é impressionante. No entanto, o problemático é que este projeto de feira de ciências deu origem ao modelo de fechar o mundo ao sinal das autoridades da saúde.

Essa progressão distópica começou quando o pai de Laura, o cientista David Glass, do Sandia National Laboratories, tomou conhecimento do projeto. Os dois expandiram a ideia ao aplicar o modelo a uma pandemia e publicaram um artigo sobre isso com dois outros autores em um jornal do CDC. Ele se chamava "*Designs* de distanciamento social direcionados para a pandemia de gripe" [231].

---

[231] *Ibid.*

O abstrato sumário do artigo explicava, "Para gripes tão infecciosas quanto a gripe asiática de 1957-1958 (50% infectados), fechar escolas e manter crianças e adolescentes em casa reduz a taxa de ataque para >90%". Observe o tom. Ele sugere que — não, ele *proclama* — que fechar escolas funciona.

Isso soa como se os autores do artigo estivessem descrevendo fechamentos de escolas reais. Não estavam. As escolas eram fechadas apenas em uma simulação. O que realmente aconteceu foi isso: os autores do artigo disseram para o modelo indicar que a taxa de ataque seria menor e, espere, ela foi mesmo.

Os empolgados autores desse artigo enviaram sua simulação para o dr. Donald A. Henderson (1928-2016), que era, como explicou o *New York Times*, "o líder da luta internacional para erradicar a varíola e foi nomeado [pelo presidente] Bush para ajudar a rever os esforços de biodefesa da nação após os ataques terroristas de 2001".

Henderson a devolveu, afirmando que "não fazia sentido forçar escolas a fecharem ou impedir encontros públicos". De fato, se as autoridades adotassem tais políticas, discerniu ele, o resultado seria uma "perturbação significante da funcionalidade social das comunidades" e "possivelmente sérios problemas econômicos". Henderson tinha vasto conhecimento científico e experiência ampla e pertinente em lidar com crises assim. O conselho dele? Que nós deveríamos "ficar mais fortes: deixe a pandemia se espalhar, trate as pessoas que ficarem doentes e trabalhe rapidamente para desenvolver uma vacina para prevenir que ela volte"[232].

O CDC não sabia o que fazer caso e quando uma pandemia surgisse. Ir com o plano de Henderson, o que tinha sempre funcionado antes e, possivelmente, funcionaria novamente, ou ir com a simulação? Então, em 2008, a agência liberou um questionário para a população adulta dos EUA[233]. Aqui está o que o questionário revelou, de acordo com o resumo:

---

[232] Eric Lipton e Jennifer Steinhauer, "A história não contada do nascimento do distanciamento social", *New York Times*, 22/abr/2020; os co-autores deste livro leram pela primeira vez sobre esta história em Jeffrey A. Tucker, "As origens da ideia do *lockdown* em 2006", *Instituto Americano de Pesquisa Econômica*, 15/mai/2020; veja também Robert J. Glass *et al.*, "Projetos de distanciamento social direcionados para a gripe pandêmica", *CDC, Doenças Infecciosas Emergentes 12*, nº 11 (nov/2006).

[233] Eric Lipton e Jennifer Steinhauer, "A história não contada".

> Os resultados do questionário sugerem que, se medidas de mitigação numa comunidade forem instituídas, a maior parte dos que participaram iria obedecer as recomendações, mas desafiariam a fazê-lo se seu salário ou emprego fossem severamente comprometidos. Os resultados também indicaram que essas medidas poderiam causar problemas para pessoas com menor renda e para minorias raciais e étnicas. Dos participantes, 24% disseram que não teriam ninguém disponível para cuidar deles se ficassem doentes com a pandemia da gripe. Dados esses resultados, planejamento e engajamento do público será necessário para encorajá-lo a estar preparado.

Em outras palavras, o CDC descobriu que os *lockdowns* causariam grandes problemas. Por que ele os apoiou? Bom, o CDC também fez uma segunda pesquisa. Desta vez, não apenas o divulgou para cidadãos comuns, mas "representantes de público organizado das partes interessadas"[234]. A elite desses "representantes de setores afetados da população expressaram um alto nível de apoio ao [...] pacote de medidas de controle proposto". E, em um grupo de sessões, os cidadãos decidiram concordar. As medidas propostas iriam requerer que pessoas doentes — e pessoas que conheciam pessoas doentes — ficassem em casa. O *lockdown* proposto significaria "cancelar encontros de multidões e alterar padrões de trabalho para manter pessoas separadas" e "fechar escolas e grandes unidades de creches por um período prolongado".

E a "administração ficou ao lado dos proponentes do distanciamento social e fechamentos", explicou o *New York Times*,

> apesar de sua vitória ter sido pouco notada fora dos círculos da saúde pública. Sua política se tornaria a base do planejamento de governo e seria extensivamente usada em simulações para preparação para pandemias[235].

Portanto, um questionário dirigido por pessoas com um interesse investido em controle político, levou o governo a deixar de lado a experiência e o conhecimento em ciência comprovado e verdadeiro de Henderson.

---

[234] Robert J. Blendon *et al.*, "Resposta pública às medidas de mitigação da comunidade para a gripe pandêmica", *CDC*, última atualização em 8/jul/2010, *Doenças infecciosas emergentes 14*, nº 5 (mai/2008): 778-86.

[235] Eric Lipton e Jennifer Steinhauer, "A história não contada do nascimento do distanciamento social", New York Times, 22/abr/2020.

Foi assim que, uma década antes de qualquer um ter ouvido falar do novo coronavírus, a burocracia da saúde pública do governo dos Estados Unidos da América comprometeu a si e aos cidadãos a um experimento sem precedentes. O plano que eles colocaram em ação pediu por medidas drásticas que eles sabiam — já que sua pesquisa apontou — que poderiam mutilar a economia, prejudicar severamente norte-americanos em desvantagem e submeter milhões de pessoas a riscos de saúde causados pela própria resposta.

Então, em 2020, o governo finalmente conseguiu jogar o jogo com munição viva. Tudo isso porque uma garota de ensino médio disse a um computador o que dizer.

Se os *Modelos* Fizerem Previsões Ruins, Rejeite-os

Quando os modelos favorecidos pelo governo começaram a surgir, logo alguns os defenderam. Uma desculpa foi dizer que os modelos nunca foram feitos para serem bons. Sério.

O cartunista Scott Adams, o criador do personagem Dilbert, é um crítico cultural perspicaz que não tem medo de nadar contra a maré. Ainda assim, ele caiu no conto dos modelos logo de início e teve dificuldade de sair da ilusão. "Modelos de previsão não são feitos para serem precisos", disse ele quando a lacuna entre os modelos e os fatos se tornou óbvia[236]. "Eles são feitos para serem úteis. Se você não entende essa distinção, nada que você disser sobre eles vai ajudar".

Isso é falso. Os modelos existem exatamente para dar precisões a previsões. É por isso que os chamamos de modelos preditivos.

Uma das falas seguintes de Adams foi ainda pior. "Modelos preditivos são construídos para persuadir o público ao consenso de especialistas", postou no *Twitter*. "Eles não são imagens instantâneas do futuro. Debater sua precisão significa não entender seu propósito". Ele pareceu dizer que esses modelos são uma *conspiração* de especialistas. Primeiro, os especialistas chegam a algum tipo de consenso — quem sabe como, talvez através de algum augúrio. Depois eles

236 Eric Lipton e Jennifer Steinhauer, "A história não contada".

constroem modelos refinados que vão enganar os mais simples a concordar com o que os especialistas já haviam decidido.

Quando se trata de especialistas tecnocráticos falando sobre o que não é da sua área, nós ficamos céticos. No entanto, não tão cínicos quando Adams. Adams quer que acreditemos que os desenvolvedores e seus arautos sabem que seus modelos estão errados e os preparam para nos controlar.

Nós achamos que a maioria dos especialistas acredita que está dizendo a verdade. Eles apenas confiam demais nos seus castelos mentais.

Nós sabemos que, se um modelo fizer previsões nojentas, ao menos, algumas de suas declarações devem estar erradas. (Sempre há formas de descobrir isso; mas, infelizmente, apenas bem depois que um modelo foi executado). Isto é, ele deve deturpar a realidade. Se os planejadores agem baseados em previsões errôneas de modelos, eles estão cometendo um grande erro.

Se um modelo não pode explicar a realidade, ninguém deveria usá-lo para planejamento.

Na verdade, ainda que um modelo *pareça* explicar a realidade, nós ainda deveríamos ter cuidado. Um modelo pode fazer previsões precisas de forma equivocada, às vezes.

Lembre-se do modelo de estatística que prevê números de suicídios relacionados ao PIB: se o PIB aumenta, suicídios vão certamente ocorrer. E eles aumentam! O modelo funcionou! Contudo, somente porque tanto o PIB quando os suicídios aumentam como o tamanho da população. Um planejador seria um tolo se usasse esse modelo de estatística para dizer, *"Vamos abaixar o PIB. É a forma que podemos diminuir suicídios"*.

Não.

No *mínimo*, antes de deixarmos qualquer modelo guiar nossas escolhas, devemos insistir que ele prove que pode fazer previsões bem precisas.

E como ele pode fazer isso? Tem que fazer uma coisa simples: previsões precisas de dados que nunca foram vistos antes. Isso é tão simples; é difícil de acreditar que os modelos são raramente submetidos a esse teste. No entanto, eles quase nunca são. Na melhor das hipóteses, um modelador inteligente vai torcer um modelo para se encaixar nos detalhes de, vamos dizer, um surto viral anterior, até que ele faça um bom trabalho em "prever" antigos resultados — ou seja, reproduzir o que nós já sabemos.

Estaria tudo bem, exceto que, nesse ponto, os criadores de modelos se convencem frequentemente que os modelos se provaram. Na verdade, todos eles sabem que se torcerem o modelo usando os números que conhecem, então, ele poderá reproduzi-los. Ao invés disso, para se provar realmente, um modelo precisa ser capaz de prever dados futuros — dados que nenhum modelo ou modelador já tenha visto antes — de forma precisa. Apenas assim fará sentido utilizá-lo para fazer previsões. De outra forma, não há nenhum bom motivo para confiar no que ele prevê, imagine utilizá-lo para guiar políticas nacionais ou internacionais.

Agora, no caso do coronavírus, o modelo do IHME, do Imperial College e de outros eram novos e não haviam sido testados com dados do Covid-19. Como poderiam ser, já que o próprio vírus era novo?

Ainda assim, seus criadores argumentam que eles não eram novos de forma alguma. Dizem que eram apenas extensões de modelos epidemiológicos anteriores, programados com pesquisa recente. O modelo de Covid-19 do Imperial College, por exemplo, apontou a modelos mais antigos[237]. Esse é um padrão do trabalho científico, que sempre é construído sobre trabalhos anteriores[238].

Entretanto, isso não garantia que o novo modelo de coronavírus seria bom. Isso dependeria, entre outros fatores, da proximidade da pesquisa anterior com os novos fatos — coisa que não há como saber no início de um surto.

O que não significa que não podemos usar modelos para orientação. No entanto, essa vasta falta de certeza significa que não deveríamos confiar neles de cara. Deveríamos atribuir uma incerteza saudável, se não-quantificável, às alegações de qualquer modelo, especialmente quando ele é usado pela primeira vez.

Use o que nós Temos, não o que não Temos

Questionar modelos não provados não nos leva a lugar algum. Nós ainda temos modelos mais simples que sobreviveram aos testes do tempo e se prova-

---

237 Scott Adams (@ScottAdamsSays), "Os modelos de previsão não são projetados para serem precisos. Eles são projetados para serem úteis. Se você não entende essa distinção, nada do que você diz sobre os modelos move a bola para a frente", *Twitter*, 9/abr/2020, 9h32 a.m.; https://twitter.com/scottadamssays/status/1248242275781472256.

238 Ferguson *et al.*, "Relatório 9", 17-18.

ram ao fazer previsões precisas no passado. Tais modelos não fingem prever o curso de uma nova doença com precisão. No entanto, suas previsões indicam um valor aproximado. Podemos casá-los com o que sabemos de outras fontes. Por exemplo, suponha que um modelo caseiro de estatística previu que, *dado o histórico de vírus parecidos com este, nós esperamos que um número X de pessoas morra por causa dele.* Hospitais poderiam usar essa informação, junto com a experiência copiosa das temporadas de gripe anuais, para alocar melhor seus recursos. E, conforme o surto progrida, as suposições podem ser ajustadas. Talvez o que nós achávamos ser o vírus da gripe espanhola de 1918, seria mais como o da gripe suína de 2009.

Qualquer decisão complexa do mundo real irá envolver suposições, palpites e analogias. O problema surge quando nós achamos que temos um oráculo perfeito, preso nas eternas verdades da matemática ou nas constantes da física. Mesmo os físicos raramente gostam de certeza. Sim, eles podem modelar com incrível precisão como um único elétron segue seu caminho através de um campo magnético conhecido — mas existem menos processos mais *simples* do que este. E isso é física! Fingir que podemos prever o que vai acontecer para mais de sete bilhões de pessoas em uma pandemia em termos de estatísticas brutas vai além do pensamento ilusório. É delirante. E, como nós vimos, pode ser mortal.

Esperar tamanha precisão inatingível traz incentivo a isso, da mesma maneira que a astrologia encoraja vendedores ambulantes a fornecer horóscopos detalhados. Nós precisamos acabar com esse mercado para o impossível — ao menos, entre a classe que cria as regras que temos que obedecer. Se não fizermos isso, ela vai continuar levando à morte e à destruição.

| CAPÍTULO 8 |

ENÇA

CR

CRE

CAPÍTULO 8

Por que Acreditamos que *Lockdowns* Funcionariam?

Alegações extraordinárias requerem evidências extraordinárias.

CARL SAGAN[239] (1934-1996)

No dia 18 de abril, o colunista conservador Rich Lowry falou por muitos quando argumentou contra céticos do *lockdown*:

> Se nós vamos ter sessenta mil mortes sem as pessoas saírem de suas casas por mais de um mês, o número de mortes obviamente seria bem maior — muito maior — se todo mundo fosse trabalhar normalmente. Nós não fechamos o país para tentar *prevenir* sessenta mil mortes; fechamos para *limitar* as mortes em sessenta mil (ou seja lá que taxa for)[240].

Lowry estava expressando o que parecia ser um senso comum: apesar de tantas pessoas morrerem com os *lockdowns*, as mortes teriam sido bem piores sem

[239] Carl Sagan, "Enciclopédia Galáctica", *Cosmos: uma viagem pessoal* (exibido pela primeira vez na *PBS* em 14 de dezembro de 1980), Episódio 12.

[240] Rich Lowry, "O caso absurdo contra o *lockdown* do coronavirus", *Chippewa Herald*, 18/abr/2020.

eles. No dia 8 de maio, a empresa de pesquisa de opinião Gallup reportou que 87% dos norte-americanos estavam "muito" ou "moderadamente" confiantes de que o distanciamento social teria salvado suas vidas[241]. Na verdade, o Pew Research Center reportou na mesma época que 68% dos norte-americanos estavam preocupados pelos estados serem muito rápidos em retirar as restrições[242]. Uma divisão partidária estava aberta — com mais republicanos do que democratas céticos quanto aos *lockdowns* e a cobertura da mídia. No entanto, se nós acreditarmos nas enquetes, a maioria dos norte-americanos ainda está mais assustada com o vírus do que com o *lockdown*. Afinal de contas, frágil como sua base ou ciência era, o número que ficou na cabeça de todo mundo foi dois milhões e duzentas mortes — como previsto pelo modelo do Imperial College London e endossado pela OMS.

Como já vimos, o caso original para o *lockdown* foi "achatar a curva" — para evitar que os números de casos de Covid-19 superlotassem o sistema de saúde. Era para ter durado em torno de duas semanas[243]. No entanto, logo começou a ficar claro que, com algumas exceções, os hospitais dos Estados Unidos da América não ficariam sobrecarregados com casos de coronavírus. Na verdade, o acúmulo de leitos vazias em hospitais se tornou algo constrangedor. O *Google* e outros *sites* de busca fizeram o seu melhor para enterrar essas histórias, mas você ainda consegue encontrá-las se rolar bem a página[244].

Nesse ponto, as autoridades mudaram para uma desculpa *diferente*: o *lockdown* salvaria vidas ao prevenir infecções. E com essa mudança, uma data limite para acabar as restrições do nosso direito ir e vir e outros direitos básicos desapareceu. O novo motivo era que as medidas custosas estavam salvando vidas, não por espalhar o alto número de casos para abaixar o pico, mas para *reduzir* esse número. A propagação desenfreada do vírus, o que as autoridades

241 Alan Vaux e Sofia Kluch, "Distanciamento social altamente confiante de americanos salva vidas", *Gallup*, 8/mai/2020.

242 Andrew Daniller, "Os americanos continuam preocupados com o fato de os estados levantarem as restrições muito rapidamente, mas as diferenças partidárias aumentam", *Pew Research Center*, 7/mai/2020.

243 Na verdade, a campanha da Casa Branca e do CDC em março foi chamada de "15 dias para desacelerar a propagação". Casa Branca, "15 dias para diminuir a propagação", 16/mar/2020; https://www.whitehouse.gov/articles/15-days-slow-spread.

244 Por exemplo, Jason Mark, "O COVID-19 Rush nunca veio para a zona rural da Pensilvânia, e hospitais vazios estão sentindo as perdas", *Philadelphia Inquirer*, 16/jun/2020.

descreveram como inevitável apenas duas semanas antes, era agora o que se queria evitar. A maioria das pessoas, incluindo Rich Lowry, levou a sério essa justificativa revisada para o *lockdown*. É por isso que ainda estávamos nos abrigando em maio.

A maior parte de nós confiou no que parecia ser lógica e senso comum. Se o coronavírus fosse transmitido para outras pessoas por tosse, espirro, lamber os dedos, tocar em maçanetas e coisas do tipo, então, qualquer coisa que fizéssemos para reduzir a propagação da infecção ajudaria. Em uma extremidade, há pessoas ignorantes empacotadas como sardinhas no vagão do metrô. Elas estão espalhando, tossindo e limpando suas mãos sujas nas grades, enquanto compartilham lanches por quarenta e cinco minutos todos os dias, ao ir da avenida Flatbush, no Brooklyn, ao Central Park North, sem se preocuparem em lavar as mãos ou tossir nos cotovelos. Na outra extremidade estão os eremitas, espalhados pela pradaria de Dakota do Sul, cada um vestindo um macacão de proteção e evitando os outros como uma praga.

Nós não precisamos de um estudo multimilionário para adivinhar como o coronavírus se sairá nesses dois cenários. O eremita misantrópico com a roupa de proteção agachado em terras baldias não precisa se preocupar em pegar Covid-19. O advogado despreocupado com má higiene andando de metrô para ir ao seu trabalho em Manhattan está em risco.

Entretanto, esses são extremos. A realidade está em algum lugar no meio disso, com ou sem *lockdowns* obrigatórios. E nós tínhamos várias opções entre "trabalhar normalmente" e ordenar 95% das pessoas ficar em casa. Então, ainda temos que perguntar: primeiro, será que tínhamos uma boa razão, mesmo no início, para achar que os *lockdowns* como uma *prática real* salvaria milhões de vidas? E segundo, com o benefício da retrospectiva, será que nós temos uma boa razão para achar que eles salvaram?

Vamos analisar a primeira pergunta aqui e a segunda no *Capítulo 9*.

Como as Pandemias Começam e Terminam

Vamos iniciar com uma rápida visão geral de epidemiologia básica. Felizmente, se você acompanhou as notícias em 2020, já deve ter visto a maior parte do que precisa saber.

Pense em uma pandemia ou epidemia viral do ponto de vista do vírus. Para o vírus, todo humano suscetível é uma chance de causar outra infecção. Antes da vítima sequer saber que está com alguma coisa, um vírus respiratório se multiplicou no seu trato respiratório e agora está derramando várias partículas minúsculas de vírus.

O muco são o seu correio. Entregar em mãos é uma boa opção — por este motivo nós mudamos de apertos de mão para os soquinhos em 2020. No entanto, o correio aéreo funciona também. Os grandes jatos jumbo são gotas visíveis que podem voar pequenas distâncias em lugares fechados. Os pequenos transportadores são gotas microscópicas que pairam no ar por muitos minutos, ou aerossol que, por serem ainda menores, podem ficar lá por horas.

Pense numa pessoa infectada com o coronavírus como um centro de distribuição do vírus enviando pacotes indesejados para recipientes involuntários.

R_e é o número médio de entregas com sucesso de um desses centros. Esse número não tem que ser alto para o vírus causar um grande surto. Na verdade, o R_e só precisa ser maior do que um, o que significa que o vírus está infectando mais de uma nova pessoa a partir de outra infectada, em média. Quando isso acontece, o surto vai crescer *exponencialmente*. Isto é, o número de pessoas infectadas vai dobrar em intervalos regulares — todo dia, ou a cada três dias, ou a cada semana. Quando o R_e é *menor* do que um, em contraste, logo o número de infectados vai cair para metade nos intervalos regulares.

A boa notícia é que em algum momento o R_e certamente cai para menos que um. Uma forma disso acontecer é através da *imunidade de rebanho*. As pessoas sobrevivem infecções virais quando seus corpos montam uma resposta imunológica bem-sucedida. Num processo marcante, nossos corpos experimentam anticorpos até encontrarem o correto para combater o vírus. O anticorpo bem-sucedido permanece no corpo por anos, pronto para acabar com o vírus se o encontrar novamente. É assim que pessoas que se recuperam de um vírus e ficam imunes à uma infecção repetida.

Quando mais pessoas se recuperam, mais difícil fica para o vírus ser transmitido. Talvez haja alguns centros de distribuição ainda entregando pacotes indesejados, mas poucos endereços irão aceitá-los. Em algum momento, o número de entregas bem-sucedidas por central vai cair para baixo de um e o fim do surto estará à vista. É assim que quase todo surto viral vem e vai.

Uma vacina pode acelerar a imunidade de rebanho ao expor muitas pessoas a uma versão sem perigo do vírus (as vezes, apenas parte dele). Isso permite que seus corpos criem anticorpos sem precisar serem de fato infectados.

No entanto, leva tempo para pesquisadores desenvolverem e testarem vacinas. Portanto, vacinas geralmente não são a solução para um novo vírus. A imunidade de rebanho natural vem bem mais cedo[245].

Em teoria, nós também podemos reduzir o R_e ao mudar nosso comportamento. Ou seja, podemos usar o que já sabemos sobre como o vírus se espalha para impedi-lo. Na verdade, estaríamos bloqueando as rotas de entrega entre centros de distribuição e recipientes. Essa é a ideia por trás do distanciamento social. Se comunidades pudessem mudar seu comportamento para atrapalhar a propagação viral, isso portanto reduziria o R_e.

Apesar de ser simples, é difícil mostrar como funciona. Só porque nós temos a *intenção* de abaixar o R_e, não significa que vamos conseguir. Afinal de contas, vírus não se importam com boas intenções.

A OMS Sabia

As autoridades estavam certas em acreditar que, se fechassem escolas e negócios, emitissem ordens de ficar em casa, exigissem o uso de máscaras e nos fizessem ficar dois metros de distância uns dos outros em filas, iriam eliminar aquelas rotas de entrega e salvar muitas vidas? Nós estávamos certos em acreditar neles?

Talvez a testemunha mais surpreendente para a acusação seja… a própria Organização Mundial de Saúde. Apesar de ter recebido pouca atenção, a OMS publicou um relatório por volta de outubro de 2019 sobre "medidas não-farmacêuticas de saúde pública" na luta contra a pandemia da gripe. O sumário executivo disse que evidências em favor dessas medidas eram "limitadas"[246]. Baseado no restante do relatório, esse foi um eufemismo.

---

245 Cabe pontuar que até o lançamento deste livro nos EUA, em 13 de outubro de 2020, não havia vacinas disponíveis contra a Covid-19. A primeira pessoa a ser efetivamente vacinada foi a britânica Margaret Keenan, em 12 de dezembro de 2020, com o imunizante da Pfizer e BioNTech. (N. E.)

246 "Medidas de saúde pública não farmacêuticas para mitigar o risco e impacto da influenza epidêmica e pandêmica", Organização Mundial da Saúde, 2019; https://apps.who.int/iris/bitstream/han-

As intervenções sem remédio que a OMG considerou foram "medidas pessoais de proteção" (como higiene das mãos, uso de máscaras e etiqueta respiratória), "medidas ambientais" (limpeza e desinfecção), "medidas de distanciamento social" (isto é, rastreamento de contato, isolamento de indivíduos doentes, quarentena de indivíduos expostos, fechamentos de escolas e trabalho e prevenção de multidões) e "medidas relacionadas a viagem" (ou seja, alerta de viagem, triagem de entrada e saída, restrições de viagens internacionais e fechamento de fronteiras).

Em outras palavras, os *lockdowns*. Quase todo mundo supôs que eles funcionariam. A OMS, em contraste, concluiu que: nem tanto.

Lavar as mãos faz sentido, mas estudos não mostram que funciona mesmo. Testes de controle "não atestaram que a higiene das mãos é efetiva em reduzir a transmissão de gripe confirmada por laboratório". Ainda assim, é fácil e dá para fazer.

As máscaras também fazem sentido, apesar de serem um incômodo. De novo, "não há evidências de que seja efetivo na redução da transmissão" quando se trata de pessoas sem sintomas usando-as em público.

Talvez mais controversamente, a OMS reportou que,

> medidas relacionadas a viagens não parecem ser bem-sucedidas na maioria dos lugares, pois as ferramentas de triagem, como *scanners* termais, não conseguem identificar infecções pré-sintomáticas e infecções sem febre, e restrições e banimentos de viagens podem ter consequências econômicas proibitivas.

Eles também alertaram que

> medidas de distanciamento social (tais como rastreamento de contato, isolamento, quarentena, cuidados e fechamentos de escolas e locais de trabalho e prevenção de multidões) podem ser altamente perturbadoras e o custo delas pode ser medido contra seu potencial impacto.

Além disso, elas fazem menos do que as pessoas acreditam. Eles avaliaram que a qualidade da evidência que apoia o valor dessas medidas é "bem baixa".

dle/10665/329438/9789241516839-eng.pdf.

Os *lockdowns*, disseram, podem até propagar a doença, uma vez que "quarentenas dentro de casa podem aumentar os riscos de outros moradores serem infectados". Complacência é sempre um problema e amontoar pessoas saudáveis e pessoas de risco pode simplesmente espalhar o vírus para o grupo de risco. "Fechar locais de trabalho", alertaram eles, "deveria ser o último passo, apenas considerado em epidemias e pandemias extraordinariamente severas".

O que seria "extraordinariamente severo"? Graças ao trabalho do CDC[247], não precisamos adivinhar. Seu gráfico (*figura 8.1*) mostra que apenas uma pandemia de gripe, em mais de cem anos, se qualificou: a gripe espanhola de 1918.

Então, mesmo a sabedoria oficial em pandemias alertou o alto custo do distanciamento social extremo. Essa mesma sabedoria reconheceu que os estudos sobre essas medidas nunca provaram que elas funcionam e, em muitos casos, haviam sugerido que não funcionam (um ponto que vamos abordar a seguir).

Por que a bomba desse relatório não foi parar nas manchetes do mundo todo? Ele saiu apenas alguns meses antes do pânico do coronavírus. Foi sóbrio e completo, contendo referências de mais de duzentos e quarenta artigos científicos e outros trabalhos.

Poucas pessoas, entretanto, queriam um raciocínio tranquilo quando o pânico se instalou. Uma vez que a pandemia escalou de uma coisa médica para política e social, o relatório pareceu maçante. A OMS, o CDC[248] e todo mundo implorou para que fôssemos como porquinhos da Índia em um experimento social de trilhões de dólares que nunca havia sido feito antes e com poucas boas evidências a seu favor.

O que Funciona?

O relatório da OMS focava em transmissão da gripe. O que faz sentido, porque a gripe vinha sendo uma ameaça maior do que os coronavírus ante-

---

[247] Carrie Reed *et al.*, "Novo quadro para avaliação dos efeitos epidemiológicos de epidemias e pandemias de influenza", *CDC, Doenças infecciosas emergentes 19*, nº 1 (jan/2013): 85-91.

[248] O diretor do CDC, Robert Redfield, recomendou o bloqueio de vários estados. Katelyn Caralle, "Diretor do CDC diz que recomendou o fechamento de alguns estados em fevereiro, já que os relatórios indicam a Casa Branca sabia da ameaça do coronavírus antes de revelarem, e Donald Trump posta no *Twitter* '#demitaFauci'", *Daily Mail*, 13/abr/2020.

riores. Uma pesquisa no *Google Scholar* por artigos científicos e revistas médicas com a palavra "gripe" indica um milhão e quatrocentos mil resultados que vão de 1970 a 2019. Mudando para a palavra "coronavírus", os números caem em mais de 90%.

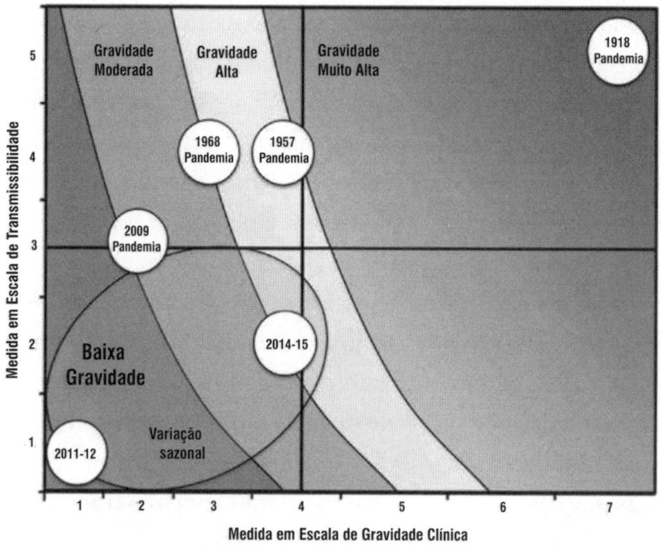

Figura 8.1: Quadro de avaliação da gravidade da pandemia em forma de gráfico, da nota final do *Centros de Controle e Prevenção de Doenças*[249].

Ainda assim, tudo bem. Nós queremos saber como vírus respiratórios se propagam por meio da população e as duas classes de vírus são muito parecidas nesse sentido. Como disse a OMS, "os vírus da Covid-19 e da gripe têm um quadro clínico similar[250]". Ambos são vírus de RNA envoltos em membrana com cerca de um décimo de *mícron* de diâmetro. Ambos infectam o revestimento do nosso trato respiratório inferior e superior, causando sintomas similares na maioria dos casos. Então, faz sentido pensar que ambos seriam passados de maneiras parecidas.

249 "Plano de Influenza Pandêmica", Departamento de Saúde e Serviços Humanos dos EUA, última atualização em dez/2017; https://www.cdc.gov/flu/pandemic-resources/pdf/pan-flu-report-2017v2.pdf.

250 "Perguntas e respostas: influenza e COVID-19 – Semelhanças e diferenças", Organização Mundial da Saúde, 17/mar/2020.

Infelizmente, mesmo o nosso conhecimento sobre a transmissão da gripe é limitado. Como explica um artigo de 2019: "Apesar da experiência clínica extensa e décadas de pesquisa sobre a gripe, ainda não é completamente compreendido como ela é transmitida entre os humanos"[251]. Como pode isso, com tantos milhões de artigos?

A resposta está na frase "entre os humanos". Nós somos complicados. Apenas pense no que você faz num dia normal — quando você não está em quarentena. Você dirige, faz compras, digita, come, toca na mangueira de combustível quando vai abastecer[252] e no seu telefone, pega na alça da cafeteira compartilhada e na porta do banheiro e no seu telefone de novo, e depois disso tudo, você toca no seu *rosto* — talvez vinte vezes por hora[253]. Pense em todas as coisas que você faz com as pessoas, ou ao redor delas.

Agora, vamos dizer que você quer testar a comparação entre espirrar no cotovelo e nas suas mãos. Nós achamos que espirrar no cotovelo pode atrapalhar a transmissão da gripe. Essa é a hipótese. O padrão ouro para testar isso seria um experimento perfeitamente controlado de dois grupos que são o mesmo, exceto pela sua forma de espirrar. Porém, como seria possível realizar esse experimento com pessoas da vida real, sendo que nenhuma delas seria idêntica?

Por isso, vamos para o padrão bronze mesmo, e nos conformar com três tipos imperfeitos de estudos:

1. Estudos artificiais com alguns voluntários;
2. Modelos simplistas de computador;
3. Observações limitadas de situações reais (sem controle).

É difícil confiar nas conclusões dos primeiros dois tipos de estudo, porque eles não têm realismo. O terceiro tipo de estudo não se presta a conclusões ge-

[251] Timo Smieszek, Gianrocco Lazzari e Marcel Salathe, "Avaliação da dinâmica e controle da gripe transmitida por gotículas e aerossóis usando um sistema de posicionamento interno", *Nature* 9, nº 2185 (fev/2019): 1-10.

[252] Lembrando que nos EUA é costume que o próprio motorista abasteça seu veículo e pague diretamente no caixa do posto de combustível. (N. E.)

[253] Greg Hudson, "Com que frequência você toca no rosto – e isso aumenta o risco de contrair o coronavírus?" *The Hill*, 2/mar/2020.

rais. Os cientistas se referem ao terceiro tipo de evidência como *anedótico*. Isso significa que ele é mais como uma história de ficção do que ciência rigorosa.

Quando seu tio Ted jura que mascar raiz de gengibre cura enxaquecas, ele está dando uma evidência anedótica. O problema não é ele não ter evidências, mas é que ele está generalizando a partir de uma experiência (e uma forte crença) de uma pessoa. Assim sendo, sua afirmação não é convincente. Da mesma forma que, se for reportado que havia menos que 4,3% de casos de gripe, em uma cultura onde a norma é espirrar nos cotovelos, não seria convincente. Haveria diversas maneiras de interpretar esses dados. Qualquer número de outras diferenças culturais poderia ser a real explicação para a baixa incidência de gripe.

Claro que, só porque nós não temos um estudo controlado sobre espirrar nos cotovelos, não significa que isso seja inútil. Pode até funcionar. Além disso, parece ser melhor, o que é o suficiente para apoiar a ideia, já que é fácil fazê-lo.

Nós não podemos, porém, justificar toda mitigação desse jeito. Algumas outras medidas vêm com custos mais altos em termos de vidas e bem-estar. Nós sabíamos desde o início que fechar negócios e emitir ordens de ficar em casa iria prejudicar as pessoas. Uma coisa era as autoridades informarem o público sobre o vírus, pedir precauções de baixo custo e nos aconselhar a fazer o que pudéssemos. Outra coisa era o estado e os governantes locais apavorarem o público e obrigar medidas arriscadas e de alto custo para quase todo mundo — medidas estas que, por sinal, carecem de evidência sólida para serem recomendadas.

O Esboço da Ciência para o Distanciamento Social

Veja a regra de dois metros de distância, por exemplo. É de senso comum que, quanto mais distantes as pessoas estão, menos elas poderão passar a infecção umas para as outras — lembre-se dos nossos eremitas imaginários com roupa de proteção em Datoka do Sul. O coronavírus pareceu especialmente mortal em lugares com maior densidade populacional, como na cidade de Nova York. No entanto, o que tem de tão especial nesses dois metros de distância? Como se mostrou, nada demais.

Os especialistas concordam que podemos transmitir o vírus da gripe seja por contato (quando mãos contaminadas tocam os corrimãos que são usados por outras pessoas), ou por gotículas (*spray* de tossida), ou aerossol (névoa microscópica de tossidas, espirros ou fala). Nós sabemos que partículas de aerossol podem ficar suspensas no ar por horas[254] e gotículas por minutos[255]. Ainda assim, as autoridades da saúde pública minimizam a transmissão pelo ar por anos. Um documento da OMS, por exemplo, descreve como gotículas maiores são "supostamente o principal meio de transmissão da gripe". Essa é a suposição fundamental, uma vez que a regra de distanciamento depende dela[256]. A distância de dois metros é conhecida por evitar gotas maiores, mas fornece uma falsa segurança caso gotículas ou aerossóis tenham um papel maior na transmissão de um vírus, como muitos estudos indicaram[257].

Isso se aplica tanto ao coronavírus quanto à gripe. Um estudo publicado durante a pandemia mostrou que o novo coronavírus, assim como o SARS-CoV-1 anteriormente, paira no ar por mais de uma hora na forma de aerossol[258].

Até mesmo para proteção contra as gotas maiores, a distância recomendada varia. A OMS disse um metro, um número que o CDC concorda por causa da pesquisa do SARS[259]. Taiwan colocou um metro e meio[260]. Um coronel

---

254 Jan Gralton *et al.*, "O papel do tamanho de partícula na transmissão de patógenos em aerossol: uma revisão", *Journal of Infection* 62, nº 1 (jan/2011): 1-13; William G. Lindsley *et al.*, "Distribuição de quantidade e tamanho de partículas de aerossol geradas por tosse produzidas por pacientes com influenza durante e após a doença", *Journal of Occupational and Environmental Hygiene* 9, nº 7 (mai/2012): 443-49; David A. Edwards *et al.*, "Inalar para mitigar bioaerossóis exalados", *procedimentos da Academia Nacional de Ciências dos Estados Unidos*, nº 50 (dez/2004); https://www.pnas.org/content/pnas/101/50/17383.full.pdf.

255 Valentyn Stadnytskyi *et al.*, "A vida útil de pequenas gotas de fala e sua importância potencial na transmissão SARS-CoV-2", *procedimentos da Academia Nacional de Ciências dos Estados Unidos* 117, nº 22 (13/mai/2020): 11875-11877; https://www.pnas.org/content/early/2020/05/12/2006874117.long.

256 "Limitando a propagação: limitando a propagação da epidemia de gripe pandêmica, zoonótica e sazonal", Organização Mundial de Saúde, 2010; https://www.who.int/influenza/resources/research/research_agenda_influenza_stream_2_limiting_spread.pdf.

257 Smieszek, Lazzari, e Salathe, "Avaliando a Dinâmica"; Michael P. Atkinson e Lawrence M. Wein, "Quantificando as rotas de transmissão da gripe pandêmica", *Bulletin of Mathematical Biology* 70 (fev/2008): 820-67; Benjamin J. Cowling *et al.*, "A transmissão de aerossol é um modo importante de disseminação do vírus influenza A", *Nature Communications* 4, nº 1935 (jun/2013); Stadnytskyi *et al.*, "O tempo de vida de pequenas gotas de fala e sua importância potencial na transmissão SARS-CoV-2".

258 Van Doremalen, Bushmaker e Morris, "Estabilidade de aerossol e superfície de SARS-CoV-2 em comparação com SARS-CoV-1", *The New England Journal of Medicine*, nº 382 (abri/2020): 1564-67.

259 Tze-wai Wong *et al.*, "Grupo de SARS entre estudantes de medicina expostos a um único paciente, Hong Kong", *Emerging Infectious Diseases* 10, nº 2 (fev/2004).

260 Um dos coautores deste livro, William Briggs, pôde observar isso em várias lojas em Taiwan.

do Exército norte-americano e chefe dos serviços de medicina preventiva e do Comando da Saúde Pública da Europa, disse: "Eu recomendo ficar três metros e meio de distância"[261]. Alguns cientistas no Reino Unido reclamaram que a regra de dois metros adotada era baseada em "evidência muito frágil"[262].

Portanto, a regra de dois metros não traz grande consolo. Se você andar pelo corredor do mercado onde uma pessoa infectada estava falando um ou dois minutos mais cedo, você provavelmente inalou pequenas partículas de aerossol ou gotículas daquela pessoa. Ao ar livre, onde uma brisa rapidamente varre o aerossol, suas chances são bem melhores. Isso se encaixa com um relatório recente de que a transmissão de coronavírus para várias pessoas acontece quase sempre em ambientes fechados[263].

E as Máscaras?

A história sobre as máscaras no episódio do coronavírus é bizantina. Elas não faziam parte dos *lockdowns* nacionais, mas muitas cidades, condados e estados começaram a ordenar o uso de máscaras em abril.

No início, nem a OMS, nem o CDC, encorajavam máscaras para pessoas saudáveis, talvez porque é tão fácil usá-las de forma errada, e eles temeram que houvesse uma baixa nos estoques para os funcionários do sistema de saúde. Além disso, o relatório da OMS que mencionamos anteriormente diz que "há uma evidência de qualidade geral moderada de que máscaras não têm um efeito substancial no caso de transmissão de gripe"[264]. Eles baseiam sua conclusão nos resultados de dez testes controlados aleatoriamente. Ainda assim, a OMS julgou que máscaras podem ser usadas em pandemias severas por causa da "plausibilidade mecanicista".

---

261 Nancy Montgomery, "Um metro? Seis pés? Como as diretrizes de distanciamento social variam entre os países", *Stars & Stripes*, 7/abr/2020.

262 Sam Blanchard, "Consultor científico do governo afirma que a regra de distanciamento social de dois metros da Grã-Bretanha é desnecessária e baseada em evidências 'muito frágeis'", *Daily Mail*, 20/mai/2020.

263 Hua Qian *et al.*, "Transmissão interna de SARS-CoV-2", *MedRxiv*, 7/abr/2020.

264 "Medidas não farmacêuticas de saúde pública para mitigar o risco e o impacto da epidemia e da gripe pandêmica", *Organização Mundial de Saúde*, 2019; https://apps.who.int/iris/bitstream/handle/10665/329438/9789241516839-eng.pdf.

A mensagem da OMS e do CDC não inspirou confiança. Eles pareceram dizer que as máscaras não funcionam e que as pessoas não deveriam estocá-las porque os profissionais de saúde precisariam delas. O cirurgião geral Jerome Adams conseguiu destilar essa mensagem confusa em um único *post* no *Twitter*. No dia 28 de fevereiro, ele escreveu:

> Sério, pessoas, PAREM DE COMPRAR MÁSCARAS! Elas NÃO são efetivas em prevenir as pessoas em geral de pegar o #Coronavírus, mas se os profissionais da saúde não as conseguirem para cuidar de pacientes doentes, isso coloca eles e nossas comunidades em risco!

Isso desafiou o senso comum: máscaras funcionam para profissionais da saúde, mas não para as pessoas em geral? Parecia que o CDC estava tentando pastorear a massa ao invés de conversar como adultos. Provavelmente o público detectou isso, uma vez que muitos usaram máscaras de toda forma, mesmo antes das cidades e estados começarem a obrigá-los. Quando o CDC mudou seu discurso em abril, criou-se ainda maior suspeita[265].

Parte do apelo das máscaras cirúrgicas poderia ser que, assim como as N95, elas parecem mais sérias do que bandanas. Contudo, máscaras cirúrgicas e máscaras N95 são bem diferentes. As cirúrgicas são macias e mais soltas, enquanto as N95 são firmes e mais apertadas. Ambas também têm propósitos diferentes. "Máscaras cirúrgicas", diz um estudo, "são primeiramente desenvolvidas para proteger o meio ambiente de portadores, enquanto as N95 protegem os portadores do meio ambiente"[266]. Cirurgiões usam máscaras durante a cirurgia para proteger os outros de cuspe e outras partículas. Podemos presumir que elas façam o mesmo para quem não é cirurgião.

Profissionais da saúde usam as máscaras N95, não as cirúrgicas, quando estão trabalhando com pacientes infectados. Diferente das outras opções, as N95 podem evitar que você inale 95% das partículas minúsculas carregadas de vírus, as quais, de outra forma, teriam entrado no seu sistema respiratório.

---

265 "Cirurgião geral explica a evolução da orientação da máscara facial do CDC", *MSNBC*, 3/abr/2020.

266 Anna Balazy *et al.*, "Será que respiradores N95 fornecem nível de proteção de 95% contra vírus transportados pelo ar, e quão adequadas são as máscaras cirúrgicas?" *American Journal of Infection Control* 34, nº 2 (mar/2006): 51-57.

Como as outras, elas também vão pegar as gotículas maiores. Além disso, elas podem reduzir a propagação de partículas da sua boca e nariz (a não ser que tenham uma válvula).

Entretanto, elas precisam ser bem colocadas para funcionar. Se houver algum vão, ar contaminado pode passar através dele, levando ao caminho da menor resistência. Encaixá-las na ponta do nariz é complicado. Pelos faciais, de jeito nenhum! Um encaixe apropriado no rosto tem um porém, também: torna o ato de respirar uma tarefa. Isso pode fazer dessa, ou de qualquer outra máscara, um risco para crianças pequenas, ou para qualquer um que tenha problemas de respiração[267].

Mesmo na melhor das hipóteses, não dá para saber se um portador comum teria as chances de infecção reduzidas[268]. Em qualquer caso, a obrigação de máscaras nos Estados Unidos da América não recomendou essa hipótese. Em 20 de abril, apenas alguns estados dos EUA estavam obrigando o uso de máscaras em público[269]. Autoridades locais, no condado de Los Angeles e em Washington D. C., por exemplo, emitiram a maioria desses mandatos[270] — nos quais, geralmente, requeriam ao público em geral usar panos para cobrirem os rostos *no lugar* das máscaras cirúrgicas e N95, com o intuito de prevenir as baixas de estoque para os profissionais de saúde. As autoridades admitiram que os panos ofereceriam pouca proteção, mas alegaram que eles protegeriam os outros de pegarem as gotas maiores de usuários infectados[271]. Pelo que vimos em L. A. e Washington D. C., a maioria das pessoas cobriam o rosto em lugares fechados quando era requisitado, mas geralmente eram apenas panos e máscaras cirúrgicas. As N95 eram raramente usadas.

---

267 Alyssa Pereira e Brandon Mercer, "Espera, crianças e pessoas com problemas respiratórios NÃO devem usar máscaras N95?" *SFGate*, 16/nov/2018.

268 As grandes incógnitas são a prevalência da transmissão aérea, a distribuição de doses virais em eventos de transmissão aérea típicos e a relação entre a dose viral e o resultado clínico. A fala pode produzir milhares de gotículas contendo vírus. Stadnytskyi, Bax e Anfinrud, "O tempo de vida das pequenas gotas de fala". Testes usando influenza A para infectar furões mostraram que dez partículas são suficientes. John A. Lednicky *et al.*, "Furões desenvolvem gripe fatal após inalar aerossóis de pequenas partículas do vírus A da gripe aviária altamente patogênica / Vietnã /1203/2004 (H5N1)", *Virology Journal* 7, nº 231 (set/2010).

269 Scottie Andrew e James Froio, "Estes são os estados que exigem que você use uma máscara facial em público", *CNN*, 20/abr/2020.

270 "Orientação para coberturas de rosto de pano", *Departamento de Saúde Pública do Condado de Los Angeles*, 4/mai/2020; http://publichealth.lacounty.gov/media/Coronavirus/GuidanceClothFaceCoverings.pdf.

271 *Ibid.*

Nós não sabemos se panos para cobrir o rosto têm algum benefício real. O que sabemos é que não há evidências quanto a isso. E há evidências de que eles podem fazer mais mal do que bem em alguns casos. Para começar, eles são fáceis de serem contaminados. E se os usuários de máscaras acharem que eles estão protegidos, podem acabar passando mais tempo perto de outras pessoas, incluindo as doentes. Os economistas chamam comportamentos de risco assim de "efeito Peltzman", em referência ao economista que o descreveu primeiro.

No fim das contas, coberturas faciais podem ter tido tanto a ver com sinalização e controle social quanto como com ciência e segurança.

ALH

F

FA

| CAPÍTULO 9 |

ALHA

FA

FA

CAPÍTULO 9

Os *Lockdowns* Funcionaram?

Nós estamos prontos para aceitar quase qualquer explicação da crise presente da nossa civilização, exceto uma: que o estado presente do mundo possa ser resultado do erro genuíno da nossa parte e de que a busca de alguns dos nossos mais estimados ideais aparentemente tenha produzido resultados totalmente diferentes daqueles que nós esperamos.

F. A. Hayek[272] (1899-1992)

Nós argumentamos que a base científica para o pensamento de que poderíamos ter salvado a vida de milhões de pessoas através de distanciamento social e *lockdowns* obrigatórios era fraca. No entanto, o experimento aconteceu de toda forma, para melhor ou para pior. Será que os *lockdowns* cumpriram o prometido?

[272] HAYEK, F. A. *O Caminho da Servidão.* Chicago: University of Chicago Press, 2007.

Os primeiros sinais de alerta vieram em abril. Autoridades previram uma grande onda de casos de Covid-19 e mortes, mesmo com os *lockdowns*[273]. Essa onda, porém, nunca veio[274] — graças a Deus. Infelizmente, nós havíamos devastado nossa economia e prejudicado milhões porque confiamos nas previsões.

O presidente Trump tinha preparado a nação para mortes em escala de guerra. Militares foram enviados para ajudar em cada estado. "Eles vão para guerra", disse ele. "Ninguém viu nada assim [tantas mortes] desde 1917, que foi a maior de todas [...] com até cem milhões de pessoas mortas"[275].

Nós esperamos. Porém, a promessa apocalíptica nunca aconteceu. Os hospitais do país que deveriam estar cheios — senão sobrecarregados — com pacientes críticos, estavam praticamente vazios. Até em Nova York, onde especialistas previram precisar de cento e quarenta mil leitos de hospitais, tinha apenas dezoito mil e quinhentos em uso[276]. Milhares de camas de hospitais de campanha, que tinham sido levadas por navio ou postas em abrigos temporários, ficaram vazias. A *USNS Comfort*, que havia aportado em Manhattan no final de março para ajudar com a superlotação, partiu no fim de abril, sem ter sido necessária[277]. Um hospital de campanha no Brooklyn custou US$21 milhões de dólares para ser construído e "nunca viu um paciente"[278], observou o *New York Post*.

Foi isso que causou o grande pivô. Em poucas semanas, o mantra mudou de "achatar a curva" para "frear a propagação". Pouco tempo antes, ninguém tinha pensado que poderia parar a propagação, como o artigo da *Live Science* explicou no dia 16 de março:

---

273 Katelyn Newman, "A maior demanda por leitos hospitalares será no meio de abril", *U. S. News and World Report*, 26/mar/2020.

274 Alan Feuer e Jesse McKinley, "Mortes pelo vírus se acumulam, mas Nova York por enquanto evita a lotação prevista nos hospitais", *New York Times*, 10/abr/2020.

275 *NBC News*, "Reunião sobre o Coronavírus na Casa Branca", *YouTube*, 4/abr/2020.

276 Alan Feuer e Jesse McKinley, "Mortes pelo vírus se acumulam, mas Nova York por enquanto evita a lotação prevista nos hospitais", *New York Times*, 10/abr/2020.

277 Richard Sisk, "O subutilizado navio *Comfort* sairá da cidade de Nova York e se preparará, se necessário, para outra missão durante a pandemia". *Military.com*, 25/abr/2020.

278 Carl Campanile e Natalie Musumeci, "Hospital Brooklyn Field, que custou 21 milhões de dólares, nunca atendeu um paciente no decorrer da pandemia do coronavírus", *New York Post*, 22/mai/2020.

> Autoridades da saúde acreditam que a Covid-19 vai continuar a infectar milhões de pessoas ao redor do mundo nas próximas semanas e próximos meses [...]. Uma curva achatada [...] supõe que o mesmo número de pessoas vai ser infectado, mas em um maior período de tempo[279].

Portanto, a opinião profissional contradisse "pare a propagação", mas agora que fizemos o experimento, o que a evidência diz? Há alguma clara evidência de que nossas medidas drásticas diminuíram ou pararam a propagação do coronavírus?

Se os *lockdowns* pudessem realmente alterar o curso dessa pandemia, logo a contagem de casos do coronavírus teria mostrado uma grande queda, onde e quando os *lockdowns* foram feitos. Os efeitos deveriam ser óbvios, ainda que com alguma demora. Leva tempo para que novas infecções de coronavírus sejam contadas oficialmente, então, esperaríamos que os números caíssem assim que o tempo de espera acabasse. Quanto tempo? Novas infecções deveriam cair no primeiro dia e serem notadas em dez ou onze dias de *lockdown*. Pelo sexto dia, o número de pessoas com os primeiros sintomas de infecção deveria cair (seis dias é o tempo médio para que os sintomas apareçam)[280]. Pelo nono ou décimo dia, bem menos pessoas iriam ver médicos com sintomas piores. Se os testes de Covid-19 estivessem sendo feitos corretamente, deveríamos esperar que os positivos caíssem dramaticamente no décimo ou décimo primeiro dia (levando em conta testagens rápidas). Seria quando as luzes se apagariam para o coronavírus.

Foi isso o que vimos? O Reino Unido é um bom caso de teste. No dia 23 de março, o primeiro-ministro Boris Johnson fez uma mudança de curso e anunciou um *lockdown* reforçado pela polícia em resposta à Covid-19[281]. Antes disso, o Reino Unido estava tendo uma abordagem mais relaxada — como a Suécia. Se houvesse um interruptor de política invertido, seria este. As luzes se

279 Brandon Specktor, "Coronavírus: o que significa 'Achatar a Curva', e isso irá funcionar?" *Live Science*, 16/mar/2020.

280 Jantien A. Backer, Don Klinkenberg e Jacco Wallinga, "O período de incubação da novela do coronavírus de 2019 (2019-nCoV). Infecções entre os viajantes de Wuhan, China, 20-28 de janeiro de 2020", *Euro Surveillance* 25, nº 5 (fev/2020).

281 "Boris Johnson anuncia *lockdown* aplicado pela polícia através do Reino Unido para conter o coronavírus", *Heart*, 23/mar/2020.

apagaram para o coronavírus no Reino Unido ou, ao menos, ficaram mais escuras dramaticamente?

De forma alguma. A *figura 9.1* mostra os casos diários confirmados de coronavírus no Reino Unido, que vão do começo de março ao meio de maio. Nós estamos usando um gráfico logarítmico aqui para observar com maior facilidade o crescimento exponencial do qual falamos no *Capítulo 8*. Queremos focar não nos números, mas na forma da curva. Especificamente, o *declive* transformado da curva, que indica a mudança do valor do R_e.

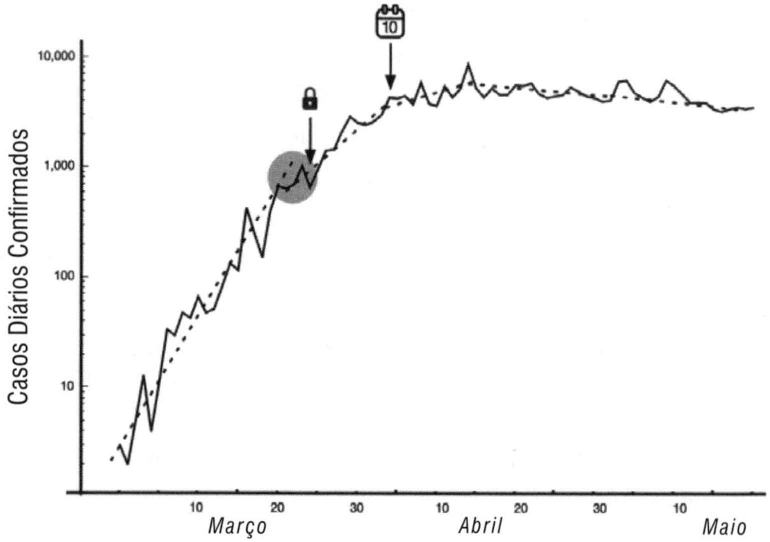

FIGURA 9.1: Casos diários de Covid-19 confirmados no Reino Unido. O cadeado marca a data do *lockdown*. O calendário de dez dias mostra onde os casos deveriam ter caído se o *lockdown* parassem sua propagação. As linhas tracejadas (feitas a mão) são um auxílio visual para ver a mudança da curva. O círculo cinza marca o primeiro declínio visual[282].

Nós não suavizamos os dados porque queremos manter os números relatados. Isso significa que temos que olhar o caminho geral, sem nos distrairmos com todos os picos. Quando fazemos isso (com ajuda de linhas pontilhadas), vemos uma encosta íngreme pelos meados de maio, que indica que o valor do R_e bem acima de um. Note, contudo, que o declive já aparenta diminuir — o

[282] Dados disponíveis no site: <https://ourworldindata.org>.

que significa que o R_e está caindo — antes do *lockdown* ter efeito. Embora o número de casos novos por dia continue a crescer até seu pico, em meados de abril, o R_e constantemente cai. Isso significa que a propagação do vírus estava visivelmente inibida por volta de 20 de março — vários dias antes de Johnson ter ordenado o *lockdown* e duas semanas antes dessa ordem ter tido algum efeito visível.

A mudança radical na vida dos britânicos, ocorrida no dia 23 de maio, não causou nenhuma grande mudança na curva. Nenhuma queda nos novos casos. Nenhum sinal de interruptor virado. Ao invés disso, nós vimos mais da tendência vagarosa no declive que começou antes do *lockdown*.

Claro, podemos imaginar que a curva poderia ter parecido pior sem o *lockdown*, mas isso é ficção. Os números reais não mostram na tendência um claro intervalo onde deveria haver se o *lockdown* tivesse alterado o curso do surto. Se a linha tivesse nivelado no marcador do décimo dia, teria sido um intervalo. Da mesma forma, se a curva tivesse se abaixado próximo daquele ponto, também teria havido um intervalo. Ao invés disso, ela permaneceu no mesmo lugar, sem nenhuma mudança.

A *figura 9.2* mostra o que nós queremos dizer com intervalo na tendência. Aqui nós comparamos a contagem cumulativa diária de casos de coronavírus no Reino Unido e na China. Novamente, o marcador de dez dias mostra onde deveríamos ver qualquer efeito do *lockdown* do Reino Unido. Os platôs na curva cinza são quebras claras na tendência — pontos em que os casos diários relatados na China caíram e permaneceram baixos por algum tempo. Isso provavelmente se deve a relatórios não confiáveis. Seja qual for a causa, podemos ver mudanças abruptas na tendência numérica dos dados da China. Se os *lockdowns* também puderem causar mudanças abruptas, devemos ver um por volta de 2 de abril (onde está o marcador de dez dias) nos dados do Reino Unido. Contudo, nós não vemos.

Uma política do Reino Unido diferente do *lockdown* provavelmente afetou os números, mas não de forma abrupta. No início de abril, o governo britânico anunciou a meta de processar cem mil testes para Covid-19, por dia, até o final do mês — uma expansão de dez vezes[283]. Como resultado, o número de testes realizados a cada dia excedeu amplamente o número de pessoas com novos

[283] Matt Hancock, "Coronavirus: Matt Hancock define meta de 100.000 testes por dia até o final de abril", *The Guardian*, 2/abr/2020.

sintomas. Isso mudou o significado efetivo de "novos casos". No começo, isso significava pessoas doentes que eram testadas e descobriam que tinham o vírus. Em maio, significava em grande parte pessoas com sintomas leves ou sem sintomas que eram testadas *em massa* como uma forma de rastrear a pandemia. A extremidade direita da curva na *figura 9.1* é provavelmente artificialmente alta como resultado, embora não achemos que isso afete nossas conclusões.

Há mais uma coisa que fica clara nos números do Reino Unido. Em meados de maio, o coronavírus havia infectado mais de *duzentas mil* pessoas no Reino Unido desde que o *lockdown* entrou em vigor (levando em consideração o atraso). E esses são apenas os casos registrados. Já que cerca de 80% das infecções causam sintomas leves, ou nenhum sintoma, a grande maioria das pessoas infectadas provavelmente não foi testada e, portanto, não foi registrada. Isso significa que o número real de infecções no Reino Unido, após o bloqueio, pode facilmente ter ultrapassado um milhão.

Portanto, o *lockdown* não chegou perto de parar a propagação.

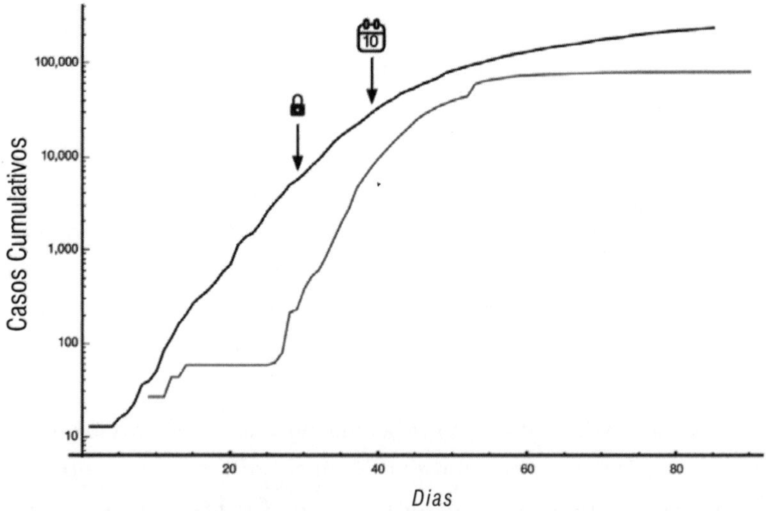

Figura 9.2: Casos diários cumulativos no Reino Unido (linha preta) e China (linha cinza) durante um período de cerca de oitenta dias. As datas de início e término são diferentes para os dois países. (O objetivo da imagem é comparar visualmente as formas).

Comparando Estados

Embora os críticos do presidente Trump o acusem de querer consolidar o poder, ele respeitou a estrutura federal de nosso sistema político durante a pandemia. Isso significa que os estados controlaram o *lockdown*, com alguns condados e cidades também desempenhando papel importante. O juiz da Suprema Corte, Louis Brandeis, chamou os estados de "laboratórios de democracia". Estados diferentes podem testar políticas diferentes e aprender uns com os outros. Isso provou ser verdade em 2020; agora podemos comparar o resultado em diferentes estados, cada um com sua própria abordagem.

E o que descobrimos? Como no Reino Unido, os *lockdowns* obrigatórios parecem ter tido pouco efeito na disseminação do coronavírus. Embora nenhum estado tenha feito uma mudança política de 180° como a do Reino Unido, as curvas são bastante semelhantes. A *figura 9.3* mostra as curvas de caso diárias para os Estados Unidos da América, como um todo e para treze estados norte-americanos. Quanto ao Reino Unido, vemos uma subida consistentemente acentuada à medida que o vírus se espalha sem obstáculos, seguida por uma transição (marcada pelos círculos em cinza) para uma curva mais plana. Em algum ponto, as curvas sempre se inclinam para baixo, embora isso não seja óbvio para todos os estados a partir de 20 de maio.

Novamente, os *lockdowns* não podem ser a causa dessas transições. Em primeiro lugar, a transição aconteceu mesmo em locais sem ordens de *lockdown* (observe Iowa e Arkansas). E onde havia *lockdowns*, as transições tendiam a ocorrer bem antes que eles pudessem ter qualquer efeito (assim como vimos no Reino Unido). As únicas exceções possíveis são a Califórnia, que em 19 de março se tornou o primeiro estado a ser fechado, e Connecticut, que a seguiu quatro dias depois.

Mesmo nesses lugares, porém, as transições descendentes provavelmente começaram antes que os *lockdowns* pudessem alterar as curvas. O motivo é que nossa resposta presumida de um dia para os resultados do teste Covid-19 não foi cumprida em nenhum dos estados[284]. Em 30 de março, o *Los Angeles Times*

---

[284] "Perguntas e respostas: influenza e COVID-19 – similaridades e diferenças", *Organização Mundial da Saúde*, 17/mar/2020.

relatou que o tempo de resposta era de oito dias[285][286]. Isso faria com que o atraso da infecção para a confirmação não fosse os dez dias que presumimos, mas dezessete (seis para o aparecimento dos sintomas, três para o desenvolvimento e oito para processamento de teste). No início de abril, o *Hartford Courant* relatou problemas semelhantes com atrasos nos resultados dos testes em Connecticut[287].

E, mais uma vez, não há queda decisiva nas datas em que os *lockdowns* deveriam ter mudado o curso das curvas. Ao invés disso, as curvas gradualmente abaixaram por motivos anteriores às datas dos *lockdowns* e sem mudanças claras dez dias após. Qualquer um que queira achar que os *lockdowns* funcionaram, poderia dizer que as curvas seriam mais altas depois de dez dias sem eles, mas isso é pensamento positivo. Não podemos refazer a história para provar que estão errados. A questão é que as mudanças repentinas e dramáticas, que deveríamos ver se estavam certas, não estão lá. Se mostrássemos essas curvas sem nenhuma marcação aos entusiastas do *lockdown*, eles não conseguiriam dizer quando ou mesmo se os bloqueios entraram em vigor.

As linhas verticais marcam a data em que o número de mortes atribuídas ao coronavírus atingiu cinco por milhão de pessoas na população. Esta é provavelmente a melhor maneira de marcar extensões semelhantes de progresso viral em cada estado, uma vez que não sabemos quantos casos no total existiram. As curvas geralmente começam a dobrar em torno do mesmo número de mortos (cerca de cinco por milhão de pessoas), o que sugere que a aproximação da imunidade de rebanho causou as curvas. Em outras palavras, vemos na *figura 9.3* não apenas a falta de evidências de que os *lockdowns* causaram a curvatura das linhas, mas também a evidência da verdadeira causa: os estágios iniciais da imunidade de rebanho.

Na verdade, uma coluna publicada no dia 18 de maio no *New York Times*[288] argumentou que os casos de coronavírus na cidade de Nova York provavelmente

---

[285] "Ordem Executiva N-33-20", *Departamento Executivo do Estado da Califórnia*, 19/mar/2020; https://covid19.ca.gov/img/Executive-Order-N-33-20.pdf.

[286] Melody Petersen e Emily Baumgaertner, "Gargalos na testagem de coronavírus significa tempo de espera excruciante aos doentes" *Los Angeles Times*, 30/mar/2020.

[287] Alex Putterman, "Connecticut tem um dos maiores surtos de coronavírus da nação mas fica atrás de outros estados na testagem. Aqui está o motivo e o porquê isso importa", *Hartford Courant*, 6/abr/2020.

[288] David Leonhardt, "Como dados sobre o vírus podem nos enganar: e o que mais você precisa saber hoje". *New York Times*, 18/mai/2020.

subiram antes do *lockdown* do estado começar no dia 22 de março. Apesar desse jornal não ser conhecido por tomar uma postura crítica em relação aos *lockdowns*, esse ponto implica dizer que a propagação estava lenta antes do prefeito e do governador sequer os terem ordenado.

Podemos observar melhor isso acontecendo nas curvas de mortos da *figura 6.5*. As mortes atribuídas ao coronavírus entre grupos de todas as idades claramente subiram em meados de abril antes de decrescerem. Nós supomos que as curvas reais de infecção (muito maiores) teriam formas semelhantes, apesar de terem subido mais cedo. Todos os problemas que discutimos sobre testagem tornam as curvas de novos casos da *figura 9.3* menos confiáveis do que as curvas de mortos da *figura 6.5*. Se vistas juntas, entretanto, elas fornecem um cenário consistente.

Alguma coisa causou esse declínio geral das mortes e não podem ter sido os *lockdowns*, que não foram mantidos (ou cuidados) com força total até junho. No momento, só podemos especular. No entanto, se esse vírus for como os outros, as causas para o declínio são uma mistura das mudanças da estação e do início gradual da imunidade de rebanho.

O pânico e os *lockdowns* radicais, que pouco fizeram, foram um grande erro.

Tour Mundial

Também podemos examinar os efeitos dos *lockdowns* ao olhar para países diferentes.

Os Estados Unidos da América têm cerca de 4% da população mundial. Ainda assim, do final de abril a meados de maio, nosso país alegou ter um terço dos casos de coronavírus relatados e um quarto a um terço das mortes relatadas mundialmente. Quem é responsável por essas incompatibilidades?

As Filipinas, com cento e sete milhões de pessoas, tem uma população que é cerca de um terço do tamanho dos EUA. No dia 12 de maio de 2020, eles reportaram onze mil e oitenta e seis casos e setecentas e vinte e seis mortes de acordo com o *site Worldometer*[289]. Isso se trata de cento e quatro casos e sete mortes

[289] "COVID-19 Coronavirus Pandemic", *Worldometer*, última atualização em 29/jul/2020; https://www.worldometers.info/coronavirus.

por milhão de pessoas. Nesse mesmo dia, os Estados Unidos da América relataram quatro mil cento e oitenta e sete casos e duzentas e quarenta e sete mortes por milhão — quarenta e trinta e cinco vezes mais alto do que as Filipinas! Os *lockdowns* nos dois países foram bem semelhantes. Ambos tinham várias restrições, com Manila supostamente enfrentando as medidas mais rígidas como algumas áreas nos EUA[290].

Uma clara diferença foi a taxa de teste de Covid-19, que foi muito maior nos Estados Unidos da América. Segundo o *Worldometer*, os EUA tiveram vinte e nove mil testes por milhão; as Filipinas, apenas mil e seiscentos por milhão[291].

Talvez os Estados Unidos da América tenham sido mais rápidos ao atribuir as mortes ao coronavírus. O clima pode ter sido importante também. As Filipinas têm clima mais quente e ensolarado do que as zonas de perigo dos EUA — as áreas metropolitanas de Nova York, Chicago e Detroit. Uma primavera tardia, com temperaturas mais frias e chuva pesada, atingiu a maioria dos Estados Unidos da América.

Na mesma data, em 12 de maio, Taiwan, um país de vinte e quatro milhões de pessoas, tinha quatrocentos e quarenta casos e sete mortes. Isso resulta em apenas 0,3 mortes por milhão, *sem lockdowns*. A Suécia foi frequentemente discutida nas notícias por causa de suas medidas modestas. Eles tiveram dois mil seiscentos e quarenta e um casos notificados e trezentas e vinte e duas mortes por milhão, uma taxa muito maior do que a de Taiwan. Novamente, o clima pode ter sido um fator — útil em Taiwan e não tão útil na Suécia.

A Bélgica tem quase tanta gente quanto a Suécia, onze milhões e quinhentas mil pessoas, embora mais espalhadas. Eles tiveram cinquenta e três mil quatrocentos e quarenta e nove casos notificados e oito mil setecentos e sete mortes notificadas, ou quatro mil seiscentas e doze e setecentas e cinquenta e uma por milhão, respectivamente. Esses são os piores números *per capita* de todos os países em 12 de maio (e em muitas datas antes e depois) — três vezes os números dos EUA. As medidas de *lockdowns* belgas eram muito parecidas com as norte-americanas, embora provavelmente mais rigorosamente aplicadas devido ao tamanho menor do país[292].

290 "Filipinas estende o *lockdown* do coronavírus em sua capital até 15 de maio". *Bangkok Post*, 24/abr/2020.

291 "COVID-19 Coronavirus Pandemic", *Worldometer*; https://www.worldometers.info/coronavirus.

292 "Coronavírus: Bélgica revela planos para acabar com o *lockdown*", *BBC News*, 25/abr/2020.

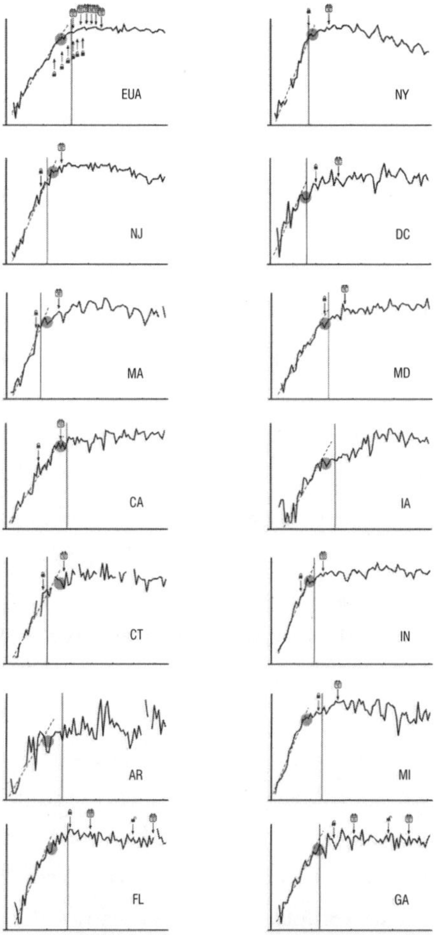

Figura 9.3: Casos confirmados diários de Covid-19 em todo os Estados Unidos da América e em treze estados individuais (gráficos logaritmos) até 20 de maio de 2020. Segmentos de linhas tracejados (colocados à mão) mostram o aumento íngreme inicial com círculos cinza marcando a primeira mudança visual para baixo da inclinação. Como na *figura 9.1*, os cadeados marcam as datas de *lockdowns* e os calendários de dez dias mostram onde eles teriam efeitos visíveis. Os cadeados abertos marcam quando os *lockdowns* terminaram na Flórida e na Geórgia, ambos na primeira onda de estados a emergir do bloqueio. As linhas verticais marcam as datas em que as mortes atribuídas ao coronavírus atingiram cinco por milhão de pessoas na população. As lacunas nas curvas são o resultado de dados não relatados[293].

[293] Fontes disponíveis em: <https://ourworldindata.org> (para casos nos EUA); <https: // covidtracking. com / api> (para casos estaduais); <https://www.nytimes.com/interactive/2020/us/coronavirus-stay-at-home-order.html> (para datas de lockdown).

Se classificarmos os países por suas mortes *per capita* por coronavírus em 12 de maio, e focarmos nos países com, pelo menos, um milhão de pessoas, doze relataram mais de cem mortes por milhão. Nesta categoria nada invejável estavam, do pior ao melhor: Bélgica, Espanha, Itália, Reino Unido, França, Suécia, Holanda, Irlanda, Estados Unidos da América, Suíça, Canadá e Portugal. Todos, exceto a Suécia, tiveram *lockdowns* com severidade variada, e até a Suécia impôs restrições modestas.

Na próxima "melhor" categoria, com taxa de mortalidade de onze a noventa e nove por milhão, estavam trinta e um países. Incluídos nessa estavam, do pior para melhor: Dinamarca (noventa e duas mortes por milhão), Alemanha (noventa e uma), Irã (oitenta), Noruega (quarenta e uma), Israel (trinta), México (vinte e oito), Rússia (catorze) e Grécia (catorze). Os *lockdowns* nesses países variavam demais, como vamos ver.

Melhor ainda, com taxas de mortalidade relatadas de um a dez por milhão, havia cinquenta e um países. Estes incluíam Japão (com medidas modestas, mas sem *lockdown*) e Coreia do Sul (com medidas mais rigorosas e também sem *lockdown*), ambos a cinco por milhão, Cingapura, Malásia, Afeganistão, Geórgia, Jamaica, Costa Rica, Paraguai, Índia, China e uma série de países africanos.

Finalmente, na categoria principal, trinta países relataram índice de mortes menor que um por milhão. Entre eles estão: Tailândia, Taiwan, Jordânia, Hong Kong, Botswana, Síria, Mianmar, Etiópia e outros[294].

Chega de números. Vamos fazer a comparação com fotos. Para fazer isso, verificamos cada país para ver qual tinha *lockdown* imposto pelo governo de, pelo menos, metade de sua população em algum momento no final do inverno, ou início da primavera de 2020[295]. A Universidade de Oxford compilou um "rastreador de resposta governamental" para coronavírus, que rastreou as datas dos *lockdowns* e tentou quantificar o "rigor" das respostas[296]. Este banco de dados tem mais detalhes do que o nosso, mas difere pouco na questão se os *lockdowns* foram usados. Seu banco de dados também investiga cerca de quarenta países

---

294 *Worldometer*, 13/mai/2020; https://www.worldometers.info/coronavirus.

295 A tabela completa *online* está em https://wmbriggs.com/public/worldometer13may.csv.

296 "Rastreador de resposta do governo ao coronavírus", *Universidade de Oxford*; https://www.bsg.ox.ac.uk/research/research-projects/coronavirus-government-response-tracker.

a menos do que o nosso. Comparar nossos dados com os deles não altera nenhuma de nossas conclusões.

Os governos abraçaram os *lockdowns* com gosto no mundo inteiro. Dia 3 de abril de 2020, não muito após o começo da crise, a *Euro News* conseguiu reportar que "metade da humanidade agora está em *lockdown*, enquanto noventa países pedem pelo confinamento"[297]. Metade da humanidade — "mais do que 3 bilhões e novecentas mil de pessoas!" Se os *lockdowns* tivessem sido a decisão certa, isso seria impressionante.

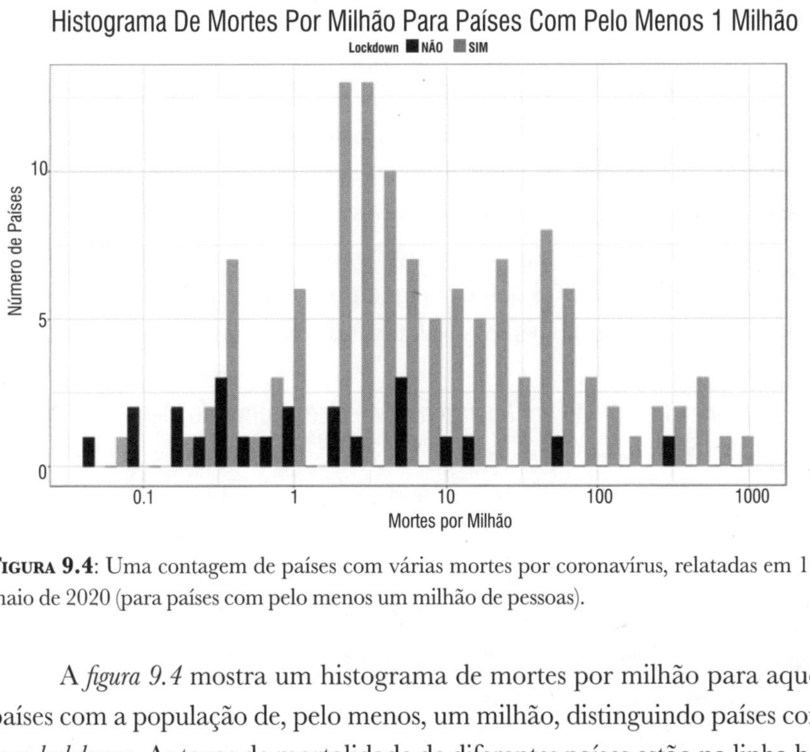

Figura 9.4: Uma contagem de países com várias mortes por coronavírus, relatadas em 12 de maio de 2020 (para países com pelo menos um milhão de pessoas).

A *figura 9.4* mostra um histograma de mortes por milhão para aqueles países com a população de, pelo menos, um milhão, distinguindo países com e sem *lockdowns*. As taxas de mortalidade de diferentes países estão na linha horizontal. Essas vão de zero (como Vietnã) a quase mil por milhão. As barras mostram quantos países tinham uma taxa de mortalidade especificada.

297 Alasdair Sandford, "Coronavírus: metade da humanidade agora em *lockdown* enquanto 90 países clamam por confinamento", *Euronews*, 3/abr/2020.

A escala horizontal é logaritmo decádico, uma necessidade devido à enorme variabilidade nas taxas de mortalidade. Os países que não tiveram *lockdown* estão em preto; aqueles com *lockdown* são cinzas. Na verdade, os países sem *lockdown* tendem a ficar mais à esquerda. Ou seja, eles tiveram taxas de mortalidade mais baixas.

Agora, existem tantos fatores em jogo aqui, e não tantos países sem *lockdown*. Portanto, essa evidência não prova que os *lockdowns* não funcionaram. Em vez disso, mostra como é difícil mostrar que eles funcionaram. E isso é um problema sério quando consideramos os custos totais de fechar a economia. Vamos destrinchar esses custos no *Capítulo 10*, mas aqui vai um breve *spoiler*: eles são *brutalmente altos*.

Outra maneira de enxergar a situação, uma vez que a densidade da população pode ter um papel importante, é com um gráfico de taxa de mortalidade por milhão pelo tamanho da população. De novo, nós limitamos nosso gráfico a países com ao menos um milhão de pessoas.

Novamente, os países que permaneceram abertos estão em preto e os que fecharam estão em cinza. Os dois principais pontos populacionais são, é claro, China e Índia. Os países com as maiores taxas de mortalidade foram discutidos

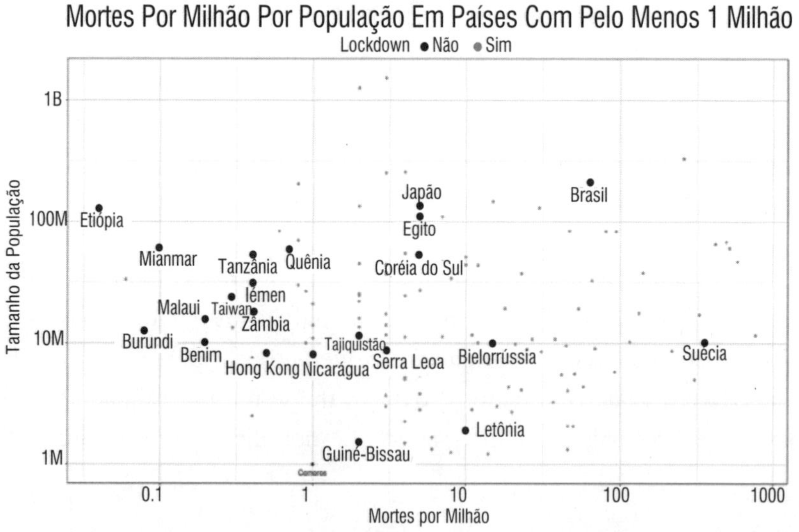

Figura 9.5: Mortes por coronavírus por milhão (eixo longo) organizadas por população (eixo curto) em 12 de maio de 2020 (para países com, pelo menos, um milhão de pessoas).

acima. As taxas de mortalidade eram mais do que altamente variáveis: elas estavam em todo lugar[298]!

Os *lockdowns* variaram de severos, como em Wuhan, na China, a praticamente inexistentes, ou altamente localizados, como em Botswana, onde as grandes cidades tiveram maior controle do que o interior e as cidades menores[299].

Se os *lockdowns* tivessem determinado o curso do coronavírus, não esperaríamos ver tamanha variabilidade nas taxas de mortalidade relatadas em todo o mundo. A Bélgica teve setecentas e cinquenta e uma mortes por milhão, enquanto a Etiópia, com população de cento e nove milhões e duzentos mil, teve a menor taxa de mortalidade relatada, 0,04 por milhão. Essa é uma diferença de dezenove mil vezes.

A Etiópia declarou estado de emergência, mas não teve *lockdown*[300]. Os Estados Unidos da América enviaram ao país um

> [...] pacote de US$ 37 milhões de dólares, que abrangeu gestão de casos, prevenção e controle de infecções, fortalecimento de laboratórios, exames de saúde pública e campanhas de comunicação e mídia, entre outros[301].

O Vietnã, com noventa e cinco milhões e quinhentos mil habitantes, prontificou-se ao colocar em quarentena as pessoas expostas e infectadas, mas não teve um *lockdown* nacional. Há registro de que dezoito mil empresas foram forçadas a fechar, mas o país teve zero mortes registradas[302].

A Suécia, que não instaurou o *lockdown*, foi melhor do que o Reino Unido e outros seis países que o implantaram. Dakota do Sul, que não teve *lockdown*, foi sete vezes melhor do que Chicago (ou todo o Illinois) que o introduziu.

---

298 O Vietnam, que reportou zero mortes (com *lockdown*) não aparece (essa é uma limitação técnica, pois o zero não existe em escalas logarítmicas).

299 "Coronavírus em Botswana: governo prioriza dados durante a campanha de distanciamento". *Africa News*, 25/mai/2020.

300 "Etiópia declara estado de emergência para combater o coronavírus". *Aljazeera*, 8/abr/2020.

301 Abdur Rahman Alfa Shaban, "Coronavírus na Etiópia: atualizações chave entre 16 de março e 16 de maio", *Africa News*, 19/mai/2020.

302 Dezan Shira *et al.*, "Operações de negócios no Vietnã e o coronavirus: atualizações". *Vietnam Briefing*, 26/mai/2020.

O Brasil não teve *lockdown* no país inteiro, mas algumas cidades ameaçaram tomar controle e algumas tiveram medidas locais. O mesmo tipo de coisa aconteceu nos Estados Unidos da América, com medidas mandatórias duras, que a imprensa convencional reportou como cidades mais esclarecidas, a nenhuma medida em alguns estados. O Japão não teve nenhum *lockdown* e ficou bem, relativamente falando. No entanto, a imprensa ignora a Terra do Sol Nascente. Já se perguntou por quê? Na Georgia (o país), apenas Tiblíssi parece ter tido *lockdown*.

Alguns países tiveram *lockdown* em apenas algumas cidades ou portos importantes, outros cortaram viagens ao exterior e deixaram seus cidadãos em paz, ou apenas emitiram alertas. Alguns *lockdowns* foram especialmente severos, com escassez alimentar aumentando rapidamente, como no Paraguai. A Lituânia exigia que as pessoas usassem pulseiras indicando coronavírus para atestar o seu estado de saúde. Trabalhadores estrangeiros no Catar foram obrigados a se amontoar em *lockdowns* em campos. A Albânia usou *drones* para encontrar os que descumpriam o *lockdown*. Até os nômades do Saara Ocidental receberam ordens de ficar em suas tendas.

Parece haver uma tendência de taxas de mortalidade mais baixas em países com clima mais quente e nas áreas mais quentes de grandes países como os Estados Unidos da América. A densidade populacional também desempenhou um papel. É mais fácil para um vírus se espalhar em locais bem compactados. Austrália e Nova Zelândia foram fechadas e ambas tiveram taxas de mortalidade de quatro por milhão, mas era verão nos dois países no início da pandemia. Eles também não haviam começado sua temporada normal de gripe (e nem outros países do Hemisfério Sul).

Não podemos descartar a densidade populacional também. O Escritório Nacional de Estatísticas da Inglaterra divulgou um estudo que mostrou uma forte correlação entre a taxa de mortalidade e a superlotação em unidades habitacionais. A taxa de mortalidade era (relativamente) pequena quando a superlotação era leve e grande quando era extrema. As ordens impostas para ficar em casa, colocando em quarentena os saudáveis e os doentes juntos, podem ter encorajado a propagação da doença[303].

[303] "Mortes envolvendo a COVID-19 por área e privação socioeconômica: mortes entre 1 de março e 17 de abril de 2020", *Office of National Statistics*, 1/mai/2020. Veja também Nathaniel Barker, "A pandemia

Os países diferem tanto quanto umas pessoas das outras: a média de idade e saúde dos cidadãos; máscaras usadas ou não; diferentes recursos de saúde de todos os tipos; diferentes níveis de conformidade com a mitigação. Em alguns países, não havia tanta supervisão nos *lockdowns* e, mesmo naqueles sem os *lockdowns*, as autoridades tomaram algumas medidas, como em Taiwan. Na Guiné, a polícia disparou em protestantes contra o *lockdown*. Na Somália, a polícia atirou e atingiu seus alvos, matando manifestantes.

Os relatórios também variaram bastante. O Ocidente tinha atualizações cuidadosas, de hora a hora, para cada número. Quase não ouvimos falar de países africanos. E a maioria se mostrou cética em relação a relatórios de estados totalitários como o Irã e a Coreia do Norte.

O Tajiquistão relatou apenas algumas mortes (duas por milhão), o que alguns disseram ser mentira. Talvez. Quem sabe? Todos têm certeza de que a China mentiu. Será que o Japão mentiu? A Bielorrússia? Eles não fizeram *lockdown*. Enquanto isso, a contagem e medo excessivos turvaram os números no Ocidente.

Então, o que podemos concluir dessa pesquisa dos países? Somente uma coisa: não sabemos se os *lockdowns* funcionaram, ou seja, que eles tenham reduzido as mortes. Também não podemos provar o oposto — que eles não fizeram diferença na taxa de mortalidade. Contudo, a prova deve estar com aqueles que pediram por eles. Caso contrário, quase qualquer alegação de um desastre iminente se torna uma desculpa pronta para proclamar algo como a lei marcial, fornecida por alguns especialistas que podem se prontificar a alertar que o céu esteja caindo. Para justificar sua chamada por *lockdowns*, os defensores precisam mostram — não apenas supor — que eles funcionaram realmente para salvar vidas, o suficiente que justifique o custo humano. Eles não fizeram isso ainda.

Ao contrário: diversos países sem *lockdown* tiveram taxas de mortalidade baixas. Dadas essas taxas em vários países e estados sem *lockdown*, e com os gráficos mostrando a curva da taxa de mortalidade e a falta de qualquer corre-

imobiliária: quatro gráficos mostrando a ligação entre as mortes causadas pela COVID-19 e a crise imobiliária", *Inside Housing*, 29/mai/2020.

Os estudos tinham como objetivo mostrar as condições da superlotação e não sugerir que o *lockdown* agravou a quantidade de mortes, mas essa interpretação é consistente com os dados.

lação significativa entre ordens de *lockdown* e curvas de caso, fica quase impossível provar que os *lockdowns* fizeram alguma diferença[304].

O Resultado Final

Como veremos no próximo capítulo, fechar a economia teve enormes custos — ambos de dinheiro e vidas. Nós gostaríamos de achar que tenha valido a pena. No entanto, se os custos humanos e econômicos ultrapassaram tanto os benefícios, precisamos enfrentar o fato e desenhar um curso melhor, caso algo como essa pandemia aconteça novamente, como provavelmente irá[305].

Por mais que seja bom pensar que salvamos milhões de vidas ao "parar a propagação", os fatos falam diferente. Como mencionamos no *Capítulo 8*, meses antes da política de Covid-19 entrar em ação, a OMS mensurou os méritos do distanciamento social e dos *lockdowns* e os considerou insuficientes[306]. Além disso,

[304] Algumas possíveis críticas são que estes gráficos não consideram a densidade populacional e outros fatores importantes, incluindo a disponibilidade de hospitais, distribuição etária da população, uso de máscaras, restrições das linhas aéreas e assim por diante. Todas verdadeiras. A densidade populacional importa, pois Nova York e Los Angeles tiveram altos índices de morte. Mas vemos que as densamente populosas e sem *lockdown* Tokyo, Taipei e Rio de Janeiro tiveram menos mortes *per capita*, então há mais nessa história. De qualquer forma, não estamos tentando explicar o porquê das mortes terem variado tanto de lugar para lugar. Estamos apenas mostrando que elas variaram, e de forma colossal, e não há nenhuma prova de que essa variação tenha sido atingida por meio dos *lockdowns*. Nosso argumento é simples: os dados não mostram que os *lockdowns* funcionam. Uma crítica que um de nós recebeu é que os dados (ao menos os dados de alguns países) sobre os quais baseamos este argumento não são confiáveis. Existem muitos países e muitas formas de reportar as informações, diferentes níveis de confiança e pessoas as reportando, governos suspeitos, mídias imparciais e por aí vai. Tudo verdade! Mas não podemos ir de "Temos dados ruins" para "Sabemos que os *lockdowns* funcionam com base nesses dados". Precisamos escolher um deles. Veja de William M. Briggs, "Maus argumentos para *lockdowns* e o ônus da prova: uma análise dos estados americanos", *WMBriggs.com*, 18/mai/2020.

[305] Haverão ao menos pânicos periódicos. E ao final de maio veio essa manchete do *New York Post*: "Cientistas dizem que uma gripe aviária apocalíptica pode acabar com metade da humanidade". O fato de o artigo contar com um cientista enaltecendo o livro *Como sobreviver a uma pandemia* pode ter ajudado nisso. Paula Froelich, "Scientists Say an Apocalyptic Bird Flu Could Wipe Out Half of Humanity", *New York Post*, 30/mai/2020.

[306] "Medidas públicas não-farmacêuticas para mitigar o risco e o impacto da pandemia da influenza". *Organização Mundial da Saúde*, 2019; https://apps.who.int/iris/bitstream/handle/10665/329438/9789241516839-eng.pdf.

como vimos neste capítulo, a contagem diária de novos casos mostra que a propagação já estava diminuindo antes dos fechamentos, tanto no Reino Unido (*figura 9.1*) quanto nos EUA (*figura 9.3*). Vírus respiratórios para os quais não temos vacinas (incluindo as maiores causas de resfriados comuns) tendem a diminuir ao serem espalhados[307]. *Lockdowns* dessa escala nunca haviam sido tentados antes. Por que, então, nós achamos que poderíamos parar o coronavírus desta forma?

De toda forma, agora fizemos o experimento. Nós fomos os porquinhos da Índia. E não há evidências de que o coronavírus deu atenção aos nossos esforços.

O governador de Nova York, Andrew Cuomo, começou a lutar com a dolorosa verdade no início de maio, ao perceber que milhares de pessoas que ficaram em casa no estado pegaram o vírus. A *CNBC News* observou que essas descobertas pareciam "colidir com as garantias anteriores de Cuomo de que o isolamento pode prevenir a transmissão de forma confiável"[308]. Sim, elas colidiram. Em abril, Cuomo disse:

> Eu estava com medo de que isso infectasse minha família, não importasse o que eu fizesse. Já passamos disso [...]. Se você isolar, se tomar as precauções, sua família não será infectada[309].

Por "passar por isso", ele quis dizer que havia ultrapassado o mantra "achatar a curva" e seguia para o mantra "pare a disseminação".

Em maio, ele já tinha superado ambos.

"Muito disso vem do que você faz para se proteger", disse Cuomo no dia 6 de maio. "Tudo está fechado, o governo fez tudo o que pôde, a sociedade fez tudo o que pôde. Agora depende de vocês"[310]. *Hum.* Então, no lugar onde o governo é supostamente das pessoas, para as pessoas e pelas pessoas, o poder centralizado estava sendo exercido de forma a causar dano às pessoas com a

---

307 Gypsyamber D'Souza e David Dowdy, "O que é a imunidade de rebanho e como podemos alcançá-la com a COVID-19?" *Johns Hopkins COVID-19 School of Public Health Expert Insights*, 10/abr/2020.

308 Noah Higgins-Dunn e Kevin Breuninger, "Cuomo diz que é "chocante" como a maioria de novas hospitalizações relacionadas ao coronavírus são de pessoas que estavam ficando em casa," *CNBC*, 6/mai/2020.

309 *Ibid.*

310 *Ibid.*

desculpa de salvar vidas. E quando se tornou evidente que tinha sido ruim, o novo conselho era: "cuide-se".

Sério?

Como fazer tudo isso ter algum sentido? O que dissemos no começo do *Capítulo 8* é certamente verdade. A propagação de um vírus por transferência física dos infectados é aos suscetíveis. Em teoria, nós podemos parar a propagação ao ficarmos distantes e manter outras precauções extremas. Na prática, nós moramos juntos em sociedades que nunca vão ser estéreis. Vírus respiratórios são parte da vida e isso não vai mudar.

Talvez seja difícil para nós achatarmos a curva, ou frear a propagação do vírus com distanciamento social extremo e *lockdowns*, porque nós já alcançamos muitos benefícios com as precauções moderadas, as quais sempre tomamos. Nós sempre tomamos precauções de senso comum para evitar pegar e espalhar vírus. Reagimos às notícias de forma que se encaixe nos detalhes de nossas vidas individuais. Entretanto, a curva só se achata antes de atingirmos um ponto de retorno decrescente. De vez em quando, a tecnologia oferece um divisor de águas — a teoria microbiana das doenças, vacinas, antibióticos, raios-X. Uma quarentena real — isolar portadores de doenças transmissíveis mortais — é transformadora, mas um *lockdown* nunca foi.

Tudo se resume a escalar custos para diminuir retornos rapidamente. Não queremos nos tornar eremitas misantrópicos em macacões de proteção. A vida é muito mais do que segurança, real ou ilusória. E, como veremos no próximo capítulo, o que acontece quando nos esquecemos de que podemos causar muito mais danos do que benefícios.

| CAPÍTULO 10 |

USTC
OCU
OCU

CAPÍTULO 10

O Custo Humano

O preço de qualquer coisa é a quantidade daquilo que chamo de vida o que pode ser trocado por isso, à vista ou em longo prazo.

HENRY DAVID THOREAU[311]

Tudo o que nós fazemos tem um custo. Essa é a vida no mundo da escassez — de seguro de saúde, tempo, dinheiro e qualquer outro recurso finito. Nós não podemos evitar tal escassez, mesmo em um mundo de mais abundância. É por isso que nossas escolhas envolvem trocas. Essas trocas não desaparecem porque vidas estão em risco. Isto só aumenta as apostas.

Nós vimos quais os benefícios da resposta de pânico-induzido ao coronavírus deveriam ter sido. E vimos que não foram nada como era o esperado.

Agora queremos saber: quais foram *os custos* da nossa resposta? O total de custos, é claro, vai além de dinheiro. Ele inclui vidas, anos de vida, sofrimento, perda de liberdade, e assim por diante. Não podemos ser mais precisos do que o assunto permite. Em alguns casos, precisaremos nos contentar com uma lista

[311] THOREAU, Henry David, *Walden, ou A Vida nos Bosques* (1854).

simples de custos, sem fingir atrelar números. Ainda assim, para qualquer possibilidade, gostaríamos de uma estimativa aproximada.

Vamos começar com o prejuízo financeiro e depois seguir com o impacto na carne e osso das vidas humanas.

Financeiro

Para descobrir o custo da rede financeira de medidas que tomamos contra o coronavírus, precisamos avaliar quanto uma resposta mais normal teria custado aos contribuintes dos EUA, sem o pânico e os fechamentos obrigatórios. Afinal de contas, o coronavírus não fechou empresas. Governos fecharam.

Imagine que o estado e governos nacionais ao redor do mundo tivessem seguido os negócios como de costume. Não queremos dizer que não fizeram nada. Apenas que eles tivessem feito o que fazem normalmente em epidemias e pandemias. Imagine que as agências como OMS e CDC tivessem tratado o coronavírus como tratariam qualquer cepa da gripe — relatando o que eles sabiam e admitindo o que não sabiam. E imagine que a mídia fizesse seu trabalho como reprodutores dos fatos, calma e justamente. (Sim, imaginar isso requer esforço). Nesse cenário, teria havido bem menos causas para o público entrar em pânico e para os políticos reagirem de forma exagerada.

Obviamente, a pandemia em si teria nos custado muito, em termos de morte, doença, perda de produtividade, bem-estar financeiro e psicológico e assim vai. No entanto, como argumentamos nos dois capítulos anteriores, não há evidência clara de que o pânico e os fechamentos tenham, realmente, reduzido esse custo.

Portanto, o que queremos saber é como nossa resposta sem precedentes nos custou, *além* dos custos que já teríamos arcado de toda maneira. Apenas subtraindo o que a pandemia teria custado a princípio é que vamos conseguir chegar a uma estimativa justa do preço da nossa resposta.

Como vamos descobrir o que a pandemia teria custado sem uma resposta extrema? Por "resposta extrema" não queremos dizer a coisa normal que teríamos feito voluntariamente se não tivesse havido pânico — distanciamento social, usar boas máscaras quando há um alto risco de infecção, trabalhar de casa quando possível, lavar mais as mãos etc. — o que nós supomos ter algum benefício. Queremos dizer o pânico generalizado, pedidos caros de abrigos em locais, quarentenas de cobertores, fechamento de negócios, fechamento de igrejas, delação de vizinhos, prisão de pais que brincavam com seus filhos no parque e assim por diante. Não fazemos nenhuma dessas coisas em resposta à gripe, mesmo em uma temporada de gripe forte. Nunca fizemos isso nem mesmo durante a pandemia da gripe. Então, o custo básico seria aquele que o vírus em si causaria, somado a uma resposta sem pânico.

Uma forma de estimar isso é examinar o custo da gripe em uma estação média. Dependendo de como a contamos, a gripe custa aos Estados Unidos da América entre dez e cem bilhões de dólares por ano[312]. Vamos pegar a média e usar cinquenta e cinco bilhões de dólares. Entenda que este é um número altamente incerto. Estamos apenas tentando chegar no número aproximado.

Em seguida, vamos supor que ninguém que morreu de Covid-19 teria adoecido ou falecido por qualquer outra causa em 2020. Na realidade, as pessoas mais vulneráveis à morte por coronavírus também eram proporcionalmente vulneráveis à morte por outras causas — idosos já com problemas de saúde. Assim, alguns que morreram de coronavírus porvavelmente teriam morrido de outras causas se não houvesse coronavírus. No entanto, para evitar qualquer risco de subestimar os custos do próprio coronavírus (e, assim, exagerar o custo da resposta extrema a ele), vamos ignorar isso.

Pelo mesmo motivo, vamos supor que o coronavírus tenha sido quatro vezes pior do que a gripe e, portanto, justificou uma resposta mais cara. (Apesar da temporada de gripe de 2018 ter sido ruim em termos de mortes, provavelmente ele chegou a quase a metade dela, embora tenha se espalhado mais pesadamente entre os idosos e enfermos). Isso seria um soco de US$220 bilhões de dólares para a economia dos EUA. Mesmo em uma época em que "trilhões" rolam livremente, US$220 bilhões de dólares é muito dinheiro — quase cinco vezes o orçamento de 2018 do Departamento de Segurança Interna.

Ainda assim, a economia dos EUA é cerca de cem vezes maior do que esse número e estava indo bem até fevereiro de 2020. Como resultado, duvidamos deste golpe extra, que teria causado uma recessão, embora tivesse aumentado um pouco o *déficit* federal e pode ter desacelerado o crescimento econômico.

312 "A Gripe custa aos Estados Unidos mais de 87 bilhões de dólares anualmente", *CDC Foundation*, 18/set/2014; Kari Paul, "A época de gripes deste ano pode ser a mais mortal em anos – e a mais cara", *Market Watch*, 2/fev/2018.

Agora, pode-se argumentar que o custo não é tão simples: quatro vezes mais mortes e doenças podem ter tido muito mais do que quatro vezes o impacto na economia. Talvez. Esse número multiplicado por quatro é muito generoso. Além disso, pelo que sabemos, os custos econômicos marginais podem diminuir. Ou seja, os primeiros cinquenta mil casos da doença podem custar mais, em termos financeiros, do que os próximos cinquenta mil. Conforme nós vimos, apesar dos alertas, não afundamos nosso sistema nacional de saúde. Muito pelo contrário: a resposta ao coronavírus criou depressão econômica no setor de saúde à medida que desviamos recursos para a pandemia e suspendemos procedimentos médicos "eletivos". Portanto, uma vez que tenhamos sido muito liberais na atribuição de custos, não vemos nenhum bom motivo para não seguir a estimativa de US$220 bilhões de dólares.

Outra maneira de derivar esse valor seria usar o valor econômico medido para um ano de vida. Ao contrário do que você pode pensar, os economistas não decidem simplesmente entre si quanto valem os anos de nossas vidas. Eles presumem (plausivelmente) que perder, digamos, dez anos de sua vida é pior do que perder um ano. E então, eles observam o quanto a sociedade está disposta a gastar para salvar anos de vida ao reduzir o risco. Eles consideram coisas como o custo de detectores de fumaça, *airbags* e capacetes, o prêmio por trabalhar em empregos perigosos e afins. Não estamos calculando o valor da vida de uma pessoa, mas sim o quanto valorizamos ao reduzir o risco de perder nossas vidas ou a vida de entes queridos.

As estimativas variam, é claro. Contudo, no momento, um ano de vida parece custar cerca de US$150.000 dólares nos Estados Unidos da América. Não se preocupe com os detalhes por enquanto. Voltaremos a essa questão mais adiante. Aqui, queremos apenas uma estimativa do custo da pandemia de coronavírus sem os fechamentos. "Aplicando essa medida [US$ 150.000 dólares por ano de vida] à distribuição da idade dos falecidos", observa o especialista em políticas de saúde Geoffrey Joyce, "e adicionando os custos do tratamento da população infectada, o custo total da Covid-19 nos EUA, sob as restrições atuais, parece ser de cerca de US$150 bilhões de dólares"[313]. Ele escreveu isso no final de abril. Se so-

313 Geoffrey Joyce, "Opinião: estamos exagerando ao coronavírus? Vamos fazer as contas", *Market Watch*, 25/abr/2020. Joyce argumentou que como os *lockdowns* preveniram muitas outras mortes, valeram a pena, mesmo que tenham custado trilhões de dólares. Mas esse argumento é baseado em sua presunção de que

marmos ao total as mortes de maio e junho, chegamos a um número muito próximo da nossa primeira estimativa: US220 bilhões de dólares, mais ou menos.

Uma terceira e última maneira de descobrir o que a pandemia teria custado, se tivéssemos a enfrentado com uma resposta normal e voluntária, seria compará-la ao custo econômico da pandemia de gripe espanhola de 1918, que matou (aproximadamente) seiscentos e setenta e cinco mil norte-americanos. Havia políticas de distanciamento social em 1918, mas nada tão extremo quanto em 2020. Desta forma, com os ajustes adequados para a população e a inflação, poderíamos estimar o custo da pandemia de 2020 se tivéssemos mantido políticas igualmente modestas.

Uma série de estudos tentaram definir o custo da pandemia de gripe espanhola, que matou muito mais pessoas do que o coronavírus[314]. Ela parece ter causado um impacto econômico no curto prazo, mas a recuperação veio rapidamente. Uma pesquisa sobre o assunto feita pelo Banco de Reserva de Saint Louis explicou desta forma: "A maioria das evidências indica que os efeitos econômicos da pandemia de gripe de 1918 foram de curto prazo"[315]. Infelizmente, é difícil obter números sólidos.

Um estudo de abril de 2020, no entanto, analisou a pandemia de 1918 com o propósito de aplicar suas lições aos eventos atuais[316]. Seus três autores, dois no banco de reserva e um no MIT, argumentaram que foi a própria pandemia de 1918, e não o "as intervenções públicas de saúde", que deprimiram a economia. Eles também disseram que "as cidades que intervieram mais cedo e de forma mais agressiva não tiveram um pior desempenho e, se houve, cresceram mais rápido depois que a pandemia passou". As intervenções incluíram distanciamento social e limites em grandes multidões.

---

o procedimento considera o pior cenário: "Quando a ameaça do vírus acabar a especulação sobre os procedimentos, políticas e erros será cacofonia. Mas devemos nos lembrar de que quando o risco é extremo, assim como é para o aquecimento global ou para a COVID-19, as políticas públicas devem ser baseadas em cenários extremos credíveis. Há muito em jogo para agir de outra forma". Falamos bastante desse ponto de vista equivocado no *Capítulo 12*.

314 Thomas A. Garrett, "Economia da pandemia: a gripe de 1918 e suas Iimplicações nos dias modernos," *Federal Reserve Bank of St. LouisReview* 90, nº 2 (mar-abr/2008): 7593.

315 Thomas A. Garrett, "Efeitos econômicos da gripe de 1918 e suas implicações nos dias modernos", *Federal Reserve Bank of St. Louis* (nov/2007): 1-25.

316 Sergio Correia, Stephan Luck e Emil Verner, "Pandemias acabam com a economia, intervenções na saúde pública não: evidências da gripe de 1918", *Social Science Research Network* (mar/2020): 1-56.

Novamente, é difícil tirar conclusões sólidas dos registros históricos irregulares, mas a imprensa amou as implicações[317]. No mínimo, eles ofereceram um bom porrete para golpear o então presidente Donald Trump, que na época estava preocupado com a "cura", que ela não fosse pior do que a doença.

Entretanto, de que forma isso é relevante para a pandemia de 2020? As respostas de 1918 foram mais parecidas com a resposta moderada da Suécia em 2020. Os esforços foram locais e orgânicos, não nacionais e impostos de cima para baixo. Woodrow Wilson (1856-1924), o presidente dos EUA na época, parece não ter prestado atenção à pandemia; os historiadores "não conseguiram encontrar uma única ocasião em que ele tenha mencionado [a gripe espanhola] em público"[318]. Portanto, o estudo não fez nada para mostrar que a resposta extrema exigida pelos governos nacionais, estaduais e locais, que vimos *em 2020*, será melhor para as economias locais do que alternativas mais modestas, por mais que seus autores desejassem que os leitores tirassem essa conclusão.

Portanto, vamos voltar agora ao nosso número de US$220 bilhões de dólares como nossa estimativa generosa para o custo da pandemia caso não tivesse havido o *lockdown*. O que o *lockdown* nos custou além disso? Os economistas ficarão ocupados respondendo a essa pergunta por um longo tempo, uma vez que existem todos os tipos de custos indiretos que reverberarão por anos. Ainda assim, nós podemos apontar para uma grande fatura que foi emitida no livro razão federal logo de cara. O projeto de lei de "estímulo" assinado pelo presidente, no dia 27 de março, era de US$2,2 trilhões de dólares. Pode-se argumentar que, com a redução de impostos extras, totalizou-se US$800 bilhões de dólares a mais do que isso[319]. Contudo, para evitar inflar os custos, vamos ignorar isso e tratar esse detalhe como uma transferência de pagamento do futuro para o presente. Isso significa que a resposta nos custou quase US$2 trilhões de dólares de cara (subtraindo, como dissemos acima, os US$220 bilhões de dólares).

---

317 Pedro Nicolaci da Costa, "Economia da pandemia: lições da gripe espanhola de 1918", *Forbes*, 3/abr/2020; Dylan Matthews, "O distanciamento social não apenas salvará vidas. Talvez seja melhor para a economia no longo prazo". *Vox*, 31/mar/2020.

318 Eric Felten, "Como Woodrow Wilson deixou as mortes por gripe tornarem-se virais na Grande Guerra", *RealClearInvestigations*, 8/abr/2020.

319 Bruce Thompson, "Tamanho real do Pacote de Estímulo à Economia é muito maior que 2.2 trilhões de dólares", *Washington Examiner*, 6/abr/2020.

Lembre-se de que esse é o dinheiro emprestado para tentar preencher o buraco que cavamos na economia com a nossa resposta ao coronavírus. Ele representa bens e serviços, com acompanhamento de salários, que não poderíamos produzir por causa do *lockdown*.

Esses US$2 trilhões de dólares, porém, são provavelmente o custo financeiro mínimo para um *lockdown* que dure alguns meses. O Credit Suisse projetou que a economia dos EUA perderia (se anualizada), um terço de seu valor no segundo trimestre de 2020[320]. Outra análise estimou o custo do fechamento em cerca de 5% do PIB por mês[321]. Todos os três números apontam para um custo do *lockdown* de cerca de US$ 1 trilhão de dólares por mês. Mesmo em julho, o fim amargo dos *lockdowns* persistiu. O custo mínimo para a economia dos EUA do *lockdown*, então, é de, pelo menos, vários trilhões de dólares[322]. Para efeito de comparação, o orçamento para o governo federal em 2019 foi de US$ 4,4 trilhões de dólares— maior do que qualquer outro governo do mundo. Se limitarmos o custo de nossa resposta ao coronavírus a, digamos, seis meses em 2020, isso significa que pode ser a conta mais alta que pagaremos.

Desemprego Massivo

Adicionar dólares dessa maneira pode fazer parecer que estamos tratando o dinheiro como a única coisa que importa. Isso, contudo, é uma ilusão. Nós nos importamos com dólares não porque os dólares importam, mas porque eles servem como um meio e uma medida de uma série de bens humanos. Dólares perdidos significam negócios e empregos perdidos, inovações perdidas que melhoram e estendem vidas, anos perdidos e até vidas perdidas. Os dólares são realmente um representante para essas coisas importantes. No entanto, podemos também esquecer deles e falar sobre as coisas que realmente importam para nós: empregos.

320 Carmen Reinicke, "Credit Suisse diz que a economia dos Estados Unidos diminuirá 33,5% no próximo trimestre, a maior queda na história", *Business Insider*, 6/abr/2020.

321 Christos Makridis e Jonathan Hartley, "O custo da COVID-19: uma estimativa do impacto sobre o PIB norte-americano", *Mercatus Center*, 6/abr/2020.

322 A propósito, isso se traduz em 6,666,666 anos de vida por mês.

Até mesmo analistas, que pensam que o debate se trata de dólares de um lado e vidas no outro, sabem que o fechamento de empresas devastou a economia e custou dezenas de milhões de empregos. Nós mencionamos esses números absurdos na introdução. Em fevereiro, o desemprego nos Estados Unidos da América estava numa marca histórica de 3,5%. A semana que terminou em 28 de março, tiveram seis milhões e novecentos mil pedidos de seguro-desemprego. A semana seguinte adicionou cinco milhões e duzentos mil pedidos. Na próxima semana, seis milhões e seiscentos mil novos pedidos e então mais quatro milhões e quatrocentos mil[323]. E para a semana do dia 2 de maio, mais três milhões e duzentos mil. São trinta e três milhões e quinhentos mil pedidos em um mero período de sete semanas. Nunca houve algo parecido na história norte-americana. Jamais. No final de maio, os novos pedidos de seguro-desemprego alcançaram quase quarenta e um milhões[324]. Lembre-se, muitas pessoas que perderam seus empregos têm um parceiro(a) e filhos que dependem dessa renda. Não é surpresa que a fome e a insegurança quanto a comida surgiram em algumas semanas.

Essa onda de desemprego não atingiu o país de maneira uniforme. Se você já estava firme na economia digital, ou pudesse fazer seu trabalho *on-line* com facilidade, você talvez tenha ficado de fora da primeira onda. Se você trabalhava com lazer ou hospedagem e turismo — hotel, companhia aérea, restaurante, serviço de conferência, ou em entretenimento — você foi um dos primeiros a serem atingidos.

Lembra-se da preocupação sobre a Covid-19 sobrecarregando nosso sistema de saúde? Isso não ocorreu. Ao invés disso, o setor sofreu uma perda de empregos em massa. No começo de maio, mais de um milhão e quatrocentos mil empregos no setor de saúde foram perdidos[325].

Muitos empregos no varejo e manufatura foram perdidos também — apesar de os armazéns e mercados contratarem mais pessoas por terem sido

323 Sarah Chaney e Gwynn Guilford, "Milhões de trabalhadores americanos se aplicaram para os benefícios de desemprego na última semana", *Wall Street Journal*, 23/abr/2020.

324 Jeff Cox, "Outras 2,1 milhões de pessoas entram com pedidos de desemprego, mas o número total de desempregados diminui", *CNBC*, 28/mai/2020.

325 "Porque 1,4 mihões de empregos na área da saúde foram extintos durante uma grande crise na saúde", *New York Times*, 4/mai/2020.

declarados essenciais[326]. Pequenas empresas de família sem muita margem foram fechadas. Sabe-se lá quantas serão reabertas.

Para resumir, o *lockdown* atingiu as pessoas e as empresas que menos poderiam arcar com as consequências. Algumas dessas coisas poderiam ter acontecido sem *lockdown*. Inclusive, a Suécia sofreu um desaceleramento (bem menor), já que é parte da economia global[327]. Ainda assim, nós podemos seguramente dizer que quarenta milhões de norte-americanos perderam seus empregos devido aos *lockdowns*. Se você não gosta de pensar em termos de trilhões de dólares, então, pense nos quase quarenta milhões de assalariados ficando desempregados, muitos com dependentes e muitos que já tinham salários baixos.

Mortes por Desespero

Dan Bongino é um antigo agente do Serviço Secreto norte-americano que se tornou comentarista. No dia 21 de abril, ele postou no *Twitter* que um amigo próximo havia se matado após ter "sido afastado" do seu trabalho por causa dos fechamentos[328]. Isso foi uma pessoa. Quantas vezes nós ouvimos relatos de histórias individuais pedindo medidas mais rígidas, sem ouvir sobre aqueles que sofreriam por elas?

Uma médica, Nicole Saphier, viu o lamento emocionante de Bongino, fez um cálculo rápido[329] e tuitou:

> Conforme o desemprego se aproxima dos 20%, cada 1% de aumento pode resultar em 3,3% do pico de *overdose* / 1% do aumento de suicídios (Escritório

---

[326] "Sumário da Situação Empregatória", *U.S. Bureau of Labor Statistics*, 8/mai/2020.

[327] Peter Coy e Charles Daly, "O modelo sueco troca mais doença por menos impacto econômico", *BloombergQuint*, atualizado pela última vez em 18/mai/2020.

[328] Samantha Chang, "Dan Bongino: meu amigo cometeu suicídio após perder seu emprego em decorrência dos fechamentos causados pelo coronavírus", *BPR Business & Politics*, 22/abr/2020.

[329] Nicole Saphier (@NBSaphierMD), "Na medida em que a taxa de desemprego atinge 20%, cada número percentual pode resultar num crescimento de 3,3% nas taxas de *overdose* causadas por uso de drogas e 1% para suicídios (National Bureau of Economic Research). Se a taxa de desemprego atingir 32%, aproximadamente 77.000 americanos podem morrer em função disso. A mortalidade da economia será tão grande quanto o vírus?" *Twitter*, 21/abr/2020; 1h27 p.m., https://twitter.com/NBSaphierMD/status/1252776683129708545?ref_src=twsrc%5Etfw.

Nacional de Pesquisa Econômica). Se o desemprego atingir 32%, ~77.000 norte-americanos podem morrer como resultado. Será que a mortalidade por precipitação econômica vai ser maior do que a do próprio vírus?

A *ABC News* reportou diretamente da área da baía de San Francisco que "médicos no John Muir Medical Center, em Walnut Creek, dizem que já viram mais mortes por suicídio nesse período de quarentena do que mortes pela Covid-19"[330]. Um médico contou que ele viu "nas últimas quatro semanas, um número de tentativas de suicídio equivalente ao que ocorre em um ano".

O *New York Post* reportou sobre os suicídios relacionados ao coronavírus[331]. Outros veículos divulgaram uma onda de mortes de opioide e álcool, que geralmente estão ligadas aos desempregados[332].

Nós coletamos dezenas de histórias assim dos Estados Unidos da América, Europa, Índia e Nova Zelândia. Elas são anedotas, mas estudos científicos sugerem que são prenúncios do que está por vir.

No início de abril, a revista científica *Journal of the American Medical Association* (JAMA) já havia alertado que "o potencial para o surgimento de risco de suicídio é alto". Eles basearam esse julgamento em "reviravoltas econômicas" passadas que "são, em geral, associadas às altas taxas de suicídio se comparadas com períodos de prosperidade"[333]. Isolamento reforçado e serviços religiosos fechados, dizem eles, também aumentariam os pensamentos suicidas e os suicídios.

---

330 Amy Hollyfield, "Aumento no número de suicídios em meio à quarentena doméstica, de acordo com profissionais médicos", *ABC7 News*, 21/mai/2020.

331 Joshua Rhett Miller, "Jovem britânico morre após tentativa de suicídio em decorrência de seu medo do coronavírus", *New York Post*, 25/mar/2020; Tina Moore e Olivia Bensimon, "Homem com câncer comete suicídio em hospital de Nova York após contrair o coronavírus", *New York Post*, 27/mar/2020.

332 Kate Briquelet, "Não esqueça a outra pandemia matando milhares de americanos. Autoridades em todo o país reportam um aumento em *overdoses* fatais causadas por opióides durante a quarentena e distanciamento social", *The Daily Beast*, 4/mai/2020; TheBlaze (@theblaze), "Quase três dúzidas de pessoas morrem em Ontario em decorrência das políticas de combate ao coronavírus, que atrasaram suas cirurgias cardíacas", *Twitter*, 4/mai/2020, 8h00 p.m.; https://twitter.com/theblaze/status/1257505350238044160?s=20; Mallory Simon, "Grupo avisa que 75,000 americanos estão em risco de morte por *overdose* ou suicídio devido ao desespero sobre o coronavírus", *CNN*, 8/mai/2020.

333 Mark A. Reger, Ian H. Stanley e Thomas E. Joiner, "Mortalidade do suicídio e a doença do coronavírus 2019 – uma tempestade perfeita?" *JAMA Psychiatry*, 10/abr/2020.

Uma meta-análise (uma análise de múltiplos estudos publicados) no *World Journal of Psychiatry* confirmou essa descoberta[334]. "Períodos de recessões econômicas parecem aumentar as taxas de suicídio", concluiu.

Outra reportagem contemporânea questionou: "como a pandemia do coronavírus afeta as taxas de suicídio"[335]? Os autores observaram que "apesar dos dados nos números de ligações especificamente relacionadas a estresses causados pela Covid-19 não estarem disponíveis na Linha Nacional de Prevenção ao Suicídio, durante março de 2020, a Linha de Dificuldades em Desastres viu um aumento de 338% no volume de ligações comparado a fevereiro de 2020". As pessoas telefonam para falar de seus sentimentos quanto ao isolamento e sobre crises de ansiedade. O *Daily Mail* comentou que a linha de prevenção ao suicídio de Los Angeles recebeu setenta e cinco vezes mais ligações em março do que em qualquer outro mês[336].

Para confirmar a postagem no *Twitter* de Saphier, em abril, um estudo publicado em maio estimou que as paralisações poderiam levar a setenta e cinco mil mortes[337]. Outra análise detalhada sugeriu que somente a ansiedade poderia custar sete vezes mais anos de vida do que salvamentos com os *lockdowns*[338].

Nós não podemos provar que a pandemia do pânico gerou o pico dessas mortes por desespero. Ainda assim, as histórias começaram a aparecer de uma vez, mesmo nos veículos de imprensa que apoiavam os *lockdowns*. E baseado no que nós sabemos sobre desastres econômicos passados, não temos dúvida do que a evidência irá mostrar.

A conta exata pode ser imensa. Muitos suicídios poderiam vir após a diminuição da crise, uma vez que os efeitos dos *lockdowns* vão permanecer por

---

334 Mayowa Oyesanya, Javier Lopez-Morinigo e Rina Dutta, "Análise sistemática dos suicídios na recessão econômica", *World Journal of Psychiatry* 5, nº 2 (jun/2015): 243-54.

335 Eileen Abbott, "Como a pandemia do coronavírus afeta as taxas de suicídio?" *The Hill*, 22/abr/2020.

336 Josh Boswell, "Exclusivo: linha de prevenção ao suicídio de Los Angeles recebeu mais de 1.500 ligações em março – 75 vezes mais do que o último mês – sobre os medos de contrair o coronavírus e ansiedade relacionada ao despejo, a inabilidade de pagar contas e perder entes queridos", *Daily Mail*, 30/mar/2020.

337 Serena Gordon, "A pandemia do coronavírus pode resultar em 75.000 'mortes de desespero' por suicídio e abuso de drogas e álcool, diz estudo", *CBS News*, 8/mai/2020. O estudo referido é de Stephen Petterson, John M. Westfall e Benjamin F. Miller, "Projeção de mortes por desespero pela COVID-19", *Well Being Trust*, 8/mai/2020.

338 Andrew Glen e James Agresti, "A ansiedade pelas reações à COVID-19 destruirá ao menos sete vezes mais tempo de vida do que poderia ser salvo pelos *lockdowns*", *The Stream*, 5/mai/2020.

anos. As mortes por coronavírus estão sendo notadas e vistas. As mortes por desespero causadas pela nossa resposta ao vírus vão se espalhar através dos anos, a maioria sem ser reparada.

Mortes por Pobreza Extrema

Em todo país, não importa o quão próspero seja, algumas pessoas passam necessidade. Imagine que fôssemos classificar cada norte-americano adulto por sua renda. Haveria pessoas no fundo dos 10%, 5% e 1%. Qualquer mudança para pior — um *tsunami*, um terremoto, uma pandemia, uma depressão econômica — iria prejudicar mais essas pessoas. Elas não têm nenhuma margem. Elas não podem girar, mover ou baixar suas economias, ou sacar quatrocentos e um mil, ou vender o barco.

Agora, considere um país muito mais pobre do que os Estados Unidos da América, no qual milhões de pessoas ainda vivem com alguns dólares por dia. O que você acha que uma depressão global fará com elas?

No dia 11 de maio, o *Los Angeles Times* disse abertamente o que nós tínhamos pensando há mais de dois meses: "A devastação econômica da pandemia causa estragos nos mais pobres e poderia, em última análise, matar mais pessoas do que o próprio vírus". Claro, a reportagem culpou a própria pandemia. E ela deve receber parte da culpa, mas o pânico que a seguiu deveria ser culpado também.

Esse fato é claro na reportagem. Não se tratou de milhões de pessoas pobres morrendo de Covid-19. Era sobre milhões de pessoas pobres morrendo com a resposta à Covid-19. "A fome", observou-se no artigo, "já está aumentando nas partes mais pobres do mundo, onde os *lockdowns* e medidas de distanciamento social apagaram as rendas e dificultaram acesso a itens básicos de comida".

Isso é ainda mais deprimente por causa do progresso feito nas últimas três décadas para livrar o mundo de pobreza tão desesperadora. "Desde 1990", observou o *L.A. Times*, "mais de um bilhão de pessoas — 13% da população mundial — saiu da linha de extrema pobreza, de acordo com o Banco Mundial".

No início de 2020, setecentas e trinta e quatro milhões de pessoas estavam na extrema pobreza. A ONU agora prevê que os eventos de 2020 podem "levar cerca de [mais] quatrocentas e vinte milhões à extrema pobreza, que é definida como quem recebe menos do que US$2 dólares por dia". David Beasley, diretor executivo do Programa Alimentar Mundial da ONU (WFP), previu que choques nas cadeias de abastecimento de alimentos podem levar a trezentas mil mortes por dia[339]. Em outras palavras, mais pessoas ao redor do mundo poderiam morrer, a cada dois dias, devido a nossa resposta à pandemia do que aqueles que morreram diretamente com a pandemia.

Não há como dizer os números exatos, mas os que foram citados acima certamente são os mais aproximados. E, uma vez que os *lockdowns* aconteceram em quase todo lugar, as pessoas com um pouco mais de dinheiro, que doam para ministérios religiosos de combate à pobreza e organizações de ajuda humanitária, terão dificuldade em ajudar.

E quanto aos pobres nos Estados Unidos da América? Nós temos uma rede segura e riqueza excedente. A maioria dos nossos pobres não sofre a pobreza extrema definida pela ONU. Talvez ninguém nos EUA vai simplesmente morrer de fome. No entanto, não vamos nos enganar. A pobreza do primeiro mundo ainda coloca pessoas em risco. "A pobreza é como um ladrão", diz Michael Reich. "Não apenas diminui as chances de vida de uma pessoa, mas rouba alguns anos de alguém"[340].

Aqueles 10% a 20% que já estavam perdurando? Muitos deles poderiam ser encontrados se afundando. Mesmo com os cheques do governo e os cheques de proteção, nos primeiros meses de *lockdowns* nós começamos a ver histórias de filas para cestas básicas aumentando por quilômetros e no país mais rico da história da humanidade.

Mortes e Doenças por Atrasos nos Cuidados Médicos

Uma reportagem da *NPR* no início de maio relatou sobre uma mulher que "teve a pior dor de cabeça da vida dela", mas deixou o tratamento de lado com medo do coronavírus. Como resultado, ela teve múltiplos derrames e morreu de "hemorragia cerebral". O médico dela achou que sua morte poderia ter sido evitada.

---

339 Kate Linthicum, Nabih Bulos e Ana Ionova, "A devastação econômica trazida pela pandemia poderá matar mais pessoas do que o vírus em si", *Los Angeles Times*, 11/mai/2020.

340 Annie Lowrey, "Desigualdade econômica, conheça a desigualdade de longevidade", *New York Times*, 15/mar/2014.

A história falava sobre pacientes preocupados, evitando as salas de emergência quando tinham um infarto ou derrame. "Em todo o país", explicou o presidente do American College of Emergency Physicians, "os volumes das salas de emergência estão mais baixos em 40% a 50%"[341]. E, em todo o país, "os volumes de ligações para o 911 [o equivalente ao 190 brasileiro] para os casos de derrames e infartos diminuíram de março até o início de abril". Será que as pessoas estavam tendo menos ataques cardíacos e derrames, ou estavam com medo de ligar para ambulâncias para levá-los aos hospitais, locais considerados armadilhas para a morte de acordo com a imprensa?

Centros clínicos de AVC viram uma "queda 'sem precedentes' nos pacientes de AVC sendo tratados, com reduções de 50% a 70%". Um médico disse que estava preocupado que isso "poderia ser um desafio para cuidar de todos os pacientes que, eventualmente, iriam aparecer em hospitais em estado ainda pior após atraso nos cuidados". Outro médico, um presidente do conselho da Associação Americana do Coração de L. A., perguntou: "essas pessoas estão morrendo em casa?"

Após passar meses alimentando o pânico, a imprensa adquiriu interesse nessa história sobre consequências não intencionais do pânico. No dia 25 de maio, Katie Hafner, do *New York Times*, escreveu sobre médicos tentando, e falhando, fazer pacientes com sérios problemas de saúde a comparecerem. Por quê? Pânico de pegar o coronavírus.

Hafner citou um psiquiatra da Universidade de Brown. "Se você tiver ansiedade e exacerbá-la ao assistir notícias e ler as mídias sociais, pode fazer com que você tenha ataques de pânico", explicou o professor. "E as partes racionais, lógicas do cérebro param de funcionar bem se você entra em pânico"[342]. Não me diga.

Muitos evitaram atenção médica por causa do pânico. No entanto, decretos governamentais também não permitem que as pessoas recebam cuidados médicos. As autoridades definiram muitos procedimentos "eletivos" como não essenciais. E, apesar de "eletivo" soar para a maioria das pessoas como dores de

[341] Will Stone e Elly Yu, "Prontos socorros vazios preocupam doutores: onde estão os ataques cardíacos e derrames?" *NPR*, 6/mai/2020.

[342] Katie Hafner, "Medo da Covid faz com que pacientes recusem tratamentos críticos", *New York Times*, 25/mai/2020.

barriga e Botox, na verdade isso significa procedimentos que estavam agendados, ao invés de, vamos dizer, quebrar um osso durante uma visita à sala de emergência. Claro, nós agendamos cirurgia no cérebro, no coração, de câncer, joelho, quadris e costas. Essas cirurgias que salvam vidas foram atrasadas, às vezes, por muitos meses.

No início, nós presumimos que esses decretos contra os cuidados médicos tivessem vindo do medo induzido pelos modelos de que os hospitais estariam sobrecarregados com pacientes de Covid-19. Sabe, daquela época quando estávamos tentando achatar a curva. Mesmo então, as autoridades estavam priorizando tratamentos de coronavírus ao invés de centenas de outras doenças mortais e de maneira tola. O governo estava, na verdade, racionando o cuidado médico por decreto baseado numa carência antecipada. Porém, o argumento de achatar a curva se tornou obsoleto em abril, quanto essa escassez nunca veio e as restrições ainda continuaram. Como resultado, nós não apenas atrasamos tratamentos que salvam vidas, mas também aleijamos nosso sistema de saúde. Somente em abril, um milhão e quatrocentos mil postos de trabalho foram perdidos nesse setor[343].

Milhões de pessoas sofreram enquanto esperavam. Imagine precisar de cirurgia nos quadris, sofrer dor por meses enquanto o hospital está metade vazio e seu cirurgião foi afastado da equipe por falta de pacientes. Multiplique isso algumas milhões de vezes para chegar a uma noção do tributo coletivo angariado por essas políticas equivocadas.

E então houve as mortes. Em Ontario, trinta e cinco pacientes cardíacos morreram entre março e abril esperando por procedimentos médicos[344]. No dia 5 de maio, um artigo da *Medscape* previu que um *lockdown* que durasse três meses (até junho) "poderia significar oitenta mil diagnósticos perdidos de câncer"[345]. Nós não podemos ainda dizer quantas mortes "colaterais" por tratamentos perdidos vai haver por causa dos *lockdowns*. Eles poderiam ultrapassar os números de morte da própria Covid-19.

---

343 Tara Bannow, "Área da saúde perde 1,4 milhões de empregos em abril conforme a taxa de desemprego atinge 14,7%,". *Modern Healthcare*, 8/mai/2020.

344 "35 pacientes cardíacos morreram enquanto esperavam por cirurgias; Ontario irá detalhar medidas de reabertura específicas por setor essa semana", *NOW*, 28/abr/2020.

345 Richard Franki, "Três meses de COVID-19 podem significar 80.000 diagnósticos de câncer perdidos", *Medscape*, 5/mai/2020.

Scott Atlas, antigo chefe de neurorradiologia do Centro Médico da Universidade de Stanford, argumentou exatamente isso[346]. Ele e seus colegas calcularam que "o *lockdown* nacional é responsável por ao menos setecentos mil anos de vida perdidos por mês". Os detalhes são deprimentes:

> Aqui estão os exemplos de cuidados com saúde perdidos, que foram base dos nossos cálculos: avaliação de AVCs de emergência caíram 40%. Dos seiscentos e cinquenta mil pacientes com câncer, recebendo quimioterapia nos Estados Unidos da América, a estimativa é que metade perdeu seu tratamento. Dos cento e cinquenta novos casos de câncer tipicamente descobertos a cada mês nos EUA, a maioria — assim como no mundo todo — não está sendo diagnosticada e de dois terços a três quartos das triagens de rotina para descobrir o câncer não estão acontecendo por causa das políticas de paralizações e do medo na população. Estão ocorrendo agora quase 85% menos doações de transplante de pacientes vivos, se comparado ao mesmo período do ano passado. Além disso, mais da metade das vacinações infantis não estão sendo feitas, gerando um potencial desastre massivo da saúde no futuro[347].

Conforme especialistas irão debater os números exatos nos próximos anos a seguir, os números de agora são tão altos que não temos dúvida de que o lapso da saúde vai acabar custando muitas vidas.

Bens Desperdiçados

A rede de abastecimentos dos EUA é uma maravilha de se ver. A maioria de nós nunca a notou. Nós damos como certo o bom abastecimento de restaurantes e supermercados. Esperamos *deliveries* de um dia da Amazon e, geralmente, recebemos. Muitas partes dessas redes usam inventários pontuais, que cortam custos e desperdícios.

346 Victor Garcia, "Dr. Atlas sobre *lockdowns* do coronavírus: 'As medidas... estão matando pessoas'". *Fox News*, 24/mai/2020.

347 Scott W. Atlas *et al.*, "O fechamento pela COVID-19 custará aos americanos milhões de anos de vida", *The Hill*, 25/mai/2020.

Essas redes de alimentos e lojas *on-line* desaceleraram durante os *lockdowns*, mas ainda trabalharam miraculosamente bem por meses. Claro, papel higiênico e álcool em gel desapareceram das prateleiras por causa da multidão, mas não por muito tempo. Coisas diferentes como o *chai* indiano se tornaram escassas. Contudo, as lojas ainda continuavam a estocar frutas e legumes, comidas secas e congeladas, comidas de animais de estimação e, basicamente, tudo o que precisávamos.

No setor de restaurantes, contudo, uma catástrofe aconteceu. Nós já mencionamos as pequenas empresas e milhões de funcionários, mas você se perguntou o que aconteceu com toda aquela *comida*? Você deve ter imaginado que carne de porco e ovos destinados a jantares foram desviados para os mercados Safeway e Costco. No entanto, não é assim que funciona, especialmente com itens perecíveis. Quando milhões de norte-americanos pararam de comer fora, isso enviou ondas de choque para as cadeias de abastecimento.

Norte-americanos tipicamente compram cerca de 40% de sua comida não de supermercados, mas de restaurantes — seja comendo fora, ou pedindo para levar. Frango ou ovos ou porco empacotados e preparados pelo restaurante Applebees, por exemplo, não podem simplesmente ir parar no Safeway. O Safeway possui sua própria rede de abastecimento com terceirizados, caminhões, entregas agendas e assim por diante.

Então, o que aconteceu com toda aquela comida de restaurante durante os *lockdowns*? Sem renda, os restaurantes não conseguiam pagar por ela. Portanto, pararam de fazer pedidos e, em pouco tempo, havia exércitos de galinha e porcos em crescimento e sem ter para onde ir. Fazendeiros não podem dizer às galinhas que parem de botar ovos e às vacas que parem de produzir leite. Queijo e manteiga podem ser estocados, mas somente se houver muito espaço de refrigeração. Em algumas semanas, os fazendeiros começaram a despejar o leite[348] e sua produção[349], e a sacrificar os animais[350]. Uma história no início de

---

348 Aarian Marshall, "Porquê fazendeiros estão jogando leite fora, mesmo enquanto pessoas passam fome", *Wired*, 23/abr/2020.

349 Tyne Morgan, "Alguns agricultores aram os campos enquanto a demanda por frutas e vegetais diminui", *The Packer*, 20/abr/2020.

350 Christopher Bedford, "Como e porquê o sistema alimentar americano está quebrando", *The Federalist*, 14/mai/2020.

maio relatou que eles estavam matando milhares de porcos por dia — somente em Minnesota[351].

Tudo isso enquanto cada vez mais norte-americanos tinham menos o que comer.

Crime

Uma das escolhas políticas mais bizarras no pânico do coronavírus foram os estados de maioria democrata, como a Califórnia (e zonas democratas em estados de maioria republicana) dando licenças aos prisioneiros. O condado de Travis (lar da liberal Austin, Texas) liberou quase seiscentos criminosos. Dentre eles, havia prisioneiros condenados por roubo com agravantes, incêndios culposos, ataques a soldados da paz e tráfico humano[352]. Quando o governador do Texas, Greg Abbott, emitiu uma ordem executiva para banir tais liberações, o ACLU[353] o processou[354].

O *New York Post* reportou que "ao menos cinquenta dos mil e quinhentos presos soltos, devido ao medo da propagação da Covid-19 atrás das grades nas semanas recentes, já retornaram à cadeia e, em alguns casos, já foram soltos novamente"[355]. Ben Johnson ofereceu algumas dessas histórias ao *The Stream*. "Na cidade de Nova York, assaltos subiram 37% e assassinatos quase triplicaram", escreveu ele. "Com apenas 10% dos seus passageiros, o número de roubos no metrô de NYC subiu 29%. Em Seattle, os assaltos aumentaram, quase dobrando, desde a ordem de ficar em casa"[356].

---

351 Mike Hughlett e Adam Belz, "Em Minnesota, 10.000 porcos estão sendo sacrificados diariamente", *Star Tribune*, 6/mai/2020.

352 Brad Streicher, "Dezenas de acusados de crimes graves liberados da prisão de Travis County", *KVUE ABC*, 10/abr, atualizado em 11/abr/2020.

353 União Americana pelas Liberdades Civis (do inglês, American Civil Liberties Union) é uma ONG americana que defende e preserva os direitos e liberdades individuais dos cidadãos. (N. T.)

354 Ben Johnson, "O grande surto do coronavírus", *The Stream*, 1/mai/2020. Um juiz federal negou o pedido da ACLU. David Lee, "Juiz não libertará pacientes com saúde vulnerável das prisões de Dallas", *Courthouse News Service*, 27/abr/2020.

355 Craig McCarthy, Ruth Weissmann e Jorge Fitz-Gibbon, "Dezenas de presidiários da cidade de Nova York de volta à cadeia após a liberação pelo coronavírus", *New York Post*, 19/abr/2020.

356 Ben Johnson, "O grande surto do coronavírus".

Fraudadores estrangeiros tiraram vantagem da onda de pagamentos de seguro-desemprego ao roubar identidades de funcionários norte-americanos e enganaram os governos dos estados a cobrir falsos pedidos do benefício[357]. É estimado que essa fraude tenha adicionado centenas de milhões de dólares na conta total do contribuinte.

A *Reuters* divulgou um aumento em proprietários depravados que exigiam sexo das inquilinas que, por terem perdido seu trabalho, não podiam pagar o aluguel. Acompanhado a isso, houve "o aumento de ofertas *on-line* de acomodação gratuita em troca de favores sexuais"[358].

O situação mais triste, contudo, é como aquela famosa história de Sherlock Holmes do cachorro que não latia porque conhecia o criminoso[359]. Após os *lockdowns* terem entrado em vigor, relatos de abuso infantil diminuíram. No entanto, isso não significa que os abusos tenham diminuído. Ao invés disso, a forma com que as autoridades geralmente detectam esses abusos — alertas de sinais reportados por professores, médicos em sala de emergência e paramédicos — estava indisponível. Em março, estados como Massachusetts, Connecticut e New Hampshire viram uma queda pela metade nos casos reportados da noite para o dia[360]. Isso numa época em que estresse e ordens de se abrigar quase significavam mais, e não menos, abuso infantil.

Quantas crianças não foram resgatadas de abuso porque tantas chances de detectá-lo e pará-lo haviam sido paralisadas? Algumas fontes relataram um aumento, durante a crise, de entradas nas salas de emergência de crianças com ferimentos, embora essas visitas possam ter aumentado simplesmente porque as crianças estão mais em casa e na rua e não na escola[361]. O tempo dirá.

---

357 Mike Baker, "Agências federais suspeitam que vasta rede de fraudadores está mirando os sistemas de desemprego americanos", *New York Times*, 16/mai/2020.

358 Amber Milne, "'Não tive escolha: troca de sexo pelo aluguel aumenta com a pobreza causada pelo coronavirus", *Reuters*, 21/mai/2020.

359 A metáfora da anedota geralmente está relacionada a um evento cuja ausência é significativa, como a de um cão de guarda que não late porque conhece o criminoso. (N. E.)

360 Matt Stout, "Denúncias de abuso infantil e descuido crescem através da Nova Inglaterra. Isso não é uma coisa boa", *Boston Globe*, 9/abr/2020.

361 "Mais crianças feridas estão visitando pronto-socorros, diz médico", *12 On Your Side*, 15/mai/2020.

Perda da Confiança

Qual a lição da história de *O Menino e o Lobo*? Não é que lobos não existem. É que você não deve dar falsos alarmes, pois menos pessoas irão acreditar em você nas emergências de verdade.

As autoridades da saúde ao redor do mundo se encontram na mesma situação do menino que não tinha visto um lobo. Talvez isso não seja tão ruim. Nós estaríamos mentindo se disséssemos que estamos de luto pela perda da confiança na ONU e na OMS. O mundo poderia ser um lugar melhor se o *campus* da ONU fosse transformado em condomínios e a organização fosse substituída por uma aliança das nações que valorizam os direitos humanos. E não é saudável para uma entidade politicamente corrupta como a OMS causar tanta oscilação na saúde global. A ciência, assim como mercados, é melhor quando é dispersa.

Entretanto, e se nós, algum dia, tivermos que lidar com um patógeno realmente histórico? Com o exército global de meninos mentirosos, quem acreditaria na OMS, no CDC e outros quando eles soassem o alarme? Quem, fora da mídia, iria acreditar nas palavras deles? As pessoas tendem a ser bem menos dóceis da segunda vez e menos inclinadas a ter cuidado com os alertas. As mídias sociais poderiam preencher o vazio, mas seria esta uma boa solução?

Algumas empresas ganharam dinheiro com o conto do menino mentiroso e inspiraram a paranoia no processo. Rastreamento de contato se tornou terra fértil para distopia tecnológica. Ele trouxe a Apple e o Google juntos para um projeto que usa tecnologia *Bluetooth* para detectar quando as pessoas estão perto umas das outras[362]. Ambas as empresas asseguraram que iriam proteger nossa privacidade. Contudo, com o sistema de vigilância em vigor e com todos dispostos a abrir mão de seus direitos quando as autoridades pedissem, quem pode culpar pessoas por se preocuparem?

Não se trata apenas dos gigantes do *smartphone*. A AiRISTA Flow desenvolveu um aparelho que poderia ser usado ao redor do pescoço. "Quando as pessoas estiverem cerca de dois metros umas das outras por um período de tempo", explicou um artigo no *The Intercept*, "o aparelho faz um barulho audível

[362] "Sistema de Notificação de Exposição", *Apple*; https://www.apple.com/covid19/contacttracing.

e registra um contato feito no sistema do AiRISTA Flow"[363]. Isso é uma melhoria no que seria a marcação de gado, parecido com o processo feito, certa vez, para rastrear escravos que entravam e saíam. Porém, naqueles tempos cruéis, ao menos, não havia base de dados permanente que registrava quem você viu, onde e quando.

Expansão Governamental e Tirania

A resposta ao coronavírus certamente marcou o crescimento do poder de Estado mais abrangente e rápido da história. Estados e cidades pareceram competir pelo prêmio de Ação Política Mais Draconiana.

Esses esforços frequentemente tinham pouco a ver com segurança pública. Não houve (e não há) evidência de que o vírus se espalha facilmente ao ar livre. E ainda assim, ao redor do país, cidades fecharam campos de golfe. O mesmo com praias e passeios de barco. O estado de Maryland proibiu famílias de velejarem juntas. A praia Venice Beach, em Los Angeles, usou tratores para encherem parques de *skate* com areia de praia. Vídeos aéreos dos tratores ofereceram um símbolo visual cativante das tiranias mesquinhas que marcaram a terra dos livres e a casa dos bravos em poucas semanas. O governador da Califórnia, Gavin Newsom, estava tentando manter as praias fechadas no final de maio, apesar de, nesta época, o público já ter começado a se rebelar e os xerifes de vários condados se recusaram a reforçar os fechamentos[364].

Gretchen Whitmer, governadora de Michigan, não parou de soltar pronunciamentos elencando empresas como não-essenciais. Ela impediu as grandes lojas que permaneceram abertas de venderem bens não aprovados. Um artigo destacou a situação de uma mãe em Big Rapids, Michigan, que não conseguiu comprar uma cadeirinha de bebê no Walmart local por causa dessa

---

363 Sam Biddle, "Braceletes de monitoramento ao coronavírus inundam o mercado, prontos para dedurar aqeles que não praticam o distanciamento social", *The Intercept*, 25/mai/2020.

364 Alix Martichoux, "'Eu não cumprirei essas medidas: xerife de Humboldt diz que as medidas de fechamento do governador violariam direitos constitucionais", *ABC News*, 30/abr/2020; Tom Tapp, "O governador da Califórnia Gavin Newsom fecha as praias de Orange County Beaches; xerife diz que não cumprirá essa ordem", *Deadline*, 30/abr/2020.

ordem[365]. "Tudo o que estou fazendo é tentando salvar sua vida", insistiu Whitmer[366]. Ela pode ter sido sincera ao dizer isso. Se foi, ela tem apenas uma visão estreita da vida.

A tirania é uma ameaça perene. Morte por causa do governo foi uma das principais causas de morte prematura no século XX[367]. E, é claro, a tirania prejudica até mesmo aqueles que ela não mata. Analise o Índice da Economia da Liberdade, que classifica países de acordo com o valor da liberdade econômica que eles têm. Os detalhes são bagunçados, mas não há erro no padrão geral. No topo você encontrará os lugares mais livres e ricos, aqueles nos quais as pessoas arriscam suas vidas para entrar — Nova Zelândia, Austrália, Suíça, Canadá, Taiwan, EUA e assim por diante. No final, os lugares pobres e tirânicos, de onde pessoas arriscam suas vidas para sair — Coreia do Norte, Cuba, Venezuela, Zimbábue. Você entendeu a ideia.

"Emergências", argumentou Friedrich Hayek, "sempre foram pretextos nas quais proteções de liberdade individual são corroídas". Até mesmo quando o crescimento governamental durante uma crise não acaba em tirania, é muito difícil que as coisas voltem ao normal quando a crise acaba. As burocracias habitualmente se perpetuam e se expandem, e o público, que pode ter se oposto ao programa de início, acaba dependendo delas após serem implementadas[368]. Isso torna o crescimento governamental em uma catraca unidirecional.

As oitocentas páginas do CARES Act[369] envolveram toda forma de intromissão econômica, mas ao menos era destinada a ajudar norte-americanos que perderam seus empregos. Os ataques arbitrários à liberdade religiosa foram outra coisa totalmente diferente. Os governadores declararam igrejas e locais

365 Hayley Peterson, "Walmart clarifica sua política de vendas de itens não essenciais após compradora dizer que foi barrada ao comprar um assento infantil veicular", *Business Insider*, 13/abr/2020.

366 *The Hill (@thehill)*, "Governadora Gretchen Whitmer: "Tudo o que tenho feito é tentar salvar a sua vida", *Twitter*, 15/mai/2020, 6h45 p.m.; https://twitter.com/thehill/status/1261427388161744896.

367 RUMMEL, R. J. *Death by Government.* New Brunswick: Transaction Publishers, 1994; https://www.hawaii.edu/powerkills/NOTE1.HTM.

368 Samuel Gregg, "O grande preço do do grande *lockdown* da América", *Public Discourse*, 4/mai/2020.

369 CARES Act, da sigla do inglês para Coronavirus Aid, Relief, and Economic Security Act [Lei de Ajuda, Apoio e Segurança Econômica do Coronavírus], é uma lei de US$2.2 trilhões de dólares aprovada pelo Congresso norte-americano e assinada pelo presidente Donald Trump no dia 27 de março de 2020, para enviar cheques aos cidadãos norte-americanos em resposta à crise na economia devido à pandemia da Covid-19. (N. T.)

de adoração como não essenciais e as igrejas fecharam suas portas em serviço do bem comum. Então, os *lockdowns* continuaram, e continuaram, e o preconceito contra igrejas se tornou mais óbvio. Em meados de março, por exemplo, o governador de Minnesota, Tim Walz, permitiu salões de tatuagem, *shoppings* e inclusive cassinos a reabrirem, mas igrejas não. Compreensivelmente, católicos e luteranos no estado protestaram. O arcebispo de Minneapolis e Saint Paul, Bernard Hebda, finalmente se cansou. Ele escreveu uma carta curta ao governador explicando:

> Nós nos sentimos compelidos pela necessidade pastoral de fornecer à nossa comunidade uma oportunidade de se reunir no Pentecostes, antes que a temporada da Páscoa se encerre. Esperamos que o cuidado com o qual preparamos para um retorno físico para adoração se manifestará para que continuemos a compartilhar nosso objetivo de proteger vidas e o bem-estar da comunidade durante esses tempos desafiadores[370].

Apesar de o arcebispo não ter citado Benjamin Franklin (1706-1790), que não foi um bom cristão, nós iremos: "A rebelião para tiranos é obediência para Deus". O ato de rebelião do arcebispo funcionou: o governador cedeu[371].

Que preço colocamos na liberdade? Quanta dor ou risco estamos dispostos a enfrentar para preservá-la? A forma com que respondemos a essa pergunta vai determinar o nosso futuro.

Uma Sacola De Custos Humanos

Não podemos tratar todos os custos do pânico e do *lockdown* na extensão que eles merecem, mas deveríamos, ao menos, listar alguns outros:

---

370 Bernard A. Hebda, Carta ao governador Tim Walz, Arquidiocese de Saint Paul e Minneapolis, 20 de maio de 2020; https://s3.amazonaws.com/becketnewsite/Letter-to-Governor-Tim-Walz-May-20-2020-R.pdf.

371 Tyler O'Neil, "Vitória para a desobediência civil: governador diminui restrições as igrejas após católicos e luteranos se unirem", *PJ Media*, 23/mai/2020.

- Interrupção e perda da educação, do jardim de infância até a pós-graduação;
- Adoração perdida e outros serviços religiosos;
- Ansiedade imensurável, depressão, solidão e raiva[372];
- Aumento do uso e o vício da pornografia[373];
- Abuso de substâncias e contratempos em recuperação[374];
- Ganho de peso e menos opções de exercícios[375];
- Perda das experiências de vida devido a casamentos e funerais cancelados e alterados, férias canceladas, cerimônias de formatura, *shows*, sinfonias, balés, musicais, peças, festas de aniversário e eventos esportivos.

Sem dúvidas há mais custos, mas este capítulo já está muito depressivo. Nós esperamos ter provado o nosso ponto: o custo do pânico nacional e dos *lockdowns* foi imenso e muito além de qualquer benefício que esperávamos ter conseguido. O custo vai certamente além dos benefícios que adquirimos.

Já Estamos Vendo Mortes em Excesso Devido ao Lockdown?

Nós argumentamos que os *lockdowns* postos em prática para salvar vidas do coronavírus estão fadados a ceifar vidas de dezenas ou centenas de milhares. Pode levar anos para que algumas dessas mortes prematuras — como as mortes resultantes da falta de cuidados médicos — ocorram. No entanto, será que já podemos ver evidências de algumas mortes excessivas?

Para responder a essa pergunta, primeiro precisamos saber quantas mortes foram causadas pelo coronavírus. Você poderia pensar que conseguimos obter números confiáveis para isso. Afinal, esses números estavam constantemente nas manchetes. Infelizmente, até as fontes oficiais discordam, embora as

---

372 David Robson, "O medo do coronavírus está mudando a nossa psicologia", *BBC Future*, 1/abr/2020.

373 "Momento da luz vermelha: a pornografia está em ascensão durante os *lockdowns* da Covid-19", *Economist*, 10/mai/2020; Webinar: "Vício em pornografia cresce durante a pandemia da COVID-19", *Integrative Life Center*, 27/abr/2020.

374 Stefanie Valentic, "A pandemia dentro da pandemia", *EHS Today*, 18/jun/2020.

375 Debbie Koenig, "Ganho de peso na quarentena não é uma questão engraçada", *WebMD*, 21/mai/2020.

discrepâncias sejam pequenas até nos aproximarmos da data atual. Na *figura 10.1*, vemos novamente as mortes semanais por todas as causas. Há alguma incerteza no final da imagem, porque o CDC informa que os dados podem ser ajustados para cima ou para baixo (geralmente para cima), até oito semanas após a publicação deles[376].

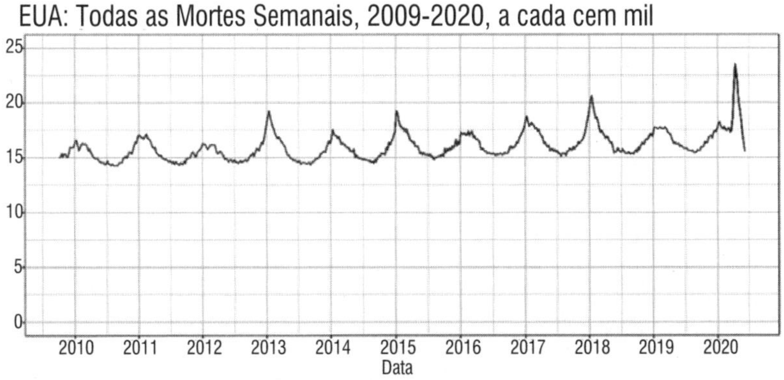

Figura 10.1: O número de pessoas que morreram nos EUA, por semana, por todas as causas, a cada cem mil, desde o final de 2009 até 6 de junho de 2020. Esses são os dados fornecidos pelo CDC em três fontes oficiais distintas. O primeiro é histórico e vai de 2009 ao início de 2019. O segundo começa no final de 2013 e vai até a data mais atual[377]. O último, uma fonte de dados mais recente, que também inclui o número oficial de mortes de Covid-19 por semana, começa no início de 2020 e vai até a data mais atual também[378]. Usamos a população anual dos EUA, estimando-a semana a semana para normalizar o gráfico[379].

As mortes por todas as causas atingem o pico em janeiro de cada ano devido à gripe e a doenças associadas, incluindo pneumonia. A variação da altura dos picos de janeiro mostra que algumas temporadas de gripe são piores do que outras. Como vimos no *Capítulo 3*, a temporada de gripe 2017-2018 foi particularmente brutal.

---

[376] Peter D. Kramer, "Coronavírus: Arquidiocese de Nova York cancela todas as missas funerárias e limita velórios apenas para padres", *Lohud*, 24/mar/2020.

[377] "Contagem provisória de mortes decorrentes da doença (COVID-19)", *CDC*.

[378] *NCHSData19* (4); https://www.cdc.gov/flu/weekly/weeklyarchives2019-2020/data/NCHSData19.csv.

[379] "Contagem provisória de mortes decorrentes da doença (COVID-19), CDC, atualizado pela última vez em 30/jul/2020; https://www.cdc.gov/nchs/nvss/vsrr/covid19/index.htm; United States Population, *Worldometer*,

https://www.worldometers.info/world-population/us-population.

É importante observar o lento aumento da taxa de mortalidade de ano para ano. Isso provavelmente é devido a um aumento na idade média à medida que a enorme geração *boomer*[380] sai.

O pico proeminente começado em março de 2020 é devido ao coronavírus. As mortes associadas à gripe, que normalmente atingem o pico em janeiro, foram baixas nesta temporada de gripe mais curta do que o normal, o que significa que houve menos mortes associadas à gripe por pneumonia. Este ano, o coronavírus pode ter tirado algumas vidas que uma cepa de gripe mais perigosa teria tirado.

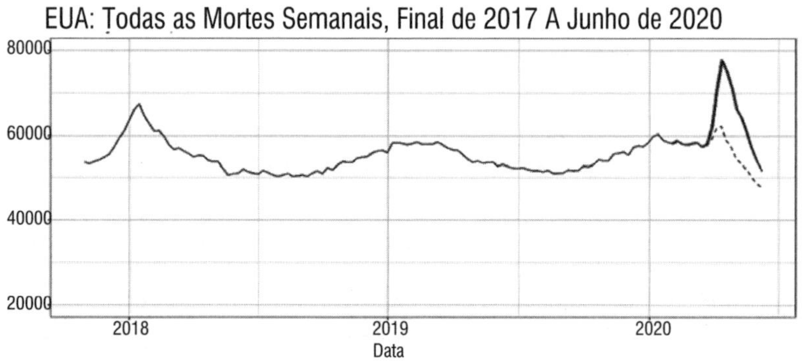

Figura 10.2: Mortes semanais por qualquer causa, do final de 2017 em diante, usando duas fontes oficiais de dados do CDC. A linha tracejada é a morte por todas as causadas, menos as mortes por Covid oficiais, usando a página de morte por Covid do CDC. A linha se torna mais espessa no final devido a pequenas discrepâncias nas fontes do CDC.

A *figura 10.2* mostra os números brutos de mortalidade de todas as fontes do CDC. A temporada de gripe 2017-2018 produziu um pico maior do que as duas temporadas de gripe que se seguiram. O pico mais alto, após a temporada de gripe de 2019-2020, está associado à pandemia de coronavírus. Vamos ver o quão intimamente associado. A linha tracejada mostra as mortes por todas as

380 A geração *baby boomer* são aqueles nascidos entre 1946 a 1964, isto é, logo após a Segunda Guerra Mundial, quando houve um rápido aumento na taxa de natalidade: um *baby boom*. O termo foi inicialmente usado nos Estados Unidos, no entanto, rapidamente também foi empregado na Europa, Austrália, Reino Unido e Canadá, se tornando assim uma espécie de jargão popular para se referir ao crescimento exponencial de nascimentos bebês no pós-Segunda Guerra. (N. E.)

causas menos os números oficiais da Covid-19 — em outras palavras, mortes por tudo, *exceto* o coronavírus.

Na maioria dos anos, as mortes diminuem em abril. Em 2020, elas atingiram o pico uma segunda vez nessa linha tracejada. Se aceitarmos os números oficiais, essas mortes incomuns têm outra causa. Agora, pode ser que essas mortes "extras" sejam de Covid-19 que, de alguma forma, foram esquecidas por todas as pessoas ansiosas com a classificação das mortes como coronavírus — embora isso pareça improvável. Ou podem ser verdadeiras mortes não relacionadas à Covid, como pensa o CDC[381].

O que causou o novo aumento nas mortes sem ser de Covid? Um possível culpado são os próprios *lockdowns*. O tratamento tardio causou, pelo menos, algumas mortes. Talvez ficar encerrado dentro de casa também seja prejudicial por si só. Os *lockdowns* obrigam os saudáveis e doentes a ficarem em locais apertados, aumentando a propagação de todas as doenças transmissíveis. Ao menos nos Estados Unidos da América, os *lockdowns* tiraram pessoas mais jovens e saudáveis do trabalho e as forçaram a ficar em casa, às vezes com parentes mais velhos e doentes. Tanto os *lockdowns* quanto o medo forçaram as pessoas a ficar em casa.

A Inglaterra e o País de Gales tiveram um *lockdown* mais severo do que os Estados Unidos da América. Vários estados norte-americanos nunca foram fechados e, mesmo em alguns estados que fecharam, a fiscalização não foi completa, especialmente fora das cidades.

Com isso em mente, aqui estão as mortes semanais *per capita* por todas as causas na Inglaterra e no País de Gales.

Fica claro na *figura 10.3* que o pico do coronavírus de 2020 não foi tão ruim quanto o ano da gripe de 1999-2000 na Inglaterra e no País de Gales. O coronavírus quase empatou a temporada de gripe 1998-1999. Lembre-se de que não houve *lockdowns* naqueles anos de gripe. Na *figura 10.4*, a linha tracejada mostra a diferença entre as mortes por todas as causas e as mortes oficiais de Covid[382].

---

381 "Contagem provisória de mortes decorrentes da doença (COVID-19), CDC, atualizado pela última vez em 30/jul/2020; https://www.cdc.gov/nchs/nvss/vsrr/covid19/index.htm; United States Population, *Worldometer*,

https://www.worldometers.info/world-population/us-population.

382 "Contagem provisória de mortes decorrentes da doença (COVID-19)", *CDC*, atualizado pela última vez em 30/jul/2020; https://www.cdc.gov/nchs/nvss/vsrr/covid19/index.htm; United States Population, *Worldometer*; https://www.worldometers.info/world-population/us-population.

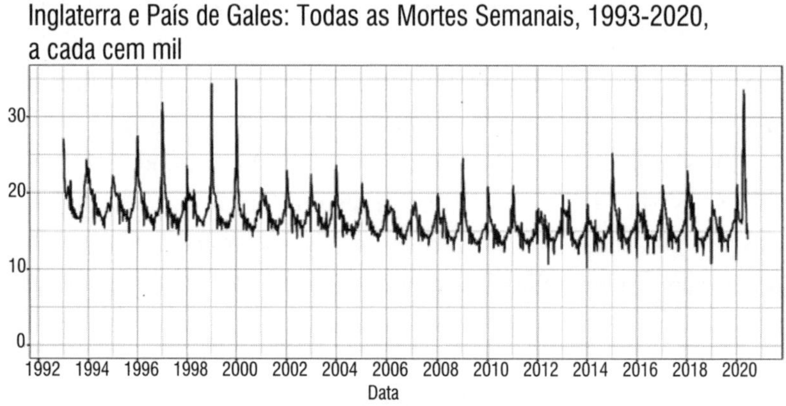

Figura 10.3: As mortes semanais por todas as causas na Inglaterra e País de Gales, de 1993 a 15 de maio de 2020. Office of National Statistics [Escritório de Estatísticas Nacionais][383].

Em primeiro lugar, em muitos anos, há uma queda nas mortes relatadas por volta de 25 de dezembro. Não sabemos se é por causa de pessoas tentando sobreviver no último Natal, ou porque a burocracia fecha por uma semana. De qualquer forma, o pico do coronavírus em 2020 é óbvio.

Entretanto, a linha tracejada também. É muito maior do que nos Estados Unidos da América, o que significa que a Inglaterra e o País de Gales tiveram mais mortes "extras" por outras causas além do coronavírus do que nós[384]. Novamente, não podemos provar que os *lockdowns* causaram essas mortes extras. O cético, porém, tem o fardo de provar, e não apenas esperar ou presumir, que o coronavírus causou essas mortes. Isso será difícil, afinal, as autoridades se dobraram para atribuir ao vírus até mesmo casos suspeitos.

Não somos os únicos a notar esse pico estranho e inesperado. Um artigo publicado no dia 13 de maio pela *British Medical Journal*, intitulado de "Covid-19: 'Números impressionantes' de Mortes Extras na Comunidade Não São Explicados Pela Covid-19"[385]. Ele relatou que

[383] NCHSData19 (4), https://www.cdc.gov/flu/weekly/weeklyarchives2019-2020/data/NCHSData19.csv.

[384] Para explicar a linha tracejada, em 1 de julho de 2020 o CDC estimou que haviam entre vinte e cinquenta mil mortes em excesso não causadas pela COVID, tais como ataques cardíacos. "Excess Deaths Associated With COVID-19", 1/jul/2020.

[385] Shaun Griffin, "Covid-19: 'Número impressionante' de mortes extras em comunidades não é explicado pela Covid-19", *British Medical Journal* (mai/2020): 369.

lares de idosos e outros ambientes comunitários tiveram que lidar com uma 'carga impressionante' de trinta mil mortes a mais do que seria normalmente esperado, pois os pacientes foram retirados de hospitais que previam uma alta demanda por leitos.

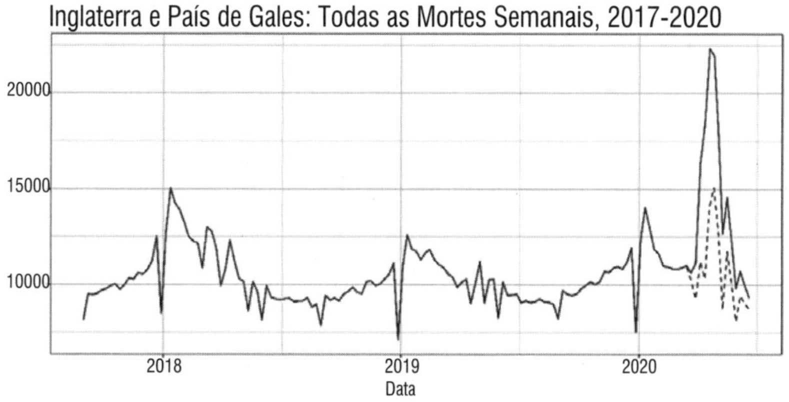

Figura 10.4: O número de mortes por todas as causas semanais na Inglaterra e País de Gales de 2017 a 19 de junho de 2020. A linha tracejada indica mortes por todas as causas, exceto as de COVID-19 oficiais[386].

E, "cesses trinta mil, apenas dez mil tiveram Covid-19 especificado na certidão de óbito"[387]. Estes números correspondem às nossas estimativas do pico.

O jornal cita o epidemiologista David Leon:

> Algumas dessas mortes poderiam não ter ocorrido se as pessoas tivessem ido ao hospital. Não há como dizer quantas. Esta questão precisa de atenção urgente e medidas tomadas para garantir que aqueles que se beneficiariam com o tratamento hospitalar e cuidados para outras condições possam obtê-los.

[386] *Ibid.*

[387] "Mortes Registradas Semanalmente de 1993 a 2018 por região, Inglaterra e País de Gales", *Office for National Statistics*, 16/out/2019, https://www.ons.gov.uk/peoplepopulationandcommunity/birthsdeathsandmarriages/deaths/adhocs/10714deathsregisteredweeklyfrom1993to2018byregionenglandandwales; "Mortes registradas semanalmente na Inglaterra e País de Gales, provisório", *Office for National Statistics*, mai/2020; https://www.ons.gov.uk/peoplepopulationandcommunity/birthsdeathsandmarriages/deaths/datasets/weeklyprovisionalfiguresondeathsregisteredinenglandandwales.

Tenham os *lockdowns* diminuído a propagação do vírus em algum lugar ou não, nós devemos julgar eles e o pânico tanto por sucessos quanto pelos danos. Os custos reais dos mesmos, de curto e longo prazo, superaram em muito os benefícios.

| CAPÍTULO 11 |

DADE

VER

VER

CAPÍTULO 11

Vida, Morte e a Busca da Felicidade

Consideramos estas verdades como autoevidentes, que todos os homens são criados iguais, que são dotados pelo Criador de certos direitos inalienáveis, que entre estes estão a vida, a liberdade e a busca pela felicidade.

A Declaração de Independência dos Estados Unidos (1776)

Antes da crise do coronavírus nos atingir, os norte-americanos conservadores quase se mataram ao discutir sobre o "bem comum". Um lado evitava o termo porque o enxergavam como um eufemismo para o paternalismo — progressismo de grande governo, no qual um poder central dita os objetivos de vida e movimentos de todos, gostem ou não. O outro lado o defendeu como um baluarte contra a visão do libertário universitário, que é a do Estado como nada mais do que um vigia noturno.

O catecismo da Igreja Católica define o bem comum como "a soma total das condições sociais que permitem às pessoas, seja como grupos ou como indivíduos, alcançarem sua realização mais plena e facilmente". Em outras palavras, no mínimo, o bem dos bens comuns ou da sociedade como um todo deve incluir os bens de indivíduos, famílias, bairros e comunidades religiosas. E a maioria das pessoas concorda que o governo deve proteger esses bens — ou, pelo menos, não os subverter.

Em contraste, durante o pânico da pandemia, as autoridades pareceram ser guiadas por um objetivo estreito que nenhuma sociedade sã abraçaria; ou seja, prevenir sempre que possível todas as vítimas de coronavírus, não importa o custo em vidas ou fortuna.

Essa foi uma meta profundamente equivocada. E estava em conflito fatal com os princípios centrais do Experimento Americano.

Direitos Antes dos Resultado

Nos Estados Unidos da América sempre organizamos nossa vida política em torno de um conjunto de princípios que limitam o que as autoridades podem e devem fazer. Estes princípios limitantes superam qualquer objetivo social abrangente. Eles são os "direitos" consagrados em nossa Constituição. Esses direitos evitam que a maioria tiranize a minoria. Eles impedem que os norte-americanos considerem as pessoas dispensáveis na busca pelo bem maior para o maior número. Eles impedem os cidadãos de tratar seus concidadãos como meros meios para seus fins — por mais nobres que esses fins possam ser.

Imagine, por exemplo, um homem de cinquenta anos chamado Harold cumprindo prisão perpétua por assalto à mão armada. Ele não tem amigos, família ou alegria na vida, mas é saudável. Ele tem dois bons rins, dois bons pulmões, um coração e um fígado.

Acontece que há seis crianças de doze anos em um hospital próximo que precisam desesperadamente de transplantes de órgãos. Se pudéssemos apenas colher os órgãos de Harold e dá-los às crianças, poderíamos salvar as seis crianças inocentes com um longo futuro pela frente, em troca de talvez quinze anos futuros da vida triste de Harold. Então, o que nos impede de tirar os órgãos de Harold?

Claro, seria um assassinato de primeiro grau, o que sugere que isso é uma coisa ruim a se fazer. Por que isso é ruim? Porque Harold tem direito à vida. Esse direito proíbe outras pessoas de prejudicá-lo arbitrariamente, seja para extração de órgãos ou por qualquer outro motivo. O fato de que matar Harold poderia salvar a vida de seis crianças, que ganhariam muito mais anos de vida, não vem ao caso. O bem — salvar as crianças — não anula o mal.

Harold tem direitos e nós temos a missão correspondente de respeitá-los.

Por trás dessa noção de um direito, há uma visão humana de dignidade e prosperidade que, ao menos se você for norte-americano, você provavelmente acredita, ainda que nunca tenha visto sentido nela.

Essa visão inspirou a fundação da nossa nação e formou os princípios do nosso governo. Nos Estados Unidos da América, o papel do governo é estabelecer justiça, proteger direitos dos cidadãos, promover o bem-estar geral, preservar as bênçãos da liberdade e assim por diante. Poderes políticos básicos para nos proteger do mal perpetrado pelos outros são exercidos principalmente pelos estados. De forma acertada, nós presumimos que os governos federal e local irão, no mínimo, reconhecer e proteger nossos direitos básicos.

É por isso que foi tão preocupante quando, na crise do coronavírus, funcionários do governo, em todos os níveis, desrespeitaram os direitos básicos dos norte-americanos — especialmente seus direitos de reunião e ao livre exercício da religião. Pior ainda? Os norte-americanos, durante o pânico, pareciam dispostos a renunciar a esses direitos por segurança.

Escolhemos o exemplo extremo de extração de órgãos para apelar ao seu senso moral básico. A maioria de nós recua diante da ideia de invocar um "bem maior" para justificar assassinato, ou mesmo a extração não-letal de órgãos. Em algum nível sabemos, mesmo que às vezes nos esqueçamos, que uma sociedade justa não busca nem mesmo metas dignas ou maximiza um único bem abstrato — como segurança ou igualdade de renda — às custas de nossos direitos básicos. Nosso governo não nos garante a felicidade, apenas o direito de buscá-la. Muito menos, garante segurança perfeita para todos nós. Ninguém pode viver uma vida sem riscos. E, em algum momento, todo mundo morre. Seja lá o que achamos da saúde pública, não devemos esquecer esses dois fatos.

Mas e a Saúde Pública?

Claro que nós não estamos dizendo que o estado não tem um papel a exercer na saúde pública. No entanto, as autoridades de saúde pública se deixadas por conta própria provavelmente não conseguirão encontrar o equilíbrio certo. Elas estão fadadas a maximizar a segurança para negligenciar outros bens. Desta forma, são como médicos que fazem todos os testes possíveis em um paciente. Procurar por problemas é trabalho de um médico. Diagnósticos errados podem ser negligência. Isso os torna avessos ao risco e hipervigilantes. Porém, você, como paciente, tem outra coisa em vista. O que você julga melhor para si, pesando custos e benefícios, pode não ser o melhor para o médico que está lhe tratando.

É por isso que colocar especialistas médicos no comando de nações — ou do mundo inteiro — é pedir para políticas excessivamente cuidadosas e, até mesmo, opressivas. Eles tendem a ficar obcecados com uma única doença na frente deles, à exclusão de qualquer outra preocupação, trazendo resultados trágicos para nós nos Estados Unidos da América — e para todo país que seguiu as ordens médicas.

Como exibição A, nós oferecemos dr. Ezekiel Emanuel, oncologista, bioeticista e uma vez guru da saúde pública durante o mandato do presidente Barack Obama. Provavelmente, para o valor de choque, os meios de comunicação o citaram em abril de 2020, dizendo que todo o país deve ser fechado de doze a dezoito meses até que houvesse uma vacina:

> Realisticamente, Covid-19 estará aqui pelos próximos dezoito meses ou mais. Não poderemos voltar à normalidade até encontrarmos uma vacina ou medicamentos eficazes", disse ele. "Eu sei que são notícias terríveis de ouvir. Como as pessoas encontrarão trabalho se isso continuar de alguma forma por um ano e meio? Toda essa dor econômica faz valer a tentativa de deter a Covid-19? A verdade é que não temos escolha[388].

O médico estava errado. Sempre há uma escolha. Poderíamos ter seguido com nossas vidas, assim como as pessoas fizeram durante a gripe suína, a gripe asiática, a gripe de Hong Kong e assim por diante. Desta forma, pelo menos poderíamos ter dado a volta assim que vimos que o coronavírus não era tão mortal quanto previsto.

388 Tim Hains, "Ezekiel Emanuel: Estados Unidos devem manter a quarentena por 12-18 meses até a chegada da vacina". *RealClear Politics*, 7/abr/2020.

Por que Emanuel não conseguia ver isso? Pelo mesmo motivo, a exibição B, conselheiro presidencial Anthony Fauci, disse:

> Acho que nunca mais deveríamos apertar as mãos novamente, para ser sincero. Não apenas seria bom para prevenir a doença do coronavírus; provavelmente diminuiria drasticamente os casos de gripe neste país[389].

Isto partindo do homem que a revista *The New Yorker* chamou de "Médico da América"[390].

Em meados de maio, Fauci falou com o Comitê de Saúde do Senado sobre os perigos de reabrir escolas e alertou governadores para "sofrimento e morte sem necessidade" se reabríssemos os estados de forma "prematura". De forma prematura comparada com o quê? A palavra implica uma data final agendada, como uma data limite durante uma gravidez. No entanto, Fauci não prometeu data de vencimento para a loucura.

Por que médicos como Emanuel e Fauci dizem essas coisas? Porque eles estão se agarrando em um único objetivo. Autoridades da saúde pública tendem a pensar na massa e focar na quantidade de vida abstrata protegida no curto prazo, ao invés da quantidade de vidas reais vividas em longo prazo. Imagine, por exemplo, o que aconteceria se um especialista avesso ao risco da saúde pública, que tivesse passado trinta anos obcecado com mortes no trânsito, pudesse ditar as escolhas de direção dos trezentos e trinta milhões de norte-americanos, ou oito bilhões de humanos. Não seria bom.

O problema não é o conhecimento. Todos nós nos beneficiamos dos especialistas. O problema é a *tirania* deles — quando seu pensamento estreito e profissionalmente tendencioso dita política para todo mundo. Em um mundo são, a mídia iria entender que especialistas como Emanuel e Fauci oferecem uma visão limitada sobre um vasto e complexo problema e que, apesar de não devermos ignorá-los, também não deveríamos idolatrá-los.

Lamentavelmente, a imprensa armou Fauci contra o presidente Trump e outros políticos que desafiaram a sabedoria de um fechamento indefinido. As manchetes foram previsíveis ao reportar o testemunho de Fauci, em maio de

389 Marty Johnson, "Fauci: eu acho que não devemos dar as mãos 'nunca mais'", *The Hill*, 8/abr/2020.

390 Michael Specter, "Como Anthony Fauci se tornou o Doutor da America", *New Yorker*, 10/abr/2020.

2020, perante a um comitê do Senado — quando o senador (dr.) Rand Paul teve a temeridade de dizer a ele: "Você não é o fim de tudo" — "A insistência de Trump para reabrir escolas confronta o pedido por cuidado de Fauci"; "Fauci alerta enorme erro moral. Será que Trump vai ouvi-lo?"; "Fauci alerta: mais morte, danos econômicos se os EUA reabrirem muito rápido"[391].

Claro que Fauci não tem especialidade em Economia e, inclusive, seus conselhos médicos mudaram ao longo do inverno e da primavera. Como observou Steven Deace, no dia 14 de maio:

> Em janeiro, Fauci deu uma entrevista na sua cidade natal NYC, dizendo que o coronavírus era somente mais uma gripe. Em fevereiro, ele escreveu virtualmente o mesmo na *New England Journal of Medicine*. Em março, ele disse que os norte-americanos não precisavam andar usando máscaras. No final de março, ele disse ao Congresso que isso iria matar dez vezes mais pessoas do que a gripe. Ele assinou um *lockdown* no país baseado no modelo infeliz do Imperial College, ainda em março. Em abril, ele nos sentenciou a um *lockdown* mais longo baseado nos modelos sempre errados do IHME. No final de abril, ele disse que não tinha certeza se podíamos confiar nos modelos. Agora em maio, ele não tem certeza se poderemos enviar as crianças de volta à escola no outono, um eixo para reabrir o país, apesar do fato das crianças terem retornado à escola na China, Japão, Suíça, Islândia, Noruega, Dinamarca, França, Israel e Suécia.
> Então, como saber qual dos Fauci idolatrar? O seu semideus certamente muda bastante de ideia[392].

Não importa. A imprensa havia elevado Fauci e outros especialistas ao *status* de oráculos infalíveis — cujos pronunciamentos mais recentes apagavam quaisquer coisas que tenham dito antes — e desafiou governadores e presidentes a ir contra eles.

Contudo, devemos desafiá-los.

391 Kevin Freking e Jill Colvin, "Trump mira em Fauci sobre a abertura das escolas no outono", *Time*, 14/mai/2020; Jill Filipovic, "Fauci avisa sobre erro mortal, Trump ouvirá?", *CNN*, 12/mai/2020; Lauran Neergaard e Ricardo Alonso-Zaldivar, "Fauci avisa: mais mortos, dano econômico se os EUA reabrirem muito rápico", *AP News*, 12/mai/2020.

392 Steven Deace, "Isso é para aqueles do culto de Fauci...", *LinkedIn*, 14/mai/2020.

Segurança em Terceiro Lugar

Qual deve ser o objetivo da política de saúde pública? Não pode ser simplesmente para reduzir o número de mortes. Afinal de contas, o número de certidões de óbito sempre é igual ao número de certidões de nascimento. Podemos atrasar a morte, às vezes por décadas, mas não podemos aboli-la.

Na verdade, se nosso principal objetivo nacional era reduzir o número de mortes, então deveríamos reduzir o número de nascimentos. Assim que a raça humana seguir o caminho do pássaro dodô[393], atingiremos nosso objetivo!

Isso não pode estar certo. Podemos discordar sobre o propósito final de nossas vidas, mas a maioria de nós ainda concorda que vale a pena viver a vida, ainda que termine em morte.

E aceitamos que existe uma expectativa de vida média. Também concordamos que é bom evitar a morte e salvar vidas, o máximo que pudermos, de acordo com nossos outros objetivos. Contudo, reduzir um número abstrato de mortes não pode ser o objetivo de nossas políticas públicas.

O que faz mais sentido é contar os anos que se perdem com a morte prematura e tentar salvá-los na medida em que isso seja consistente com nossos outros objetivos. Obviamente, perder um dia de sua vida é menos custoso do que perder um mês, um ano ou uma década. Quanto mais você perde da sua vida, menos chances você tem de buscar a felicidade. Não devemos comparar o valor da vida de uma pessoa com a de outra. Cada pessoa é única e irrepetível. É por isso que recuamos horrorizados com a história da extração de órgãos. Ainda assim, a morte de Billy, de nove anos, em um acidente de carro é trágica de uma forma que a morte de Billy aos noventa e nove anos e de causas naturais não é. No segundo caso, ele teve a chance de viver uma vida plena. No primeiro caso, ele não teve. E no caso do teólogo e pastor batista Billy Graham (1918-2018), ele não só teve a chance de viver uma vida plena. Ele a viveu.

Como explicamos no *Capítulo 10*, os economistas podem descobrir (aproximadamente) quanto estaríamos dispostos a gastar para reduzir o risco de perder um ano de nossas vidas estudando o quanto gastamos (coletivamente)

---

393 O pássaro dodô (*Raphus cucullatus*) é o símbolo da extinção. Da ilha Maurício, no Oceano Índico, foi avistada pela última vez em 1662. Dizem que a sua incapacidade de voar misturada à falta de medo dos humanos, que os caçavam para se alimentar, e o desmatamento combinaram para a sua extinção. (N. E.)

em alarmes de incêndio, *airbags* e coisas do tipo. Agora, nos Estados Unidos da América, esse número gira em torno de US$150.000 dólares. Usando esse número, podemos medir os custos de mortes prematuras em termos de uma quantidade conhecida como "anos de vida perdidos".

Claro, não sabemos de antemão quanto tempo alguém viverá. Se Emma morrer em um acidente de construção quando tiver trinta e dois anos, quantos anos ela perderá? Ou seja, quanto tempo ela teria vivido? Não temos como saber. Portanto, para questões de política de saúde, usamos médias. Como explica a Organização para Cooperação e Desenvolvimento Econômico, podemos calcular os anos de vida perdidos ao "somar as mortes ocorridas em cada idade e multiplicar pelo número de anos restantes para viver até um limite de idade selecionado"[394]. Este limite é geralmente em torno da expectativa média de vida ao nascer, cerca de setenta anos[395].

Novamente, a questão não é colocar um preço em cada vida, ou dizer que seu valor diminui com a idade. O objetivo é entender quanto risco mortal toleramos livremente ao viver nossas vidas. Ou seja, como nós, como sociedade, pesamos o risco de morte, ferimentos e coisas semelhantes em relação a outros fins que perseguimos? Isso é o que fazemos para outros riscos, ao invés de buscar a segurança a todo custo[396].

Com isso em mente, podemos usar as estatísticas de idade ao óbito publicadas pelo CDC[397] para calcular o custo do coronavírus em anos de vida perdidos. Em 28 de maio de 2020, isso significava pouco mais de quatrocentos mil anos nos EUA. Isso é muita vida, com certeza. Para ter uma perspectiva, contudo, precisamos comparar com um risco mais familiar. Quando fazemos o mesmo cálculo sobre as mortes no trânsito dos EUA no ano de 2017[398], descobrimos que elas causaram a perda de cerca de três vezes mais anos de vida —

394 "Anos potenciais de vida perdidos", *OECD*; https://data.oecd.org/healthstat/potential-years-of-life-lost.htm#indicator-chart.

395 *Ibid.*

396 O filósofo Robert Koons faz um excelente trabalho analisando as complexidades morais em Robert C. Koons, "Podemos medir o valor de salvar uma vida humana em dólares? Cálculos sombrios em Time of Plague", *Public Discourse*, 31/mar/2020.

397 "Atualizações semanais por seleção de características geográficas e demográficas: contagem provisória de óbitos pelo coronavírus (COVID-19)", *CDC*.

398 Kenneth D. Kochanek *et al.*, "Mortes: data final para 2017", *National Vital Statistics Reports 68*, nº 9 (jun/2019): 1-77.

mais de um milhão e duzentos mil anos. Embora as colisões tenham matado quase metade do número de pessoas que o coronavírus matou — pouco mais de quarenta mil em comparação com pouco mais de oitenta mil em uma estimativa — a idade média das pessoas mortas nas estradas era muito mais baixa — quarenta e cinco anos em comparação a setenta e seis anos.

Em outras palavras, por gerações, aceitamos uma maior taxa anual de perda de anos ao dirigir. Fizemos isso porque valorizamos nossa liberdade de viajar pela estrada mais do que valorizamos os um milhão e duzentos mil de anos de vida que renunciamos a essa liberdade. E não fomos loucos ao fazer isso. Reflita. Quando você viu os filmes assustadores de acidentes fatais na aula de direção na adolescência, você jurou nunca viajar de carro? Ou você estava, em vez disso, motivado a dirigir com cuidado para aproveitar a liberdade e reduzir os riscos? A maioria de nós se recusou a permitir que o medo nos roubasse essa liberdade. Na verdade, o objetivo dos filmes não era fazer com que todos nos encolhêssemos em nossos quartos até que a morte nos levasse ou o mundo acabasse. O objetivo era nos mostrar, como jovens motoristas, os perigos reais para que não corrêssemos riscos estúpidos.

Os pais de jovens motoristas correm o risco de perder seus filhos para vê-los se tornarem adultos responsáveis. Essa é a nobre intenção de todos os bons pais. Quando os pais perdem um filho, a dor é imensa. Ninguém, porém, acha que seria melhor se mantivéssemos todos os adolescentes trancados no porão para que não sofram um acidente de carro. A vida é para viver, não apenas para preservar.

A segurança raramente é nosso objetivo principal. Para a maioria dos empreendimentos, seu primeiro objetivo é fazer algo. Por exemplo, você entra no carro para ir para o trabalho. Segurança é importante, mas se fosse seu objetivo principal, você não entraria no carro. Mike Rowe frequentemente lembrava os espectadores disso no seu programa *Trabalho Sujo*. Ele até começou a falar sobre a "segurança em terceiro lugar" em resposta aos sempre presentes pôsteres da OSHA (Occupational Safety and Health Administration, uma agência do Departamento do Trabalho norte-americano), nos locais de trabalho que visitou[399]. A segurança deve ser uma alta prioridade, mas não *a* prioridade — não se você quiser trabalhar, ter uma família e viver a vida.

---

399 Christopher Davis *et al.*, "Segurança é o terceiro, não primeiro, e todos sabemos que deveria ser", *Journal of Emergency Medical Services*, 1/nov/2018.

Esse é um dos motivos pelos quais as políticas de "tamanho único", capazes de fazer caber a todos, não faziam sentido. Há uma grande diferença entre uma doença que mata indiscriminadamente — velhos e jovens, saudáveis e enfermos — e uma doença que causa ou contribui principalmente para a morte de pessoas perto do fim de suas vidas. É a diferença entre perder 60% ou 2% da sua vida, já que todos perdemos nossas vidas no final. Sem dúvida, foi isso que o vice-governador do Texas, Dan Patrick, quis dizer quando falou que

> há coisas mais importantes do que viver [...] salvar este país para meus filhos e netos [...]. Eu não quero morrer, ninguém quer morrer, mas cara, temos que correr alguns riscos e [...] colocar este país de volta nos trilhos e funcionando[400].

Claro, a imprensa retratou isso como uma indiferença insensível para com os idosos — embora Patrick estivesse se referindo ao autossacrifício. A questão não é que devemos sacrificar a vida dos velhos e frágeis pelos jovens e saudáveis. Não deveríamos. Em vez disso, por uma questão de saúde pública, devemos nos certificar de que os custos de nossas intervenções não excedam em muito os benefícios. Agir como se o vírus fosse de igual perigo para todos, como se a avaliação de risco de todos fosse o mesmo, garantiu o oposto.

Medir o custo em anos de vida nos dá uma maneira de levar em conta como equilibramos o risco com outros bens na vida real. Se uma política, que economiza um ano de vida líquido, custa muito menos do que US$150 mil dólares e não viola os direitos básicos, então, provavelmente vale a pena. Se custar US$10 milhões de dólares, é um forte sinal de que é uma política ruim. Provavelmente, custará mais anos de vida em outro lugar e ainda pode envolver injustiças[401]. Os economistas estão apenas começando a colocar um preço em anos de vida nos *lockdowns*, mas uma estimativa otimista fica em US$700 mil dólares por mês, ou US$1,5 milhão de dólares em meados de junho de 2020. Seja qual for o total, certamente será muito maior do que isso[402].

---

400 Tessa Weinberg, "'Coisas mais importantes do que viver', 'Texas' Dan Patrick eiz em entrevista sobre coronavírus", *Star Telegram*, 21/abr/2020.

401 Veja James Broughel e Michael Kotrous, "Porque os economistas medem a vida humana em dólares", *Politico*, 2/abr/2020.

402 Vance Ginn, "Devemos aprender com o erro de desligamento", *The Hill*, 13/jul/2020.

Agora podemos ver como foi tolice impor uma quarentena à maior parte da população, com grande custo. A Covid-19 é muito mais mortal para os idosos e enfermos, que também são menos propensos a trabalhar, ou estarem na escola. Então, obviamente nós deveríamos canalizar recursos para protegê-los, ao invés de sobrepor os direitos básicos de todos, forçando crianças jovens a ficarem em casa, fechando empresas, esvaziando hospitais e inserindo milhares de leitos hospitalares que ninguém precisou. Nós escolhemos muita dor para pouco, ou nenhum, lucro.

O refrão previsível, é claro, é que a pandemia teria tomado muito mais vidas sem o *lockdown*. Como vimos, as evidências sugerem fortemente o contrário. Optamos por uma resposta de saúde pública que pode não ter nos salvado nada e vai nos custar muito em anos de vida. Vamos passar os próximos anos para aceitar o fato de que nós e nossos líderes julgamos profundamente errado os benefícios e os custos dos *lockdowns*.

Reconhecemos que as escolhas em uma crise são difíceis de fazer. Ninguém pretendia que mais vidas fossem perdidas do que ganhas, mas parece que foi isso que aconteceu. Nós nos encontramos nesse caminho não intencional porque escolhemos responder ao pior cenário possível, apenas ficar do lado "seguro".

Poderíamos ter feito melhor? Sim. Esse é o assunto do próximo capítulo.

TEZA

NCI

ICER

| CAPÍTULO 12 |

TEZA

NCI

CER

CAPÍTULO 12

Equilibrando Custos e Benefícios sem Saber o que Virá

Não existem soluções; existem somente trocas.

THOMAS SOWELL[403]

O objetivo original anunciado do *lockdown* era simples: "achatar a curva". Em outras palavras, diminuir a taxa de infecção, reduzindo também assim o número de pessoas doentes com Covid-19 a qualquer momento para evitar sobrecarregar os hospitais. No entanto, como vimos, logo ficou claro que os hospitais não corriam o risco de ficar sobrecarregados. O medo da superlotação dos hospitais foi baseado nos modelos cegos que também previam milhões de mortes. Ambas as previsões estavam totalmente erradas.

Entretanto, quando isso ficou claro, os alunos do ensino fundamental tinham sido enviados para casa, restaurantes foram fechados, a Liga Principal de Beisebol cancelada e assim por diante. Parece que foi demais para os poderes se ajustarem aos fatos. Em vez disso, eles continuaram movendo as traves. Agora,

403 Citado em Larry Prather e Dan Delich, "No debate sobre a resiliência a inundações, não há soluções – só compensações", *The Hill*, 2/fev/2019.

o *lockdown* consistia em impedir a disseminação do vírus. E não terminaria depois de duas semanas, ou trinta dias. Agora, teríamos que esperar pelo verão, testes generalizados, rastreamento de contato, ou mesmo uma vacina, que pode não chegar até depois da eleição de novembro[404]. Que conveniente!

O valor de colocar pessoas saudáveis em quarentena em casa não estava claro, além de ser uma vaga alegação de que estávamos salvando vidas.

Claro, meros mortais não podem pesar todos os custos e benefícios de cada ação e atribuir-lhes todas as probabilidades. No entanto, devemos, pelo menos, pesar os benefícios alegados contra os custos que podemos antecipar, levando em consideração a probabilidade de ambos. Em outras palavras, antes de abraçarmos uma segunda e terceira onda de fechamentos, devemos fazer o que não fizemos antes de optar pelo *lockdown* original.

Apenas uma Vida: Medindo Custos e Benefícios

No auge da crise do coronavírus, o governador de Nova York, Andrew Cuomo, disse que "se tudo o que fizermos salvar apenas uma vida, serei feliz". (Este é o cara que, um ano antes, havia assinado uma lei que removeu o aborto do código penal de Nova York e o tornou legal por qualquer motivo até o nascimento, mas isso é outro assunto). Ele talvez estivesse invocando o princípio de que você não pode colocar um preço na vida humana. Para citar a Declaração de Independência mais uma vez, somos todos "criados iguais e dotados por nosso Criador com direitos inalienáveis", incluindo o direito à vida. Nosso valor não vem de nosso portfólio do mercado de ações, nossa popularidade ou nossa aparência, mas do fato de sermos, cada um de nós, feitos à imagem de Deus. Nesse sentido, cada um de nós tem um valor infinito.

Entretanto, Cuomo estava declarando erroneamente o problema que enfrentamos, assumindo que vidas estavam do lado oposto ao dinheiro, ao tempo e à conveniência. Na realidade, existem custos econômicos, mas também riscos para a vida de todos os lados, porque não temos riqueza infinita, tempo infinito e segurança perfeita. Riqueza, tempo e segurança são recursos escassos.

---

[404] William Feuer, "Fauci diz qye é possível que a vacina do coronavírus chegue aos EUA em dezembro", *CNBC*, 22/mai/2020.

Temos que fazer escolhas e cada escolha envolve uma troca. Qualquer um que não entende, não está equipado para liderança política. Governar é fazer escolhas difíceis.

Como vimos, o valor infinito de cada pessoa não significa que se deva gastar uma quantia infinita para evitar uma morte, ou mesmo gastar todas as riquezas finitas do mundo para isso. Por quê? Por um lado, porque nós perderíamos muito mais vidas do que salvaríamos. Se literalmente gastássemos todo a riqueza do mundo para salvar a vida de uma pessoa, todos morreriam de fome.

Durante o auge do pânico, a *CNN* divulgou uma "análise" difamando críticos dos fechamentos. A matéria, impulsionada pelo *Apple News*, tinha o título "A moralidade perigosa por trás do movimento 'Abra tudo'". O que é essa moralidade perigosa? Bem, de acordo com o artigo, é o utilitarismo, o que o repórter definiu como "deixar uma minoria sofrer para que a maioria possa se beneficiar"[405].

Estranhamente, a peça não citou um único utilitarista conservador. E a crítica do movimento de "abertura" citou favoravelmente a bioética Anita Allen, que atuou no Comitê de Bioética do presidente Obama, e é uma defensora ferrenha dos direitos ao aborto. Novamente, outro assunto, mas um que frequentemente expõe inconsistência moral. Nosso argumento contra o pânico e os *lockdowns* não depende de maneira *alguma* de deixar uma minoria sofrer pelo bem da maioria. (Se isso não estiver claro, releia o *Capítulo 11*).

A escolha não é entre deixar algumas pessoas serem mortas ou prevenir suas mortes matando outras pessoas. Em vez disso, queremos ter certeza de que, como uma questão de política pública, nossa resposta corresponde ao risco envolvido, pois a inação ou a reação exagerada podem levar a mais mortes e danos.

Todos nós aceitamos as trocas e assumimos riscos calculados. Você pode sempre reduzir o risco de algo. Evitando alguns riscos — alguns custos — significa que você está sujeito a outros custos. Se você não gosta de correr riscos, arcará com o custo de perder oportunidades na vida, junto com os custos de saúde decorrentes da ansiedade e do torpor. A maioria de nós prefere correr o risco com carros e o ar do lado de fora.

Nenhuma pessoa pensante trata a segurança como o único bem que vale a pena ter. Nenhuma sociedade pensante também. "Fazer tudo o que podemos

[405] Daniel Burke, "A moralidade perigosa por trás do movimento "Abra tudo", *CNN*, 23/abr/2020.

para salvar apenas uma vida" justificaria a proibição de todas as formas de viagens, todos os esportes, a maioria das recreações, tudo, exceto os alimentos mais estéreis e sem gosto, todos os alérgenos em potencial e todo contato cara-a-cara, incluindo apertos de mão. Tal sociedade iria ser um estado político distópico, cujos sujeitos passam todo o tempo planejando sua fuga.

Esses pontos deveriam ser óbvios para todo adulto. Infelizmente, parecem não o ser. Os primeiros esforços para alertar sobre os enormes custos da resposta pública e governamental ao coronavírus foram recebidos com indignação. Que tipo de bruto sem coração pesa dólares e centavos contra vidas humanas?! O dilema foi reduzido a uma *charge* mental: balanças com pilhas de dinheiro de um lado e velhinhos do outro. Como Scott Adams postou no *Twitter* (irônico): "Diga-me com quantas avós você acabaria para voltar ao trabalho".

Na verdade, a troca nunca foi entre lucro imundo e vidas humanas. Foi entre vidas prejudicadas, ou perdidas, com o surto viral e vidas prejudicadas, ou perdidas, graças aos nossos esforços para mitigá-lo. Como vimos antes, isso inclui o que fizemos com nossas instituições, famílias, escolas, negócios, igrejas, cidades, estados, países, mercados e mentes. As previsões de morte, que deram errado por um fator de trinta, certamente resultariam em uma cura muito pior do que a doença. Como observou Bruce Schneier, "a segurança tem tudo a ver com compensações, mas quando as apostas são consideradas infinitamente altas, toda a equação fica fora de controle".

No mundo real, cada ação tem algum custo e, portanto, algum risco — incluindo o que os economistas chamam de "custos de oportunidade". Se você optar por passar a hora do almoço no McDonalds, você descartou comer no Arby's, ir para a academia e tirar uma soneca. Portanto, você incorre no custo em dólares do seu Big Mac e batatas fritas, mas também no custo de não fazer as outras coisas que poderia ter feito com esse tempo e dinheiro.

Da mesma forma, existem trocas e custos de oportunidade, tanto para aceitar quanto para evitar riscos. Deste lado da glória, não existe risco zero — apenas mais ou menos risco. Portanto, a pergunta que devemos fazer sobre qualquer resposta recomendada: os ganhos prováveis superam os custos — pelo menos, aqueles que podemos prever?

Por exemplo, durante anos, a Academia Americana de Pediatras pediu que a Administração Federal de Aviação (FAA) ordenasse que bebês menores de dois anos usassem um cinto em voos comerciais[406]. Isto parece óbvio. É mais seguro usar o cinto de segurança ao voar em um avião devido ao risco de turbulência. Logo, os bebês devem usar cintos de segurança. Fim da discussão.

Então, por que a FAA permite que pais segurem seus bebês no colo sem cinto? Eles odeiam bebês? Não. Eles apenas pensaram nos efeitos indesejados de obrigar os cintos de segurança (e assentos extras) para bebês. Em 2004, quarenta e três mil pessoas morreram nas estradas norte-americanas, mas apenas treze em voos domésticos[407]. Se o FAA obrigasse crianças pequenas a ter seus próprios assentos, o custo adicional de voar faria dirigir ser mais atrativo para jovens famílias com orçamento apertado. E dirigir é claramente mais perigoso.

Até mesmo a Academia Americana de Pediatras admite que "o risco de morte ou ferimento grave numa aeronave é bastante pequeno". Na verdade, de 1981 a 1997, houve somente *três* mortes relatadas de ferimentos ocorridos pela turbulência em voos comerciais[408]. Assim sendo, por que o grupo ainda pressiona por restrições para bebês? Simples: é preciso ter uma visão muito estreita do risco.

Afinal, o bebê no colo da fileira dezoito corre maior risco do que o bebê preso ao assento na fileira dezenove. Portanto, para bebês em voos, assentos são melhores do que colo. No entanto, o quadro muda se uma política joga bebês de voos para rodovias. Assim, a FAA apenas recomenda, mas não determina assentos para bebês.

O coronavírus nos presenteou com esse tipo de escolha impossível: morte para a esquerda e morte para a direita. Claro, ninguém deveria optar por salvar dez pessoas se outras centenas fossem mortas no processo. Contudo, normalmente o dilema não é tão óbvio, pois envolve um grupo visível e um invisível. Sentimos muito mais sobre as pessoas que podemos ver do que as que não podemos ver. Isso é natural. Porém, pode levar a políticas terríveis.

Destacar consequências não intencionais é talvez o maior presente que a economia deu à humanidade. "Há apenas uma diferença entre um mau e bom

---

406 "Restrição de uso em aeronaves", *Pediatrics 108*, nº 5 (nov/2001): 1218-22.

407 "*Snapshot* anual de fatalidades de 2018", *IIHS*; https://www.iihs.org/topics/fatality-tatistics/detail/yearly-snapshot; "List of Accidents and Incidents involving Commercial Aircraft", *Wikipedia*.

408 "Restrição de uso em aeronaves", *Pediatrics 108*, nº 5 (nov/2001).

economista", escreveu o economista francês Frédéric Bastiat (1801-1850), "O mau se limita ao efeito *visível*; o bom leva em consideração tanto o efeito que pode ser visto quanto aqueles efeitos que devem ser *previstos*". Ele explica:

> No entanto, essa diferença é tremenda; pois quase sempre acontece que, quando a consequência imediata é favorável, as consequências posteriores são desastrosas e vice-versa. Nesse cenário, o mau economista busca um pequeno bom presente, que será seguido por um grande mal que está por vir, enquanto o bom busca um grande bem que está por vir, sobre o risco de um presente pequeno e ruim[409].

Infelizmente, o bom economista tem uso limitado na política. Os políticos tendem a focar no visível — e visto — já que o não visto faz pouco para ajudá-los a prospectar uma reeleição.

Essa lógica é vista na resposta à pandemia. Os políticos devem responder, e ser vistos respondendo, aos efeitos visíveis. É natural focar na redução de mortes por doenças porque a conexão é muito manifesta. As pessoas que morreram hoje estavam doentes ontem. As vítimas colaterais de medidas como *lockdowns* são menos visíveis porque são várias e diversas e levam tempo, talvez até anos, para acontecer. Presidentes e primeiros-ministros tenderão a se concentrar mais em mortes e desastres visíveis de curto prazo do que em desastres de longo prazo, mesmo que haja muito mais desses últimos do que os primeiros.

A escolha nunca seria simples. Pelo que sabíamos no início, obrigar as pessoas a ficar em casa não ajudaria muito. Pior ainda, pode até causar mortes, especialmente se pessoas de alto e baixo risco se amontoarem[410]. Colocar grupos de baixo risco em quarentena pode causar mortes por retardar a imunidade de rebanho e desperdiçar recursos. Uma recessão pode causar mortes por atrasos nos cuidados médicos e aumento da pobreza. Até o governador Andrew Cuomo finalmente admitiu isso no início de maio: "Há um custo por estarmos fechados, sem dúvida — custo econômico, custo pessoal.

409 BASTIAT, Frédéric. *O que se vê e o que não se vê*, 1950; https://tinyurl.com/y8k36c78.

410 H. Rashid *et al.*, "Compêndio de evidências e conselhos sobre distanciamento social e outras medidas relacionadas a uma pandemia influenza". *Pediatric Respiratory Reviews 16*, nº 2 (mar/2015): 119-26.

Também há um custo na reabertura rápida. Qualquer opção tem um custo"[411].

Entretanto, os detalhes são complexos. Em países ricos, por exemplo, a rede das mortes pode realmente cair durante as recessões[412]. Sim, os suicídios aumentam, mas, estranhamente, menos pessoas morrem. Talvez as pessoas viajem menos e corram menos riscos. Na verdade, um dos primeiros efeitos do grande *lockdown* norte-americano foi a redução dos acidentes mortais de carro[413]. Em algum ponto abaixo da curva da ruína econômica, porém, essa tendência de menos mortes se reverterá à medida que a pobreza mata mais e mais pessoas. No entanto, uma queda de um ponto no PIB não precisa adicionar mortes líquidas à contabilidade.

Tudo isso para dizer: para montar a resposta certa, nós precisávamos saber o risco real que estávamos enfrentando. Além disso, precisávamos de uma forma para decidir sem sabermos. Com a pandemia, assim como na vida, nenhum de nós sabe o suficiente para prever cada consequência de cada escolha. Os que tomaram decisões, seja de governos locais, estaduais ou nacionais, tiveram que descobrir o que fazer no contexto de incerteza.

Quando não Sabemos o Risco

Na verdade, há uma ciência chamada de "teoria da decisão" dedicada a esse exato problema. É uma ciência não exata, nos seus primórdios, e só pode ajudar a responder perguntas simples. Ainda assim, há alguma sabedoria nela.

A teoria oferece três táticas para lidar com problemas. A primeira e mais simples é *deixar pra lá*. Não se preocupe sobre o problema e suponha que ele vai embora sozinho. No desenho do *Snoopy*, essa era a política do Charlie Brown: "Se você tiver algum problema na sua vida", perguntou o Linus ao Charlie,

---

411 Keith McShea, "Vidas humanas vêm em primeiro lugar – Como N. Y. pesa a reabertura, Cuomo reitera", *Buffalo News*, 5/mai/2020.

412 CASE, Anne e DEATON, Angus. *Deaths of Despair and the Future of Capitalism*. Princeton: Princeton University Press, 2020.

413 Houve uma queda no número total de fatalidades, mas um aumento em morte por milha percorrida por conta da velocidade nas estradas vazias. "Motor Vehicle Fatality Rates Up 14 Percent in March, Despite COVID-19", *Occupational Health & Safety*, 22/mai/2020.

"você acha que deve tentar resolver na mesma hora, ou pensaria sobre ele por um tempo?"

"Oh, pensaria sobre ele, com certeza! Eu acredito que você deve pensar por um tempo", respondeu Charlie.

"Para dar a si mesmo o tempo de fazer a coisa certa sobre o problema?"

"Não", explicou Charlie, "para dar tempo de que ele vá embora!"

Para algumas ameaças, essa é a melhor escolha. Foi o que o governo norte-americano fez após descobrir sobre os eventos do coronavírus que se desenrolavam na Ásia em dezembro de 2019.

A segunda tática é *um passo de cada vez*. Essa é uma abordagem sóbria. Você junta informação relevante, analisa e depois a usa para entender como esse, ou aquele, cenário são e que ações estão dentro do seu poder, dadas as opções, e você pesa os custos e benefícios que consegue antecipar. Depois, você escolhe. Se conseguir novos dados que apontam, vamos dizer, para o norte ao invés do sul, você gira ao para o norte. Taiwan e Cingapura escolheram essa abordagem com o coronavírus.

A última abordagem, favorecida pelos líderes norte-americanos, é o oposto de *deixar pra lá*. É chamada de *PÂNICO*. Na política, essa tática resulta em uma corrida de olhe-para-mim estou-sinalizando-com-os-braços, na qual líderes tentam o seu melhor ao mostrar seu comprometimento com o problema. Nas emergências da vida real, *deixar pra lá* é quase sempre seguida por *PÂNICO*. Os líderes se preocupam que, uma vez que *deixar pra lá* não acalma os nervos, a imprensa e o público vão ver o *um passo de cada vez* como algo morno. Então, eles pendem para o outro extremo e exageram.

Duas raças diferentes de políticos adotam a abordagem do *PÂNICO*, seguindo duas mentalidades diferentes. O primeiro é o vigarista, o político que usa a emergência para inflar seu poder. Esse tipo de político nunca permite que uma boa crise seja desperdiçada. É difícil encontrar boas crises. É por isso que os vigaristas fazem de tudo que podem para estimular eventos para torná-los piores do que eles já são. Os jornalistas costumam compartilhar essa mentalidade.

A segunda mentalidade, muito mais comum que a primeira, abrange totalmente o pensamento do pior cenário. Preocupando-se com o pior que poderia acontecer, influencia muitas das nossas decisões políticas e de saúde pública.

Essa mentalidade é comum o suficiente para ter um nome. É chamada de "*princípio da precaução*".

Seu Pior Pesadelo

No início de 2020, um jornalista chamado Ferris Jabr tentou acalmar uma crise de pânico que já estava crescendo. "Nada disso é para menosprezar o que está acontecendo", escreveu ele sobre o desenvolvimento da crise em Wuhan. "O surto na China é uma verdadeira emergência de saúde pública. Porém, os dados essenciais ainda estão sendo coletados e avaliados. Afirmações abrangentes e alarmistas sobre ameaça global sem precedentes não são justificadas, nem úteis".

Nassim Taleb, autor de um dos livros mais vendidos, *A Lógica do Cisne Negro*, e outros trabalhos sobre tomada de decisões, não concordava. Ele dispensou Jabr como "outro jornalista ignorante que trata de questões de risco. Irresponsável"[414]. Taleb preferia o pânico.

Ele ficou tão furioso com a falta de pânico, que ele e vários coautores escreveram um breve artigo para esclarecer o público[415]. Eles disseram que, com o coronavírus "estamos lidando com um processo extremo de cauda gorda". O que isso significa? Se você pensar em uma curva de sino padrão representando uma distribuição estatística comum, as bordas estreitas longas são referidas como "caudas". Elas são finas porque casos extremos em ambos os lados são muito mais raros do que casos no meio. No entanto, em algumas situações, os extremos não são tão raros. As distribuições para estes podem ser chamadas de "cauda gorda".

O que Taleb queria dizer era que a facilidade com que agora viajamos para cá e para lá, você muda o cálculo de risco para pandemias, uma vez que resultados extremos são muito menos raros do que costumavam ser.

> Isso significa que as expectativas da extensão do dano são subestimados porque os eventos são inerentemente de cauda gorda e porque a cauda está ficando mais gorda à medida que a conectividade aumenta.

---

[414] Nassim Nicholas Taleb (@nntaleb), "Outro jornalista ignorante lidando com questões de riscos. Irresponsável", *Twitter*, 26/jan/2020; 3h31 p.m., https://twitter.com/nntaleb/status/1221531095864348672.

[415] Joseph Norman *et al.*, "Risco sistêmico de pandemia via novos patógenos – coronavírus: a nota", *Academia*, 26/jan/2020.

É verdade que uma maior conectividade fará com que as pandemias ocorram mais vezes. Entretanto, Taleb está confundindo as consequências dos eventos com suas chances. Eventos raros não precisam ter consequências maiores. Se você jogar uma dúzia de centavos no ar e todos eles pousam com a cara para cima, temos um evento raro, sim, mas quem se importa? O oposto também é verdadeiro: eventos frequentes podem ser consequentes. Tornados atingem o solo às centenas todos os anos nos Estados Unidos da América, muitas vezes matando pessoas e destruindo propriedades.

Um mundo mais conectado faz com que as infecções se espalhem pelo globo mais facilmente, mas não está claro se isso leva a consequências piores. Isso também nos ajuda a distribuir melhor os recursos durante as pandemias e pode até acelerar a imunidade de rebanho.

Isso nos traz de volta ao princípio da precaução — a ideia de que nós devemos sempre nos preparar para o pior. Aqui está um parágrafo do artigo de Taleb:

> Propriedades do vírus que são incertas terão um impacto substancial se as políticas implementadas forem eficazes. Por exemplo, se existem portadores assintomáticos contagiosos. Essas incertezas não deixam claro se medidas como a triagem de temperatura em grandes portos terão o impacto desejado. Praticamente toda a incerteza tende a tornar o problema potencialmente pior, não melhor, pois esses processos são convexos à incerteza.

Este último ponto está errado. Existem muitas coisas desconhecidas, incluindo *desconhecidos* que não sabemos, que não podemos nem mesmo listar como incertezas porque não pensamos neles[416]. No início de qualquer crise, ficamos em uma praia, olhando para um mar de incertezas, envoltos em uma névoa de mistérios. Isso não significa que todas as incógnitas são ruins. O que não sabemos poderia também ser bom ou benigno. Presumir que o que não sabemos deve ser ruim é uma das principais falácias indutoras de pânico do princípio da precaução.

[416] Michael Shermer, "Sabedoria de Rumsfeld: onde o conhecido encontra o desconhecido é onde a ciência começa", *Scientific American*, 1/set/2005.

Precaução Desconstruída

Entre as afirmações mais citadas do princípio da precaução, veio a de uma conferência em 1998, em Wingspread, casa do famoso arquiteto Frank Lloyd Wright (1867-1959), em Wisconsin:

> Quando uma atividade levanta ameaças de danos à saúde humana, ou ao meio ambiente, as medidas de precaução devem ser tomadas, mesmo se algumas relações de causa e efeito não forem totalmente estabelecidas cientificamente. Neste contexto, o proponente de uma atividade, ao invés do público, deve arcar com o ônus da prova[417].

Isso faz todo o sentido. Uma empresa quer desenvolver geneticamente grão modificado. O alimento feito do grão pode causar danos. A responsabilidade é da empresa de demonstrar o contrário.

Na tecnologia, o princípio da precaução é senso comum. Não brinque de Deus. No entanto, o mesmo princípio de precaução pode dar muito errado quando as pessoas tentam aplicá-lo a perigos naturais como pandemias. Supondo que não houvesse nenhum esquema maligno por trás do coronavírus, não havia nenhuma escolha humana a ser feita desde o início. Ninguém avaliou o risco da pandemia e o considerou aceitável. Aconteceu naturalmente, nós supomos. Foi um ato de Deus.

Como vimos, ninguém sabia realmente com o que estávamos lidando primeiro. Os modeladores tentaram salvar o dia com suas previsões, o que acabou sendo pouco mais do que suposições. Com a ajuda da imprensa, era fácil imaginar os terríveis horrores. Algumas agências respeitadas sugeriram que uma pandemia de coronavírus mataria dezenas de milhões de pessoas em todo o planeta[418].

---

417 "Conferência ampla sobre o Princípio da Precaução", *Wikipedia*.

418 Veja, por exemplo, Aria Bendix, "Especialistas em saúde emitiram um aviso agourento sobre uma pandemia de coronavírus três meses atrás. O vírus na simulação deles matou 65 milhões de pessoas", *Business Insider*, 23/jan/2020; John Koetsier, "Todas as previsões do coronavírus diziam que poderia infectar 2,5 bilhões e matar 53 milhões. Doutor diz que isso não é credível e aqui está o porquê". *Forbes*, 5/fev/2020; Patrick Knox, "Apocalipse agora. Bill Gates 'prevê' como uma pandemia semelhante ao coronavírus poderia se espalhar e 33 milhões poderiam morrer nos primeiros 6 meses", *U.S. Sun*, 24/jan/2020; Fa-

É aqui que o princípio da precaução é distorcido de "não brincar de Deus" para "confie em mim — eu sou um deus". Com prestidigitação, os especialistas tornam-se oráculos: duvidar de seus conselhos é correr riscos tolos. Os especialistas se tornam deuses e qualquer mero mortal que os questione está, portanto, *brincando* de Deus. Somente sob essa luz os *lockdowns* poderiam deixar de ser riscos que carregam o ônus da prova. Em vez disso, os céticos que duvidam deles devem suportar esse fardo.

Este princípio de precaução invertido dá aos especialistas licença para imaginar o pior cenário possível e então, agitar o governo e o público para se proteger contra este pior caso. A mera chance de que um desastre pode acontecer é o suficiente para justificar toda e qualquer recomendação dos especialistas divinos.

Ao dispensar a probabilidade, os especialistas se preocupam apenas com o quão ruim seria o pior caso. O apocalipse zumbi é improvável, por qualquer evidência que conhecemos. No entanto, se isso acontecesse, nós todos morreríamos. Não há maior custo mortal.

Não se preocupe. Os especialistas elaborarão um plano para nos proteger e, considerando o que está em jogo, seríamos tolos se não fizéssemos tudo o que eles dizem. Somente um psicopata ficaria em seu caminho.

Parece exagero? Nassim Taleb e seus coautores usaram exatamente essa palavra para descrever o risco do coronavírus:

> Sob tais condições, torna-se egoísta, até psicopata, agir de acordo com o que se denomina comportamento 'racional' — para fazer suas próprias classificações imediatas de conflito de risco com os da sociedade, até geram riscos para a sociedade. Isso é parecido a outras tragédias do comum, exceto que há vida e morte.

A citação é do artigo de uma página de Taleb e Norman: "Éticas da Precaução: Riscos Individuais e Sistêmicos"[419], publicado em março de 2020.

---

bienne Lang, "Uma 'pessoa de TI' prevê quantas mortes o coronavírus vai realmente causar", *Interesting Engineering*, 4/fev/2020; Michael Le Page e Debora Mackenzie, "Poderia o novo coronavírus realmente matar 50 milhões de pessoas muldialmente?" *New Scientist*, 11/fev/2020.

419 Nassim Nicholas Taleb e Joseph Norman, "Ética da precaução: risco individual e sistêmico", *Academia*, 15/mar/2020.

Eles também disseram:

> Presuma o risco de uma epidemia viral multiplicativa, ainda em seus estágios iniciais. O risco de um indivíduo pegar o vírus é muito baixo, menor do que outras doenças. Portanto, é "irracional" entrar em pânico (reagir imediatamente e como uma prioridade). Porém, se ela ou ele não entrar em pânico e agir de forma ultraconservadora, contribuirão para a disseminação do vírus e este se tornará uma fonte grave de danos sistêmicos. Logo, alguém deve "entrar em pânico" individualmente (ou seja, produzir o que parece ser uma resposta exagerada), a fim de evitar problemas sistêmicos, mesmo quando a recompensa imediata individual não parece justificá-la.

Taleb e seu coautor estavam argumentando a partir do pior cenário, sem nenhuma atenção às probabilidades. O princípio que eles articulam aqui poderia nos levar a concluir que devemos "entrar em pânico e agir de uma maneira ultraconservadora" em resposta a toda e qualquer ameaça concebível, embora improvável. Na verdade, ninguém se comporta dessa maneira. Não pesamos apenas a gravidade, mas também a probabilidade das ameaças que enfrentamos. E por um bom motivo: devemos economizar nossos recursos limitados para enfrentar os perigos que realmente nos ameaçam.

O pior caso de "epidemia viral multiplicativa" chega muito mais perto ao apocalipse zumbi do que o coronavírus. No apocalipse zumbi todos estão em risco. Uma vez mordido, você deve passar o vírus zumbi mordendo outros. Para o coronavírus, nem todo mundo corria risco de danos graves e nem todo mundo que foi infectado iria transmiti-lo. O que é normal em surtos virais e o que deveria ser esperado.

Taleb e Norman ficaram preocupados com a chance de que o coronavírus poderia causar um "colapso social grave". No entanto, sua imaginação falhou. Eles não previram que a cura induzida pelo pânico acabaria sendo pior do que a doença.

RTOS

AC

ACER

| CAPÍTULO 13 |

RTOS

AC

ACER

CAPÍTULO 13
Quem Acertou?

Um bom exemplo tem o dobro do valor de um bom conselho.

ATRIBUÍDO A ALBERT SCHWEITZER (1875-1965)

Felizmente, houve alguns países e estados que resistiram ao pânico planetário. Eles oferecem um exemplo do que o resto de nós poderia ter feito e o que devemos fazer da próxima vez. Pois, gostemos ou não, haverá uma próxima vez.

Produzido em Taiwan

A partir de primeiro de junho de 2020, sete pessoas em Taiwan haviam morrido em decorrência do coronavírus. Foram contados quatrocentos e quarenta e dois casos totais da doença, a maioria deles em viajantes vindos do exterior. Menos da metade dos casos eram transmitidos de pessoa a pessoa no país. Talvez por causa de sua tradicional desconfiança em relação à China, Taiwan foi um dos poucos países que reconheceu a infecção pelo que esta era desde cedo e como ela poderia ser transmitida de pessoa a pessoa[420].

A população do país é de pouco menos de vinte e quatro milhões de habitantes. A maioria das pessoas vive em três extensas áreas metropolitanas.

Taiwan nunca entrou em *lockdown* e nunca fechou negócios. Escolas nunca fecharam, embora tenham adiado a abertura até fevereiro[421]. O governo emitiu avisos periódicos sobre grandes aglomerações, mas nunca as proibiu[422]. Pediu à Igreja Católica que limitasse as grandes missas e assembleias. Os bispos responderam com o fechamento das igrejas e, até meados de março, todas as missas públicas foram canceladas[423]. Os templos budistas permaneceram abertos. O beisebol, sendo o esporte mais popular do país, iniciou sua temporada em abril, embora com uma torcida de "papelão" e no início. Os fãs foram permitidos de volta em número limitado em meados de maio[424].

Por qualquer medida, este país moderno, com mais do que o dobro de pessoas como a Suécia ou a Bélgica, saiu-se melhor do que muitos outros.

O que as autoridades fizeram? Restringiram as viagens de e para certas áreas da China mais cedo, em janeiro[425]. Taiwan manteve uma lista de países considerados como de maior risco, como o Irã e a Itália. No início de março, as pessoas desses países que chegavam aos aeroportos de Taiwan tinham que se isolar em quarentena por catorze dias, fosse em suas casas ou em hotéis designados[426]. Estas pessoas tiveram que fazer o *check-in* através de mensagens de

---

420 "Novos dados de surto de pneumonia coronária em Taiwan", *Infogram*, https://infogram.com/—h8j4x-gy7x1d6mv; Chen Yi'an, "Por que o Aquarius Star de 1738 checou apenas 128 pessoas? Os estudiosos elogiaram a lógica da equipe de prevenção de epidemias como 'inteligente'". *Storm*, 10/fev/2020; https://www.storm.mg/article/2275639.

421 Sophia Yang, "Oito universidades taiwanesas atrasam a abertura para impedir a disseminação do coronavírus", *Taiwan News*, 3/fev/2020.

422 "Diretrizes para reuniões públicas em grande escala na esteira do surto COVID-19 (atualização: 2020/03/05)", *Ministério das Relações Exteriores da República da China (Taiwan)*; https://www.mofa.gov.tw/en/cp.aspx?n=5A2D9F78CE42DD4A.

423 Matthew Strong, "Igrejas católicas para filipinos em Taiwan fecham devido ao coronavírus", *Taiwan News*, 29/fev/2020. Joy Y. T. Chang, "Taiwan reabre estádios de beisebol para fãs", *SCMP*, 8/mai/2020.

424 "Restrições de entrada para estrangeiros em Taiwan em resposta ao surto COVID-19", Escritório de Assuntos Consulares, *Ministério das Relações Exteriores, República da China (Taiwan)*, 18/mai/2020; https://www.boca.gov.tw/cp-220-5081-c06dc-2.html.

425 *Ibid.*

426 "FAQ: Requisitos da quarentena de 14 dias de Taiwan", *Taiwan Today*, 18/mar/2020.

texto com o CDC de Taiwan. Qualquer pessoa que demonstrasse sintomas podia ligar para um número de telefone e receber tratamento[427].

Um de nós (William Briggs) viajou de Nova York para Taiwan a negócios no início de março:

> O único inconveniente que encontrei foi uma espera de três horas dentro do aeroporto para preencher uma papelada. O controle de "auto checagem" de saúde não era um incômodo ou oneroso. Tratava-se de um pedaço de papel em que eu poderia responder "sim" ou "não" caso estivesse com febre.
>
> Eu podia ir — e fui — a qualquer lugar que quisesse. Eu já havia estado em Taiwan antes e a única mudança que notei foram mais máscaras. Poderia ter havido menos pessoas saindo para comer. Nenhum lugar para onde fui estava fechado. Eu também estive em Cingapura, Tailândia e Vietnã em janeiro, no início da crise. A mídia asiática, assim como a mídia ocidental, mais tarde, tinha uma enorme cobertura jornalística sobre a Covid-19, mas não do tipo onde o tratavam como "o pior dos casos".
>
> No final de março, viagens a Taiwan estavam ainda mais restritas aos cidadãos, diplomatas, pessoas de negócios e afins[428]. Para fazer essa restrição menos onerosa, o governo taiwanês permitiu que os visitantes estendessem seus vistos. Os voos para fora da ilha eram escassos. Voos para Nova York eram divulgados e depois, frequentemente, cancelados — provavelmente o resultado das restrições de viagem norte-americanas.
>
> Viajantes de algumas outras áreas, e não apenas de Nova York, que eram considerados de risco moderado, mas não alto, também enfrentaram catorze dias de quarentena monitorando a própria saúde. Como eu, essas pessoas eram livres para viajar a qualquer lugar. Eles só tinham que usar uma máscara enquanto estivessem em público e fazer o *check-in* diário com o CDC, respondendo a uma mensagem de texto[429].
>
> Os taiwaneses estão acostumados a usar máscaras. Eles consideram que é rude não utilizar uma, caso você esteja doente. Em épocas em que a gripe é mais

---

427 "Restrições de entrada para estrangeiros em Taiwan", Escritório de Assuntos Consulares.

428 "O CECC incentiva as pessoas a realizarem um período de 14 dias de auto gestão da saúde caso visitem lugares lotados durante o festival de varrição", *Centro de Controle de Doenças de Taiwan*, 6/abr/2020.

429 Ying-Hen Hsieh *et al.*, "Quarentena para SARS, Taiwan", *Doenças infecciosas emergentes 11*, nº 2 (fev/2005): 278-282.

frequente, as máscaras são extremamente comuns. Elas também não são incomuns em outras épocas do ano, como quando a poluição é alta.

Há mais do que apenas um respeito pela prevenção à transmissão de doenças em Taiwan, com atitudes que, às vezes, beiram a paranoia. Poucos são imunes ao assédio da mídia. O país tinha sido afetado pela SARS em 2003.

De acordo com um estudo de pesquisadores taiwaneses, na epidemia da SARS,

> trezentos e quarenta e seis casos de SARS foram oficialmente confirmados em Taiwan e houve trinta e sete mortes diretas causadas pela doença (onde a causa da morte foi registrada como SARS) e trinta e seis mortes relacionadas à SARS (a causa da morte não foi diretamente atribuída à doença) como o relatado pela Organização Mundial da Saúde (OMS)[430].

Mesmo com estes números baixos, mais de cento e cinquenta mil pessoas foram postas em quarentena num esforço para impedir a propagação da doença. Será que funcionou? Aparentemente não. O jornal dizia: "O número total de pacientes com casos confirmados de SARS em Taiwan, no final de dezembro de 2004, era de quatrocentos e oitenta, dos quais vinte e quatro tinham sido colocados em quarentena anteriormente". Provou-se impossível colocar todos que haviam sido expostos em quarentena. O vírus parecia indiferente ao esforço. O país aprendeu sua lição e optou por ser contra a quarentena agressiva para o coronavírus.

Entretanto, tomaram outras medidas. Em meados de abril, mesmo com números de casos e as mortes caindo, as autoridades ordenaram a utilização de máscaras nos transportes públicos e, mais tarde, em bancos e correios[431]. Eles exigiam máscaras em algumas grandes empresas ao mesmo tempo em que quase não havia mais novos casos diários, com apenas uma nova morte no início de maio.

Desde o início, a maioria dos grandes escritórios e outros edifícios públicos verificavam a temperatura dos passantes, muitas vezes passivamente usando

---

430 Matthew Strong, "Usar uma máscara facial se tornará obrigatório no metrô de Taipé a partir de 4 de abril", *Taiwan News*, 3/abr/2020.

431 Tsai Peng-min e Frances Huang, "Taipei 101, SOGO diga não aos visitantes com altas temperaturas", *Focus Taiwan*, 28/fev/2020.

câmeras infravermelhas ou termômetros portáteis em formato de "pistola". As distribuidoras de produtos para higienização das mãos eram onipresentes. Algumas lojas exigiam o "distanciamento social" de seus clientes, colocando marcadores onde estes deveriam aguardar o atendimento, assim como nos Estados Unidos da América[432]. A regra era um distanciamento de um metro e meio entre as pessoas.

Estas modestas medidas fizeram diferença? Quem sabe? O que sabemos é que estas medidas eram modestas. Taiwan não interrompeu o comércio e a normalidade, e a mídia de lá não induziu o pânico generalizado, como foi nos EUA. O CDC do país anunciou calmamente cada nova medida como se estivéssemos lendo as cotações da bolsa.

Talvez algumas medidas, tais como a restrição de viagens oriundas da China, tenham tido algum efeito positivo: o vírus nunca chegou realmente a ter uma base sólida. No mínimo, Taiwan provou que poderia administrar uma pandemia sem fechar. Aqueles que afirmam que os *lockdowns* são essenciais devem tentar explicar como o país se saiu tão bem sem eles.

Taiwan desempenhou um papel na política global da pandemia. A OMS, provavelmente intimidada pela China, não estava disposta a reconhecer qualquer informação ou a aceitar a ajuda de Taiwan. Como mencionamos no *Capítulo 1*, o agente da OMS, Bruce Aylward, nos forneceu um raro alívio cômico durante a crise. Ele se omitiu e depois desligou o telefone durante uma entrevista com um noticiário de Hong Kong quando lhe questionaram se o pedido de adesão de Taiwan à OMS seria reconsiderado. O mesmo noticiário relatou, em fevereiro, que Aylward, "tem décadas de experiência em combate a surtos de doenças e liderou uma missão da OMS a Wuhan, semanas após o início da pandemia. Após retornar, ele disse à mídia que o país tinha 'revertido a situação'". Além disso, "em uma nota compartilhada pelos chineses, Aylward disse que o país sabia o que estava fazendo e "se eu tivesse Covid-19, gostaria de ser tratado na China", disse ele.

O ministro da saúde de Taiwan, Chen Shih-Chung, escreveu uma carta à OMS no final de dezembro de 2019, alertando que o novo vírus poderia ser

432 Mark Moore, "Taiwan acusa a OMS de minimizar o número de coronavírus na China", *New York Post*, 14/abr/2020.

transmitido de pessoa a pessoa[433]. De acordo com o mesmo relatório, "a OMS, em uma declaração à *Reuters*, disse que não recebeu um *e-mail* sobre transmissão de pessoa para pessoa". O artigo também lembrou aos leitores que "em 14 de janeiro, a OMS disse que 'não havia evidências de transmissão de humano a humano' do vírus". A OMS declarou o surto um pandêmico em março.

Após o incidente de Aylward e outros problemas semelhantes, as autoridades de Taiwan e a imprensa reagiram com críticas mais severas à OMS. Eles acusaram a ONU de interferência e de mostrar grande deferência a Pequim. O diretor geral da OMS, Tedros Adhanom Ghebreyesus, disse que esta crítica era — e isto não será um choque para os leitores norte-americanos — "racistas"[434]. Tedros poderia estar incomodado por ser alvo de uma petição originada em Taiwan pedindo sua renúncia[435]. Inclusive, até o final de abril, ele ainda negava oficialmente que Taiwan tenha advertido a OMS sobre transmissão do vírus de pessoa a pessoa[436].

No futuro, Taiwan poderá solicitar aos Estados Unidos da América ou a Singapura que notifiquem as autoridades da OMS. Informações de fontes não-taiwanesas podem ser mais toleráveis. Presumindo, é claro, que os EUA ainda estejam financiando da OMS.

Suécia

Todos querem falar sobre a Suécia, talvez porque não consigam encontrar Taiwan nos mapas. Ou porque não se lembrem sobre a Bélgica ou o Reino Unido, sendo que ambos tiveram índices de mortes mais altos que a Suécia. Assim como tiveram Andorra, Espanha, Itália e França. Todos se saíram pior que a Suécia e todos tiveram *lockdowns*. É verdade que a Noruega, vizinha da Suécia e com metade de sua população, teve uma taxa de mortes mais baixa. O mesmo ocorreu com o Japão, que nunca entrou em *lockdown*.

433 Keoni Everington, "Chefe da OMS acusa Taiwan de ataque racista, culpa ministério das Relações Exteriores", *Taiwan News*, 9/abr/2020.

434 Ching-Tse Cheng, "Chefe da OMS culpa Taiwan por reputação suja em meio a falhas do coronavírus", *Taiwan News*, 27/mar/2020.

435 Keoni Everington, "Tedros duplica com aviso de negação de Taiwan", *Taiwan News*, 21/abr/2020.

436 Marta Paterlini, "'Fechar as fronteiras é ridículo': o epidemiologista por trás da controversa estratégia do coronavírus da Suécia", *Nature*, 21/abr/2020.

O governo sueco decidiu seguir as sugestões baseadas em senso comum do epidemiologista Anders Tegnell, da independente Agência de Saúde Pública sueca. Ele aconselhou medidas voluntárias baseadas na "confiança", tais como lavar as suas mãos e se distanciar de pessoas doentes.

"Essa não é uma doença que pode ser parada ou erradicada", disse à revista *Nature*, em abril, "ao menos enquanto não for produzida uma vacina eficaz"[437]. Como resultado, ele sumarizou, não adianta fazer de tudo para parar o contágio ou erradicar a doença. O governo sueco achou justificável seguir seus conselhos, pois não havia evidências claras de que os *lockdowns* foram benéficos — e há muitas evidências de que foram prejudiciais.

Mesmo assim, foi por pouco. A Suécia, assim como os Estados Unidos da América e o Reino Unido tem a sua cota de especialistas. Quando estes ouviram que o governo iria seguir os conselhos de Tegnell, vinte e dois cientistas "proeminentes" escreveram uma carta aberta solicitando os *lockdowns*[438]. Ao final de março, uma nova petição "assinada por mais de dois mil doutores, cientistas e professores" pediu ao governo que mudasse seu curso de ação[439]. Novamente, pessoas "proeminentes" acreditam que é seu direito de nascimento impor sua sabedoria às massas. "Confiem em nós, somos deuses".

Estava claro, no final de abril, que a solução calma e razoável estava funcionando. Os deuses estavam errados. Numa entrevista à *BBC*, em 24 de abril, Tegnell disse que, conforme as suas expectativas, "quase metade das fatalidades foram advindas das casas de repouso"[440]. O mesmo podia ser observado em outras localidades com *lockdowns*[441]. Numa mostra rara de liderança humilde,

---

437 "Autoridades de saúde pública falharam – agora os políticos devem intervir", *DN Debate*, 24/abr/2020.

438 Derek Robertson, "'Eles estão nos levando à catástrofe': o estoicismo do coronavírus da Suécia começa a se deteriorar", *Guardian*, 30/mar/2020.

439 Anders Tegnell, "A estratégia da Suécia está funcionando amplamente – Epidemiologista-chefe", *BBC News*, 24/abr/2020.

440 Karen Yourish *et al.*, "Um terço de todas as mortes por coronavírus nos EUA são residentes ou trabalhadores em lares de idosos", *New York Times*, 11/mar/2020; Caroline Hurley, "Os lares de idosos são responsáveis por mais da metade das mortes por coronavírus em Illinois, mostram novos dados", *Chicago Sun Times*, 29/mai/2020; "Coronavírus: 51% das mortes de COVID-19 no condado de Los Angeles eram residentes em 'ambientes institucionais'", *ABC7*, 14/mai/2020.

441 Sinéad Baker, "O arquiteto da decisão da Suécia de não ter um *lockdown* diz que ainda não tem certeza se foi a decisão certa", *Business Insider*, 4/mai/2020.

Tegnell disse em maio que poderia mudar de ideia caso houvesse evidências comprobatórias de que sua estratégia não estava funcionando[442].

Mesmo assim, parece que nas mídias sociais muitas pessoas queriam que a estratégia da Suécia falhasse. Ficavam procurando dados que demonstrassem que o país havia se saído pior do que o relatado. A tática consistia numa confirmação com um viés básico: países com *lockdowns* com taxas de fatalidade menores. E quanto aos países em *lockdown* com taxas maiores? Estes não entraram na conta, pois eram muito distantes da Suécia, como a Bélgica.

No meio de maio, por exemplo, um cientista afirmou que "a Suécia tem a maior taxa de mortalidade da #covid19 por um milhão de habitantes no mundo. Isso é uma consequência direta do plano de 'imunidade de rebanho' desumano"[443]. Ele então mostrou a quantidade de mortes diárias *per capita*, em 15 de maio de 2020, quando a Suécia realmente estava com um pior índice *per capita* se comparada ao Reino Unido e à Bélgica. (A Suécia teve cento e dezessete mortes decorrentes do coronavírus registradas naquele dia, ou 11,5 por um milhão. O Reino Unido reportou trezentas e oitenta e quatro mortes, ou 6,9 por milhão). Alguns membros da imprensa utilizaram deste truque na mesma época. O *Telegraph* reportou "A Suécia se tornou o país com a maior taxa de mortes *per capita* causadas pelo coronavírus". Eles disseram: "A Suécia teve 6,08 mortes por um milhão de habitantes numa média de sete dias, entre 13 e 20 de maio. É a maior taxa no mundo...".

É um truque, pois quando a taxa de mortes cai e fica próxima a zero, é fácil para qualquer país aleatório se sair melhor do que os outros em relação à taxa de mortes em qualquer dia, mas em especial aqueles que têm um número menor de habitantes. E, naquela época, as taxas de mortes estavam diminuindo em todos os países da Europa. Suponhamos, por exemplo, que este é o último dia da pandemia. Ninguém morreu em decorrência do vírus no Reino Unido ou na Bélgica, ou em qualquer outro lugar, mas uma pessoa morre na Suécia. As manchetes diriam "A Suécia é a pior do mundo!" Com-

---

[442] Epsilon (@epsilon3141), "A Suécia tem agora a maior taxa de mortalidade # covid19 por milhão de habitantes do mundo. Uma consequência direta do plano desumano de 'imunidade de rebanho'. # Covid19 diárias da Suécia mortes por milhão são 100 vezes mais do que mortes por acidentes de trânsito e homicídio juntos", *Twitter*, 16/mai/2020, 18h37; https://twitter.com/epsilon3141/status/1261787762107322369.

[443] Richard Orange, "A Suécia se torna o país com a maior taxa de mortalidade por coronavírus *per capita* nos últimos sete dias", *Telegraph*, 20/mai/2020.

parar datas individuais é um absurdo, mas aconteceu. Tudo para disseminar o medo.

Menos de um mês antes, por volta de 18 de abril, no auge da pandemia na Europa, houve um grande aumento nas taxas de mortes — na Bélgica, quase quatro vezes mais alta do que na Suécia. No geral, a Bélgica, com um número populacional 10% mais alto do que a Suécia, teve mais do que o dobro de mortes *per capita*. No entanto, ninguém, especialmente este cientista da computação, disse que este foi um resultado direto do *lockdown* na Bélgica.

Era popular comparar a Suécia com a Noruega durante a crise, pois a Noruega é próxima à Suécia e teve um número de mortes *per capita* menor. No entanto, a população da Noruega, com quase metade do tamanho da população sueca, é muito mais dispersa. Além do mais, no final de maio, Camilla Stoltenberg, chefe do Instituto Norueguês de Saúde Pública, admitiu:

> Nossa avaliação agora [...] é de que, possivelmente, poderíamos ter atingido os mesmos resultados e efeitos e evitado impactos negativos sem o *lockdown*, mantendo-nos abertos, mas com medidas de controle de infecção[444].

Japão

O pensamento padrão das pessoas mais respeitáveis era de que os *lockdowns* funcionavam e deveriam ser obrigatórios. Uma manchete de 14 de março da revista *Foreign Policy* dizia: "As medidas do Japão contra o coronavírus estão funcionando: mesmo com *lockdowns* indiferentes e baixo número de testagem, o Japão parece evitar o pior da pandemia"[445]. O artigo dizia: "Em sua batalha contra o coronavírus, o Japão parece estar fazendo tudo errado".

Aqui vai uma forma melhor de encarar isso: em sua reportagem sobre a estratégia do Japão em sua batalha contra o coronavírus, a *Foreign Policy* fez tudo errado.

---

[444] "Noruega 'Poderia ter infecção controlada sem *lockdown*': Chefe de Saúde", *The Local*, 22/mai/2020.

[445] William Sposato, "Medidas desanimadas do coronavírus do Japão estão funcionando de qualquer maneira", *Foreign Policy*, 14/mai/2020.

O Japão, com uma população de cento e vinte sete milhões de pessoas, tinha uma taxa de mortes de sete pessoas por um milhão. Isso é quase setenta e três vezes menor do que a taxa de mortes do Reino Unido de 18 de maio, que era, mais ou menos, de quinhentas e onze por milhão. Se o Japão estava fazendo algo de errado, errado era o jeito certo de fazê-lo. Todos os países deveriam ter seguido o exemplo do Japão. Em 25 de maio, o primeiro-ministro japonês, Shinzo Abe, anunciou o fim do estado de emergência. O país atribuiu ao coronavírus oitocentas e cinquenta e uma mortes, ou 6,7 a cada cem mil. Esta foi uma das menores taxas dentre os países desenvolvidos[446].

Enquanto estava sem o *lockdown*, diversos jornalistas questionaram as atitudes do Japão. Em abril, a *BBC* afirmou: "Coronavírus: a baixa testagem do Japão levanta questões"[447].

O *New Statesman* intitulou seu artigo: "Como a eecusa do Japão em instituir o *lockdown* está dividindo o país"[448]. Porém, eles não mencionaram que estas atitudes estavam salvando vidas. Algumas pessoas previam que o Japão iria piorar[449]. A ideia de que *lockdowns* poderiam não funcionar era impensável.

A estratégia do Japão foi parecida com a de Taiwan. O governo restringiu voos e adiou a reabertura das escolas. Nos metrôs, os japoneses usavam máscaras — algo que já era comum — e assim por diante. A resposta do Japão ao vírus era tão relaxada, que uma notícia dizia: "A Covid-19 quase não mudou a vida cotidiana no Japão"[450]. Algumas pessoas, inclusive, creditaram a atitude relaxada no combate à pandemia a uma queda de 20% nas taxas de suicídio no país[451]. "As pessoas têm passado mais tempo em casa com suas famílias", o *The Guardian* reportou, "menos pessoas estão utilizando o transporte público no deslocamento ao trabalho e o adiamento no início do ano escolar são vistos como fatores para essa queda nas taxas". Em maio, até a revista *Science* noticiava o combate

446 Jason Lemon, "Japão encerra emergência por coronavírus com 850 mortes e nenhum *lockdown*", *Newsweek*, 25/mai/2020.

447 Rupert Wingfield-Hayes, "Coronavírus: a baixa taxa de testes do Japão levanta dúvidas", *BBC News*, 30/abr/2020.

448 Tom Feiling, "Como a recusa do Japão em impor um *lockdown* por coronavírus está dividindo o país", *New Statesman*, 23/abr/2020.

449 "Japão rejeitou o *lockdown* porque o vírus irá ressurgir, afirma o especialista", *Financial Times*.

450 Riyaz ul Khaliq, "'COVID-19 não mudou muito na vida diária do Japão,'" Anadolu Agency, 26/abr/2020.

451 *Ibid.*

do Japão contra o coronavírus sem implodir sua economia[452]. O país, disseram "diminuiu o número de novos casos diários para valores de 0,5 a cada cem mil com medidas pouco restritivas e voluntárias, sem testagem em larga escala…"[453].

O que será que fez com que os números baixassem? Não temos dois Japões para comparar. Ou duas Suécias, ou duas Taiwans. O que sabemos é que estes lugares optaram por não acabar com as suas economias como outros países fizeram, e que o coronavírus não parece tê-los punido tanto quanto a imprensa o fez.

Coreia do Sul e Mais

A Coreia do Sul teve uma taxa de mortes de cinco pessoas a cada um milhão. Os sul coreanos não entraram em *lockdown*, mas mantinham em constante monitoramento as pessoas que estavam infectadas. Hong Kong também não entrou em *lockdown* e teve 0,5 mortes a cada um milhão de pessoas. Estes países não foram omissos. Apenas não se juntaram ao restante do planeta em pânico. E não sofreram o tanto quanto era esperado deles.

Nos Estados Unidos da América, oito estados nunca entraram em *lockdown*[454].

Eles eram, pelo número de mortes a cada milhão de pessoas ao final de junho: Iowa (cento e onze), Oklahoma (setenta e três), Nebraska (sessenta e quatro), Dakota do Norte (cinquenta e seis), Dakota do Sul (cinquenta), Arkansas (trinta e dois), Utah (vinte e cinco) e Wyoming (quatorze)[455]. O estado do Wyoming tem aproximadamente quinhentos e oitenta mil habitantes e teve apenas oito mortes decorrentes do coronavírus.

Os estados com os *lockdowns* mais restritivos foram: Califórnia (oitenta e três mortes por milhão de pessoas), Illinois (trezentas e trinta), Michigan (qua-

---

452 Dennis Normile, "Japão termina seu estado de emergência COVID-19," *Science*, 26 de maio de 2020.

453 Gavin Blair, "Suicídios no Japão diminuem conforme o *lockdown* do Covid-19 causa mudança nos fatores de estresse", *Guardian*, 14/mai/2020.

454 Holly Secon, "Um mapa interativo das cidades e estados dos EUA ainda com *lockdown* – e aqueles que estão reabrindo", *Business Insider*, 19/mai/2020.

455 "Informação histórica dos EUA", O Projeto de Rastreamento de COVID do *The Atlantic*, https://covidtracking.com/data/us-daily.

trocentas e noventa), Nova York (mil cento e sessenta e duas) e Nova Jersey (mil cento e sessenta e seis).

Entretanto, existem muitas diferenças entre os estados além dos *lockdowns*. Apenas usando estes comparativos não há como afirmar que os *lockdowns* foram eficazes. Quase todas as mortes na Califórnia foram em Los Angeles; a maioria das mortes no Illinois foram em, ou ao redor de Chicago; em Michigan foram ao redor de Detroit; e Nova York ou Nova Jersey foram na área metropolitana de NYC. A densidade populacional influenciou bastante. Ainda assim, todos estes estados tiveram que aguentar os *lockdowns*, inclusive em áreas distantes dos centros populacionais.

Muitos especialistas e jornalistas estavam tão certos de que os *lockdowns* eram necessários e previam resultados desastrosos para os estados que fossem abertos. Sem aprender nada com os eventos recentes, o *New York Times* fez estudos que demonstravam "projeção de aumento significado nas mortes conforme os estados reabriam"[456]. Anthony Fauci alertou que "as consequências poderiam ser sérias" caso os estados abrissem "prematuramente"[457].

As previsões mais históricas foram na Geórgia, um dos primeiros estados a reabrir — em 30 de abril de 2020[458]. Os especialistas e espectadores estavam tão certos de que haveria mortes em massa, da mesma forma que sabem que o dia precede a noite. O *Washington Post* publicou um artigo intitulado: "Geórgia lidera a corrida para se tornar o destino número um em mortes no país"[459]. Elegante, mas incorreto. E quando isso não se concretizou, membros da imprensa passaram a reportar não as novas mortes, mas o número total de mortes ligadas ao coronavírus[460].

É claro que o número total de mortes só aumentaria — eles ainda aumentam mesmo quando as taxas caem para zero. Uma previsão da *CNN*, no final de

---

456 "Modelos projetam aumento acentuado de mortes à medida que os estados reabrem", *New York Times*, última atualização em 15/mai/2020.

457 Lateshia Beachum *et al.*, "Fauci adverte que 'as consequências podem ser muito sérias' se os estados agirem com demasiada rapidez para reabrir", *Washington Post*, 12/mai/2020.

458 *WTVC*, *Associated Press*, "Kemp: algumas empresas da Geórgia têm permissão para reabrir em 24 de abril; ordem de ficar em casa será encerrada em 30 de abril"; *ABC News Channel 9*, 20/abr/2020.

459 Dana Milbank, "Geórgia lidera a corrida para se tornar o destino de morte número 1 da América", *Washington Post*, 21/abr/2020.

460 Alexandra Sternlicht, "Mortes por coronavírus da Geórgia ultrapassam 1.000; o meteorologista afirma que dobrará em agosto com a reabertura", *Forbes*, 29/abr/2020.

abril, dizia que o número de mortes nos estados poderia dobrar[461]! Infelizmente, para os pessimistas, o número de mortes na Geórgia continuava a diminuir[462].

Os especialistas com seus megafones da mídia estavam tão certos disso que não queriam, ou não podiam, ver que os dados provavam que eles estavam errados.

461 Jacqueline Howard, "As mortes por coronavírus diários da Geórgia quase dobrarão em agosto, com distanciamento social relaxado, sugere o modelo", *CNN*, 28/abr/2020.

462 O Projeto de Rastreamento COVID mostra a média de sete dias de novas mortes de COVID-19 na Geórgia indo de cerca de quarenta por dia no final de abril para menos de vinte por dia no início de julho, com altos e baixos nessa faixa ao longo do caminho. Consulte "Georgia", *The COVID Tracking Project at The Atlantic*; https://covidtracking.com/data/state/georgia.

ÇÕES
LIÇ
LIÇ

| CAPÍTULO 14 |

ÇÕES

LIÇ

LIÇ

CAPÍTULO 14

Lições Aprendidas

O truque para esquecer o quadro geral é olhar tudo bem de perto.

CHUCK PALAHNIUK[463]

Os *baby boomers*[464] se recordam de histórias contadas por seus pais e avós sobre a última Guerra Mundial ou sobre a Grande Depressão. Eram contos distópicos sobre dificuldades, medo e sofrimento, que nos parecem surreais ao escutá-los em dias melhores. Chamamos as pessoas que passaram por estas épocas de "geração grandiosa".

Talvez as nossas dificuldades atuais não sejam comparáveis. De qualquer maneira, estes dias certamente são os mais inquietantes que vimos. Quando passarmos por eles, teremos aprendido algo? Seremos sábios para ensinar algo às novas gerações?

Ainda nos são recentes algumas situações, tais como quando houveram as manifestações violentas que assolaram o país ao final de maio de 2020. Re-

[463] PALAHNIUK, Chuck. *Cantiga de Ninar.* Nova York: Ancora, 2002, p. 21.

[464] Ver nota 380.

fletir profundamente sobre isso requer tempo e distância que ainda não alcançamos.

Entretanto, nós passamos por semanas e meses da crise do coronavírus. Sabemos o suficiente para presumir algumas coisas. E devemos presumi-las. A economia mundial e nossos direitos básicos e de saúde ainda estão sob ataque. Mesmo com a quantidade de mortes diminuindo ao final do verão, um aumento no número de "casos" fez representantes estaduais imporem novos *lockdowns.* Se e quando a "segunda onda" nos atingir no outono ou inverno, haverá uma pressão imensa para repetir tudo o que foi feito em 2020. E, mesmo que isso não aconteça, sempre haverá a próxima pandemia. O pior de tudo é que nos dizem que nunca poderemos retornar ao estilo de vida que vivíamos antes; ao invés disso, devemos nos acostumar com "o novo normal".

Local Sobre Global

Não podemos desfazer a tecnologia que nos deixa conectados todo o tempo ao mundo todo. No entanto, vimos em primeira mão os problemas resultantes de vivermos imersos nessa tecnologia. No futuro, devemos nos ater a um padrão mais elevado. Por grande parte da história as pessoas notaram as grandes calamidades apenas quando estas se forçaram a serem notadas. Os londrinos não precisaram de campanhas da imprensa para buscar abrigo nas estações subterrâneas em 1940 quando os sons de bombas e da Luftwaffe ecoavam pelas ruas. Não houve desacordos. Todos estavam na mesma página.

Oitenta anos depois, tanto ganhamos quanto perdemos algo. Não fomos feitos para estar em todos os lugares ao mesmo tempo. Fomos feitos para estar onde estivermos. Se queremos o benefício de saber o que está acontecendo em tempo real ao redor do mundo — e sem dar um peso maior a eventos que são difíceis de julgar à distância — precisamos priorizar sermos mais presentes localmente. Quando as mídias sociais e tradicionais incitam o pânico, faça uma análise dessas informações junto do que você pode observar quando você se "desconecta" e sai para uma caminhada. Através da crise todos conhecíamos fatos locais que divergiam do pânico excessivo que bombardeava nossos olhos e ouvidos. Talvez você tenha ficado surpreso quando viu um atestado de óbito que apontava a Covid-19 como a causa de morte. Ou talvez um amigo na casa dos cinquenta anos de idade que tenha testado positivo, mas tenha tido sintomas leves ou, até mesmo, tenha sido assintomático. Ou talvez você tenha ouvido falar sobre leitos de hospitais vazios e a demissão de enfermeiros e, mesmo assim, não conseguia agendar exames de rotina.

E ainda assim, você ou alguém que você conhece descartou as evidências visuais e audíveis e favoreceu o simulacro digital.

Se todos tivéssemos focados naquilo que sabíamos, as coisas talvez pudessem ter acontecido de outra forma. Quando os especialistas gritam que o céu está caindo, mas ele parece imóvel quando você caminha, talvez seja melhor não dar tanta importância aos seus conselhos.

Balanceie o Conselho de Especialistas com o Bom Senso

Por vezes os conselhos dos especialistas não parecerão fáceis de se entender. Seus motivos para causar pânico nos parecerão críveis no início. Nestes casos, dê um passo para trás, respire profundamente e lembre-se de algumas informações-chave.

Em primeiro lugar, é o dever dos especialistas convencer você, o cidadão, sobre o que eles temem e sobre o que você deve fazer para lidar com estes temores. Talvez os seus avisos preocupantes pareçam reais quando disfarçados de linguagem técnica. No entanto, devemos insistir que eles nos expliquem as coisas de uma maneira que nos permita julgar a sua sabedoria. Devemos exigir que o governo respeite a decisão das pessoas e não a dos especialistas.

O fato é de que quase sempre temos mais tempo do que eles nos dizem. E, na maior parte dos casos, a reação com pânico não será a forma ideal de reagir. Se uma imagem de autoridade crível clama por ações rápidas e razoáveis, então, por favor, as siga. No entanto, não seja encorajado a fazer escolhas imprudentes. E se, após considerar o que aconteceu cuidadosamente, estas ações forem tidas como incorretas, exija um novo curso de ação.

Nos últimos meses aprendemos muito. Tivemos, porém, ações que foram custosas em relação a higiene preventiva. Nós não pedimos por isso, mas não deixemos que sejam desperdiçadas. Medidas de baixo custo — como lavar as mãos com maior frequência — se tornaram bons hábitos e podem auxiliar na redução de contágios futuros. Muitas coisas que podemos fazer por nós mesmos fazem sentido, mesmo que elas não se equiparem às medidas que acabam com pandemias.

Cuide dos Mais Vulneráveis

Desde o início os nossos esforços deveriam ter sido concentrados no cuidado com os mais vulneráveis, como os doentes e os idosos. No entanto, alguns lugares fizeram exatamente o oposto. Para liberar leitos de hospitais, alguns estados "ordenaram que casas de repouso admitissem pacientes com infecções ativas de Covid-19 que recebiam alta dos hospitais"[465]. Pois é. Em 23 de abril, o governador Andrew Cuomo, de Nova York, ainda dizia que as casas de repouso "não tinham o direito" de recusar estes pacientes[466].

A especialista em saúde Betsy McCaughey descreveu a tragédia da seguinte maneira:

> A carnificina foi iniciada em março, quando os hospitais insistiam em liberar pacientes idosos, mesmo aqueles com infecções ativas de Covid-19, e os enviavam às casas de repouso que possuíam leitos disponíveis. Para tanto, eles precisavam se livrar de uma medida de segurança que exigia que os pacientes fossem duas vezes testados negativamente para a Covid-19 antes de serem postos numa casa de repouso O Departamento de Saúde consentiu de bom grado[467].

Enquanto isso, o navio-hospital *USNS Comfort*, da Marinha norte-americana, e o Javits Center, em Nova York, estavam desocupados, com milhares de leitos disponíveis.

[465] Avik Roy, "A estatística mais importante do coronavírus: 42% das mortes nos EUA são de 0,6% da população", *Forbes*, 26/mai/2020.

[466] Bernadette Hogan e Bruce Golding, "As casas de saúde 'não têm o direito' de rejeitar pacientes com coronavírus, diz Cuomo", *New York Post*, 23/abr/2020.

[467] Betsy McCaughey, "Os horrores do lar de idosos de Nova York são ainda piores do que você pensa", *New York Post*, 29/mai/2020; Rich Lowry, "Onde Ron DeSantis vai para obter suas desculpas?" *National Review*, 20/mai/2020.

Parcialmente, em decorrência destes erros, aproximadamente 42% das mortes registradas decorrentes da Covid-19 nos Estados Unidos da América foram em casas de repouso[468].

O governador da Flórida, Ron DeSantis, tomou as medidas corretas. Ele estudou os acontecimentos em outros países, como a Coreia do Sul e a Itália, e notou um risco muito mais elevado para os idosos. Com base nisso, ele focou na proteção de casas de repouso e comunidades com muitos aposentados. Em 15 de março, DeSantis instaurou uma ordem executiva que proibia visitas às casas de repouso e que pacientes doentes fossem admitidos nelas[469]. E, ao mesmo tempo, aumentou os recursos dos hospitais[470] e deu aos condados a autoridade de tomar as medidas necessárias com base em seu escopo e condições locais[471].

Todas essas são medidas que devemos tomar no futuro.

Acredite em Modelos e Predições com Ressalvas

A previsão do tempo não é nada quando comparada a prever o que bilhões de pessoas farão num evento sem precedentes na história. Se tivéssemos visto as previsões do *Imperial College*, com o mesmo ceticismo que temos quanto a previsão do tempo, as coisas teriam sido diferentes. O coronavírus ainda teria causado danos, mas teríamos evitado a maior parte da bagunça.

O governador Andrew Cuomo, de Nova York, merece crédito por ter aprendido a ser mais cético. Ao final de maio, algumas áreas do estado de Nova York começaram a reabrir, mas não a Big Apple. Ele se recusou a prever quando, a cidade que mais foi atingida pela pandemia, reabriria, como também (e com sabedoria) se recusou a deixar as predições de especialistas regerem o

---

468 Gregg Girvan e Avik Roy, "Casas de repouso e instalações de assistência domiciliar são responsáveis por 42% das mortes no COVID-19", *FREOPP*, 22/mai/2020.

469 Christine Sexton, "Com o aumento dos casos de coronavírus, o governador Ron DeSantis proíbe visitantes de todas as casas de saúde da Flórida", *Orlando Weekly*, 15/mar/2020.

470 Stefania Boccia, Walter Ricciardi e John P. A. Ioannidis, "Evidências da Itália e de outros lugares sugerem que muitas infecções são 'nosocomiais', ou seja, se originam e se propagam em hospitais", *Jornal da American Medical Association*, 7/abr/2020.

471 Rich Lowry, "Onde Ron DeSantis vai para obter suas desculpas?" *National Review*, 20/mai/2020.

prazo. "Agora as pessoas podem especular, talvez na próxima semana, talvez daqui a duas semanas, talvez daqui a um mês", ele disse.

> Não vou especular, pois todos falhamos ao especular. Todas as projeções iniciais dos especialistas da nação, "olha aqui a minha projeção", "olha aqui o meu modelo", estavam todas erradas, todas elas estavam erradas[472].

Cuidado com o Excesso de Confiança dos Especialistas

O conselho de especialistas é como uma luz forte — útil quando nos aponta ao caminho certo, mas do contrário, pode cegar. A pandemia do coronavírus oferece aos líderes e cidadãos três lições de como podemos utilizar esses conselhos da melhor forma.

Primeiro, os especialistas erram com frequência — principalmente sobre o futuro[473]. Vimos isso de duas maneiras conforme a crise do coronavírus acontecia. Uma delas é que os especialistas fizeram previsões ruins. A previsão do *Imperial College* certamente é um grande exemplo, mas houve dezenas de outros. Os políticos, a imprensa e o público em geral engoliram diversas afirmações somente porque eram advindas de fontes oficiais.

Outra, as afirmações contraditórias. Fossem elas máscaras, a limpeza de superfícies ou o número de mortes, diversos especialistas diziam coisas diferentes e, em alguns casos, os mesmos especialistas diziam coisas diferentes.

A segunda lição é que a maior parte dos especialistas não aprendeu a primeira lição. Eles veem como isso se aplica aos outros, mas raramente se aplica eles mesmos. Antes do pânico, autoridades de saúde como a OMS eram bem francas em relação ao que não sabiam. Contudo, o pânico generalizado se

[472] Douglass Dowty, "Cuomo: as projeções do coronavírus em NY 'são muito erradas', é muito cedo para dizer se a reabertura está funcionando", *Syracuse.com*, 25/mai/2020.

[473] Em maio de 2020, um grupo de especialistas brasileiros apontou que era "claro que a intenção" das autoridades de afirmar que todas as suas decisões baseadas na ciência foram "para levar todos nós à ideia de decisões baseadas em algo inquestionável e infalível, tão científico como a lei, como a lei da gravidade". Veja "Cientistas e acadêmicos brasileiros escrevem uma carta aberta sobre a 'ciência' da pandemia do coronavírus", *Conexão Política*, 25/mai/2020.

instaurou e todos esperavam respostas ágeis e precisas dos especialistas, e eles pareciam ter dificuldade em admitir: *Nós não sabemos.*

Na próxima vez, ao invés de esperarmos que eles digam isso, vamos apenas presumir.

A terceira lição é que conhecimento não é a mesma coisa que sabedoria. A maior parte dos especialistas trabalham em grupo[474]. Sua confiança compartilhada em sua especialidade às vezes vaza, o que faz com que eles sejam arrogantes, mesmo quando fora de suas áreas de conhecimento e estudo.

E este é um grande problema quando os especialistas estão aconselhando sobre um problema massivo e complexo como uma pandemia. Nenhum mero mortal sabia de tudo relacionado ao novo coronavírus, ou tudo que seria bom saber, principalmente no início do contágio. Pense em todas as áreas relevantes: virologia, epidemiologia, estatística, medicina clínica, medicina emergencial, enfermagem, patologia, farmacologia, fisiologia, biologia molecular, geriatria, psicologia social, economia global, políticas públicas, leis constitucionais, leis internacionais, aplicação das leis, comunicação, jornalismo, tecnologia, pequenos negócios, grandes negócios, educação, proteção infantil, serviços sociais, transportes, logística e muito mais.

Ninguém pode se especializar em tudo isso. Podemos apenas solucionar esses grandes problemas com a opinião e conselhos de diversos especialistas. E cabe aos nossos líderes eleitos avaliar seus conselhos e absorver sua sabedoria e prudência da forma que for possível[475].

Este deve ter sido nosso maior e mais impactante erro sobre o coronavírus: uma análise simplista e sem comprovação se tornou viral antes que conselhos sábios pudessem ser ouvidos. E então, políticos que se basearam nessa análise acharam difícil mudar de ideia quando lhes foram apresentadas evidências contrárias.

Os especialistas têm seu lugar, mas às vezes precisam ser lembrados que suas posições não são tão relevantes.

---

[474] Veja Roger Koppl, "Pandemias e o problema da falha do especialista", *Biblioteca de Economia e Liberdade*, 30/mar/2020.

[475] Para um tratamento mais extenso da "vocação" da política, consulte CHAPMAN, Bruce K. *Políticos: o pior tipo de gente para governar o governo, exceto para todos os outros*. Seattle: Discovery Institute Press, 2018.

Escolha a Liberdade ao Invés do Planejamento Centralizado

No último século, o grande economista austríaco F. A. Hayek demonstrou o porquê de nenhum governo ser capaz de planejar a economia. Somente alguém onisciente seria capaz de saber tudo o que é necessário para isso[476]. Meros mortais não têm chance.

Os governos tendem a criar planos únicos que não servem a ninguém, pois há a presunção de que as condições são iguais para todas as pessoas em situações diferentes. Os indivíduos, porém, sabem muito mais sobre as suas próprias situações do que os burocratas.

Os norte-americanos tiveram um dos maiores excessos de controle central durante a pandemia. Contudo, os Estados Unidos da América poderiam ter optado por maiores liberdades locais e discernimento. A maior parte das pessoas estavam mudando seus hábitos antes dos *lockdowns*. Um relato (preocupantemente baseado em gravações telefônicas) dizia que nos seis estados monitorados "23% das pessoas estavam em casa na primeira semana de março" *antes* da imposição dos *lockdowns*. "Este número subiu para 47% um mês depois"[477].

Nada do que nós três vimos nos faz pensar que isso ajudou a diminuir o contágio, mas esse não é o ponto. O ponto é que pessoas livres e bem-informadas se saíram tão bem quanto pessoas que obedeceram a ordens compulsórias — e com menos dano colateral.

Seja Cuidadoso com a Mídia Tradicional

Em 24 de maio de 2020 — no domingo do final de semana do Memorial Day — o *New York Times* foi dramático. Ao invés do seu costumeiro *mix* de histórias e fotos em sua primeira página, o jornal foi impresso com dezenas de milhares de nomes de mortos relacionados à Covid-19. A manchete dizia, paradoxalmente "Quase cem mil mortos nos EUA: uma perda incalculável". No *site* do

---

476 A mais madura forma do argumento de Hayek está em *Presunção fatal: os erros fatais do socialismo*. Chicago: Univesity of Chicago Press, 1989.

477 Clare Malone e Kyle Bourassa, "Os americanos não esperaram que seus governadores lhes dissessem para ficar em casa por causa do COVID-19", *FiveThirtyEight*, 8/mai/2020.

jornal havia uma lista dinâmica que se assemelhava ao memorial da Guerra do Vietnã[478].

Em quase qualquer outro contexto, a lista de mortes seria comovente. Não pudemos evitar em vê-la como parte do esforço cansativo para manter o medo. Muitos norte-americanos passaram a ignorar as recomendações nos estados que ainda estavam em *lockdown*, da Califórnia a Maryland. E continuaram fazendo, apesar do esforço deste jornal, tido como referência.

O *Times* orgulhosamente postou a imagem de sua capa no *Twitter* na noite de sábado. A *Drudge Report*, ainda em modo de pânico, colocou essa postagem em destaque em sua página. Dezenas de publicações foram feitas com base na capa — artigos falando sobre a história — em mais um esforço da mídia para se destacar.

Antes de ser publicado, contudo, o jornal precisou se corrigir. O *sexto* nome da lista, Jordan Driver Haynes, de vinte e sete anos, foi uma das raras mortes entre os menores de trinta anos. Porém, ele não morreu em decorrência da Covid-19. Ele foi assassinado[479].

Mesmo durante o pânico da pandemia, houve momentos de clareza e bom senso por parte da mídia convencional — se você soubesse onde procurar. John Nocera expressou suas dúvidas sobre a necessidade de *lockdowns* à *Bloomberg*[480]. Nate Silver, um jornalista incomum e especialista em estatística, com frequência corrigia os erros da mídia. O editorial do *Wall Street Journal* até sediou um debate.

Ainda assim, a mídia convencional os incentivava a disseminar o medo — especialmente se este medo pudesse ferir algum político ou uma causa detestada. Se você se esquecer deste viés enquanto consome informações providas pela mídia, você se tornará um escravo de cada manchete ou atualização. E se tornará parte da grande força coletiva que fez com que as autoridades eleitas tomassem más decisões apenas para que o público geral as visse fazendo algo. Caso não queira se juntar à essa massa, você deve se blindar contra a promoção frequente do medo causada pela imprensa.

---

478 "Uma perda incalculável", *New York Times*, 24/mai/2020.

479 Justin Hart (@justin_hart), "O sexto nome da lista original do *NYTimes* ... foi na verdade assassinado. O SEXTO nome. Espero que vejamos mais algumas correções", *Twitter*, 24/mai/2020, 8h13 a.m.; https://twitter.com/justin_hart/status/1264529912024592384; Bob James, "Homem encontrado no veículo ao longo da I-380 foi assassinado", *KHAK*, 20/mar/2020.

480 Joe Nocera, "Os bloqueios não provaram que valem a pena", *Bloomberg*, 21/mai/2020.

Com elevada resistência da população, a imprensa convencional poderia até repensar sobre a sua conduta. Aqueles de nós que se lembram de quando o jornal da manhã conseguia furos de reportagem relevantes mexam as cabeças. Como os tempos mudaram. E que pena que o *Times* não mudou também. Da população mundial, 45% utiliza *smartphones*, então, a mídia convencional não consegue mais furos sobre nada, nem ninguém. Não há como competir com trinta bilhões e quinhentos milhões de repórteres independentes, por isso, talvez seja hora de pararem de tentar.

Entretanto, eles poderiam fazer algo para reconquistar seu respeito de outrora. Ao invés de continuar com essa competição fútil com as mídias sociais, por que não se tornam aquilo que as mídias sociais não podem ser? Eles podem não conseguir divulgar as matérias primeiro, mas podem se esforçar em dar o parecer mais honesto, razoável e equilibrado sobre elas.

E o resto de nós, por que não esperar mais de nossas fontes de notícias?

Mesmo que essa seja uma causa irremediável, não devemos nos deixar levar pelo encorajamento do medo por parte da mídia, o que pode mudar semanalmente. A primeira história de terror era sobre os hospitais norte-americanos estarem sobrecarregados, assim como na Itália, com a sua saúde pública socialista abaixo da média[481]. E então, quando as pessoas puderam ver que os hospitais não estavam sobrecarregados — e de fato, a maioria deles estava vazio — a história era de que não haveria ventiladores o suficiente[482]. Quando isso não aconteceu, eram os pacientes e trabalhadores da área da saúde que morreriam porque não havia equipamentos de proteção pessoal suficientes[483]. E quando essa história também não se concretizou, o novo desastre era a falta de testes[484]. Pouco depois, porém, os centros de testagem seriam fechados simplesmente porque não havia demanda que cobrisse a oferta de testes[485]. Então, a

481 Ver, por exemplo, Selena Simmons-Duffin e Nurith Aizenman, "Os hospitais dos EUA estão prontos?" *NPR*, 17/mar/2020.

482 Veja, por exemplo, Kanny Malone e Karen Duffin, "A corrida para fazer ventiladores", *NPR*, 31/mar/2020.

483 Veja, por exemplo, Noel King, "*Kits* de mergulho ajudam os médicos a superar a escassez de PPE", *NPR*, 23/abr/2020.

484 Veja, por exemplo, Sacha Pfeiffer, Meg Anderson e Barbara van Woerkom, "Apesar dos avisos iniciais, os EUA levaram meses para expandir a produção de cotonetes para o teste COVID-19", *NPR*, 12/mai/2020.

485 Sy Becker, "Holyoke Medical Center pesam novamente os serviços de testagem de Covid-19", *WLLP 22 News*, 26/jun/2020.

imprensa nos disse que o presidente Trump iria acabar com os testes para acobertar a segunda onda de mortes que seria resultante da flexibilização irresponsável dos *lockdowns*[486].

Para nos fortalecermos contra o novo pânico desta semana, basta nos lembrarmos do pânico da semana passada.

Responsabilize as Mídias Sociais

O conteúdo nas mídias sociais sobre o coronavírus incitou o pânico. Assim como as plataformas também o fizeram. O *Facebook* e o *YouTube* validaram informações de fontes oficiais e censuraram as opiniões contrárias, até mesmo as de especialistas genuínos. Ao invés de disponibilizarem plataformas livres para o debate, tornaram-se protetores desagradáveis das políticas coletivas partidárias.

Como podemos prevenir que isso aconteça novamente? Somos altamente céticos quanto a tornar essas plataformas em itens de utilidade pública. O que provavelmente aconteceria seria algo que os economistas chamam de "captura do regulador". Ao invés de termos empresas privadas regulando o discurso, teríamos empresas mestiças — públicas e privadas — fazendo o mesmo, só que com mais poder.

Contudo, há uma estratégia que poderia ajudar. O *Facebook*, *Twitter* e empresas semelhantes desfrutam de um *status* legal de plataformas neutras. São como a AT&T e Verizon neste sentido. Não são responsáveis pelo conteúdo de terceiros, então, não podem ser punidas pela difamação e calúnias causadas por estes em suas plataformas.

Isso seria justo se essas plataformas fossem realmente neutras — se tratassem os *posts* e *tweets* da mesma forma que a Verizon e a AT&T tratam as chamadas telefônicas. Elas não são neutras, porém, como temos visto cada vez com mais frequência. Agora elas podem ter este benefício sem nenhuma contrapartida. E isso em decorrência do Communications Decency Act, de 1996,

486 Veja, por exemplo, Morgan Chalfant, "Trump: com menos testes, nós mostraríamos menos casos", *The Hill*, 23/jun/2020; e Eli Stokols e Janet Hook, "Novo pico de coronavírus alarma republicanos, mas não Trump", *Los Angeles Times*, 25/jun/2020.

que diz que "nenhum provedor ou usuário de um serviço de computação interativo deve ser considerado como um editor ou um difusor de qualquer informação fornecida por outro provedor de conteúdo".

Essas empresas deveriam ter que escolher entre realmente serem plataformas neutras e permitir que qualquer um poste qualquer conteúdo, desde que legal, ou perder seu privilégio jurídico de serem tratadas como plataformas neutras. Para tanto, haveriam de ser tratadas como editores, responsáveis legais por tudo que é postado em suas plataformas.

Estamos certos de que eles preferem a vantagem da neutralidade.

Oposição Leal

Nossa última sugestão é apenas uma pequena ideia. No governo britânico, a oposição leal se refere ao partido de oposição ao que está no poder, enquanto ainda se mantém leal à Coroa. Caso já tenha visto alguma vez as regras de ordem, você deve saber que o debate é tão acrimonioso quanto o do Congresso norte-americano. O conceito é excelente — um grupo de pessoas comprometido com o bem comum e a criticar a voz dominante da liderança política.

No momento atual, a voz dominante não é um partido político e sim os especialistas oficiais. Se um grupo pequeno, sejam eles políticos ou cientistas experientes, tem o poder para controlar o resto de nós, então, outros devem ter o poder para contestá-los. O pânico e o fechamento das economias em decorrência do coronavírus não teriam tido o mesmo efeito se alguns especialistas científicos, com o apoio irresponsável da mídia, não tivessem tanto poder não controlado.

Nossos representantes eleitos precisam ser capazes de considerar ambos os lados de uma situação. A maioria tenta marginalizar todos aqueles que não concordam com seu ponto de vista. Foi isso o que vimos diversas vezes durante a pandemia.

Talvez uma oposição leal e oficial pudesse lidar com essa tendência tão emocional humana. Sua única função seria analisar, questionar e, quando necessário, desmantelar os conselhos oficiais que nossos líderes políticos recebem. E claro, os especialistas da oposição também seriam capazes de errar. Mesmo assim, o vai e vem entre os dois lados poderia revelar algumas verdades escondidas.

Não sabemos se nossas sugestões poderiam ter prevenido a catástrofe de 2020, mas sabemos disso: precisamos fazer algo para controlar o poder dos especialistas oficiais em nossas vidas.

SISTIR

RES

RESI

| CONCLUSÃO |

SISTIR

RES

RES

CONCLUSÃO

Contra o Bravo "Novo Normal"

> Dentre todas as tiranias, uma tirania exercida pelo bem de suas vítimas pode ser a mais opressiva. Talvez seja melhor viver sob um ditador desonesto do que sob onipotentes cruzadores da moralidade. A crueldade do ditador desonesto às vezes pode se acomodar, em algum ponto a sua cobiça pode ser saciada, mas aqueles que nos atormentam para o nosso próprio bem irão nos atormentar indefinidamente, pois eles assim o fazem com a aprovação de suas próprias consciências.
>
> C. S. Lewis (1898-1963)[487]

Quando o norte-americano atual pensa em tirania, ele se lembra de ditadores de um passado não muito distante: Stalin, Hitler, Mao, Mussolini. E quando os pais fundadores norte-americanos pensavam

[487] LEWIS, C. S. "A teoria humanitária da punição", *in*: *God in the Dock*. Grand Rapids: Eerdmans, 2014, p. 318-33.

em tirania, pensavam em reis, nos parlamentos e em multidões. Eles aprenderam com base em seus estudos sobre a história a temer a tirania da maioria.

Tivemos uma amostra disso em 2020. Em meio ao pânico, a maioria dos norte-americanos apoiavam os *lockdowns*. Nós éramos inspirados não pela simples deferência às autoridades, mas pelo medo e pela preocupação com os outros. Cidades, estados e o governo federal extrapolaram seus limites. E isso não era certo apenas porque a maioria estava de acordo. Por isso que os nossos direitos básicos — juntarmo-nos, praticarmos nossa religião livremente e mais — são protegidos e garantidos pela Constituição. Essa garantia é essencial, pois o governo, em meio a crescente onda da opinião pública, sempre estará tentado a desconsiderar os direitos de uma minoria relutante.

Pode ter sido pelo medo, ou pelo ódio que ele pode gerar, o que levou ao menos uma pessoa a se tornar um incendiário. A primeira igreja pentecostal, em Holly Springs, no Mississippi, manteve suas missas em conformidade com as restrições estaduais, que classificavam as igrejas como serviços essenciais. As cidades eram livres para impor medidas mais restritivas, mas não poderiam mudar as classificações dos serviços. E quando a cidade os interrompeu, a igreja entrou com um processo.

Uma pessoa estava tão certa de que a igreja desafiava as restrições locais, que incendiou o edifício e pichou no estacionamento: "APOSTO QUE VOCÊS FICARÃO EM CASA AGORA, SEUS HIPÓCRITAS"[488]. Presumimos que este incendiário acredita que a prefeitura estava correta. Essa versão de justiça, contudo, traz questionamentos sobre o seu julgamento. Independentemente do que você ache sobre a decisão da igreja em processar a cidade, não foi hipocrisia. A igreja, e não o incendiário, estava agindo conforme as tradições norte-americanas.

Tiranos Mesquinhos

De acordo com uma reportagem, a governadora do Michigan, Gretchen Whitmer disse que suas ordens aos moradores do estado "tem o apoio da lei,

---

[488] Arianna Poindexter, "Igreja do Mississippi destruída por incêndio criminoso estava processando a cidade pela restrição de ficar em casa", *WLBT3*, 20/mai/2020.

portanto não são sugestões, opcionais ou dicas"[489]. Não importava que suas ordens não eram leis. E ela também acreditava que essas regras não valiam para si, apenas para outros. Depois de dizer aos cidadãos que evitassem viagens recreacionais "desnecessárias" aos lagos de Michigan, foi noticiado que seu marido havia solicitado ao serviço de doca de sua casa do lago para colocar seu barco na água no final de semana do Dia do Memorial[490]. Ela também tentou utilizar da crise para direcionar o dinheiro de impostos para um grupo democrata para rastreamento de contatos, e negou tê-lo feito. Teve a sua atenção chamada por isso e ignorou as acusações. Porém, o escrutínio público fez com que ela cancelasse o contrato com este grupo[491]. O dinheiro teria ido à "EveryAction, uma empresa ligada à NGP VAN, uma provedora de tecnologia que se orgulha de estar presente em 'quase todas as grandes campanhas democráticas na América'"[492].

Whitmer não fui a única a abusar de seu poder durante a crise. Além de incitar os cidadãos a dedurar uns aos outros, o prefeito da cidade de Nova York, Bill de Blasio, ficou furioso ao saber que grupos de judeus ortodoxos ainda faziam funerais durante o *lockdown*. Ele esbravejou que "a sua mensagem para as comunidades judaicas e todas as outras era simples: não haverá mais avisos"[493]. O foco dado por De Blasio aos funerais das comunidades judaicas levantou suspeitas de que haveria sentimentos de antissemitismo em jogo. Essas suspeitas pareciam ter sido confirmadas quando as autoridades fecharam com soldas o portão de um *playground* num bairro judaico, enquanto toleravam grandes multidões de protestantes de esquerda[494]. Estranhamente, a obrigatoriedade ferrenha dos *lockdowns* imposta pelas autoridades parecia desaparecer quando os

489 "Whitmer: ordens sobre o coronavírus 'não são sugestões, não são opcionais'", *ABC 12*, 11/mai/2000".

490 Ariel Zilber, "Governadora de Michigan é acusada de hipocrisia quanto ao *lockdown* após seu 'Marido tentar apontar o barco para o Memorial Weekend', 150 milhas da capital do estado –após ter pedido ao público que não viajasse", *Daily Mail*, 25/mai/2020.

491 Veja Ryan Saavedra, "*E-mails* mostram que o gabinete da democrata Gretchen Whitmer deu 'luz verde' para dar dinheiro do contribuinte a grupos democratas para rastreamento de contatos, afirma o relatório", *Daily Wire*, 26/mai/2020.

492 Matt Viser e Josh Dawsey, "Michigan cancela contrato com duas empresas democráticas que foram utilizadas para rastrear o coronavírus", *Washington Post*, 21/abr/2020.

493 David Krayden, "O *lockdown* está alimentando apetites autoritários", *Human Events*, 29/mai/2020.

494 Ben Yakas, "Vídeo: políticos do Brooklyn abrem *playgrounds* ao desafiar De Blasio", *Gothamist*, 16/jun/2020.

protestos, que se tornaram tumultos, no final de maio, em decorrência da horrível morte de George Floyd (1973-2020) nas mãos do policial de Minneapolis, Derek Chauvin. Não podemos provar, mas suspeitamos que o nível de desemprego sem precedentes e o desespero gerados pelos *lockdowns* causaram dos tumultos, como algumas pessoas sugeriram[495].

Também sabemos que os protestos e os tumultos expuseram a hipocrisia da imprensa, do governo e das autoridades oficiais da saúde pública. Eles encorajam os protestantes e os tumultos enquanto repreendiam todos os demais. Em 5 de junho, mais de mil profissionais da área da saúde escreveram uma carta aberta defendendo os protestos em massa para apoiar... a saúde pública. "Acreditamos que o único caminho é não reprimir os protestos, em nome da saúde pública", argumentaram, "e sim atender às demandas da saúde pública, solucionando as diversas crises presentes nela".

E, por grande parte do tempo, a imprensa esteve em concordância com isso. Em 13 de junho, a *Time* tuitou duas manchetes com pouco mais de uma hora entre uma e outra. A primeira anunciava com aprovação os "médicos" da carta mencionada acima[496]. Na segunda manchete podia-se ler melancolicamente: "Centenas de protestantes de extrema-direita desafiam as restrições à Covid-19 em Londres"[497].

No dia seguinte, a *NBC News* soltou as duas manchetes a seguir, com um pouco mais de uma hora de diferença entre elas: "Comício a favor de vidas negras trans atrai multidão para o Brooklyn Museum Plaza" e "Presidente Trump planeja reunir seus apoiadores no próximo sábado, pela primeira vez após grande parte do país estar em *lockdown* em decorrência do coronavírus. Mas os peritos em saúde estão questionando essa decisão"[498]. Em 22 de junho,

---

495 Matt Zapotosky e Isaac Stanley-Becker, "Tomada pela doença, desemprego e indignação com a polícia, a América mergulha na crise", *Washington Post*, 29/mai/2020; Noah Rothman, "As rebeliões e o *lockdown*", *Commentary*, 31/mai/2020.

496 Swordfishtrombone (@TheyCallMeRyols), "Respondendo à @Heminator e @ggreenwald", *Twitter*, 14/jun/2020, 23h03; https://twitter.com/TheyCallMeRyols/status/1272364102933856256. *Time* teve que lançar a história em 10 de junho. Jamie Ducharme, "'Protesto é uma profunda intervenção de saúde pública': por quê tantos médicos estão a favor de protestos no meio da pandemia do COVID-19," *Time*, 10/jun/2020.

497 Arno Pedram e Sylvia Hui, "Centenas de manifestantes de extrema direita desafiam as restrições do COVID-19 para se manifestarem em Londres", *Time*, 13/jun/2020.

498 Mark Hemingway, "Com pouco mais de uma hora de intervalo", *Twitter*, 14/jun/2020, 22h32; https://twitter.com/Heminator/status/1272356179403059207.

o *Newsweek* igualou este feito com essas duas notícias contraditórias: "Estudo comprova que não há evidência de que os protestos do movimento Black Lives Matter causem picos de aumento no contágio da Covid-19" e "Oklahoma reporta a maior alta de novos casos diários de Covid-19 depois do comício de Trump em Tulsa"[499]. Poderíamos continuar por horas dando exemplos de tumultos e manifestações que tiveram um passe livre com a imprensa, enquanto ainda era esperado que a plebe ficasse em casa. Sem dúvidas você viu isso em primeira mão. Depois deste espetáculo, por que alguém ainda confiaria na imprensa, nos políticos e nos peritos de saúde sobre os riscos da Covid-19? Escrevemos este livro em parte para expor a sua má-fé, mas não esperávamos que eles a demonstrassem com tamanha indiferença.

Nunca Permita que uma Crise Seja Desperdiçada

Desde o início da crise, algumas pessoas em Washington perceberam uma chance de aumentar o poder do governo. Quando o Senado finalizava negociações bipartidárias do primeiro pacote de estímulo à economia por causa do coronavírus, a presidente da Câmara dos Representantes, Nancy Pelosi, conseguiu acabar com ele. De repente, os democratas queriam que todos os seus projetos fossem aprovados, como captar recursos para abortos, restringir as emissões de carbono das linhas aéreas e salário mínimo obrigatório para negócios recebendo auxílios. O representante da Carolina do Sul, James Clyburn, disse à comissão democrata que o projeto era "uma tremenda oportunidade de reestruturar as coisas para que se encaixem à nossa visão"[500]. Após seu primeiro esforço falhar, os democratas tentaram novamente no meio de maio com o pacote H.E.R.O.E.S Act, de três trilhões de dólares. Este pacote contemplava US$ 1.200 dólares para cada imigrante ilegal e um milhão de dólares para o *National*

499 Alex van Ness, *Twitter*, 22/jun/2020, 13h25; https://twitter.com/thealexvanness/status/1275117632488955908.

500 Tobias Hoonhout, "O representante dos democratas disse aos colegas que a pauta do coronavírus é 'uma tremenda oportunidade de reestruturar as coisas para que se ajustem à nossa visão'", *National Review*, 23/mar/2020.

Science Foundation investigar a "desinformação" relacionada ao coronavírus[501]. Em 2 de abril, o governador da Califórnia, Gavin Newsom, admitiu que a pandemia era uma "oportunidade" para instaurar uma ideologia nova e progressista. A capa da edição de abril, entre os dias 20 e 27, da *The Nation* dizia "Como não desperdiçar essa crise". O Fundo de Mudanças Climáticas da ONU disse que a crise era "uma oportunidade de mudar o mundo".

Todas essas pessoas seguiram uma estratégia já conhecida. Como Robert Higgs mostrou em *Crisis & Leviathan* (1987), as crises nacionais são a principal ferramenta para a expansão do governo. E para este propósito, a pandemia de 2020 funcionou melhor e mais rápido do que qualquer outra, e sem dar um tiro sequer. Progressistas falavam com frequência e melancolia sobre o "equivalente moral da guerra", um objetivo compartilhado em tempos de paz que inspira devoção[502]. A pandemia do coronavírus proveu exatamente isso. Se a alternativa fossem milhões de mortes, *lockdowns* de curto prazo ou até a lei marcial fariam sentido. Contudo, o único motivo para pensar que milhões pudessem morrer eram modelos preditivos, que nada mais eram do que chutes — e bem ruins, por sinal.

Donald Trump teve instintos melhores. Ele havia tuitado em março que o caminho para a cura não poderia ser pior do que o vírus. E a resposta hostil era ensurdecedora. As pessoas queriam uma cura mais onerosa? Não. No entanto, aqueles considerados peritos oficiais previam uma catástrofe histórica e quem era Trump para questionar isso? No final das contas, a maior parte dos estados e governos agiu de acordo com eles — não apenas aqui, mas ao redor do mundo.

A "ciência" lhes disse o que fazer. Após uma juíza impor um decreto executivo contra grupos religiosos, o governador do Oregon justificou que "a ciência por trás destes decretos não mudou em nada"[503]. No início de março, o candidato democrata para a presidência, Joe Biden, que algumas semanas antes havia criticado duramente o presidente Trump por restringir viagens da China,

501 "O ato dos heróis: descobertas perturbadoras na nova conta de auxílio de US$3 trilhões dos democratas". *The Stream*, 13/mai/2020.

502 Veja GOLDBERG, Jonah. *Fascismo Liberal.* Nova York: Crown Forum, 2009.

503 Gillian Flaccus e Andrew Selsky, "A Suprema Corte do Oregon suspende as restrições ao vírus", *AP News*, 18/mai/2020.

disse que sua campanha seria "baseada na ciência". Os *lockdowns*, "distanciamento social" e a obrigatoriedade do uso de máscaras foi imposta rapidamente, sem qualquer tipo de debate. "Em questão de semanas", observou o *New York Times*, "foi pedido a milhões de norte-americanos algo que era impensável alguns meses atrás: não vá trabalhar, não vá à escola, não saia de casa, a não ser que seja absolutamente necessário"[504]. E agora as pessoas espertas estão nos dizendo para tratar esse modo de vida enclausurado como "o novo normal". Nós escrevemos este livro para defender o normal real. Os norte-americanos se tornaram muito medrosos e muito frágeis. Como vimos, isso é apenas uma parte da história. A outra parte é que os especialistas falíveis adquiriram grande influência na cultura popular. Ainda que tenham boas intenções, eles não tinham conhecimento sobre o que fingiam ter. E pior, eles usaram a pretensão do conhecimento para virar contra nós não apenas os nossos medos, mas também as nossas boas intenções.

O Caminho Adiante

Que caminho seguiremos? Não queremos nos tornar a Alemanha Oriental ou a Europa Ocidental. Considere o plano de vacinação da Comissão Européia, proposto um ano antes da crise do coronavírus, em março de 2019. Ele recomendava que todos os cidadãos europeus fossem obrigados a carregar consigo seu *status* de vacinação em seus passaportes[505]. Os anos de 2019 a 2021 seriam utilizados num "estudo de viabilidade para o desenvolvimento de uma carteira europeia de vacinação padronizada". Essa "carteira de vacinação padrão para cidadãos europeus" chegaria em 2022. Também não queremos seguir os globalistas do Fórum Econômico Mundial, que viram na pandemia a opor-

504 Sarah Mervosh *et al.*, "Veja quais estados e cidades disseram aos residentes para ficarem em casa", *New York Times*, 20/abr/2020.

505 "Roteiro para a implementação de ações pela Comissão Europeia com base na comunicação da Comissão e na recomendação do Conselho sobre o reforço da cooperação contra doenças evitáveis por vacinas", Comissão Europeia; https://ec.europa.eu/health/sites/health/files/vaccination/docs/2019-2022_roadmap_en.pdf.

tunidade de impor seu enfadonho "grande recomeço"[506]. O que é isso? Como eles mesmo explicam, é:

- Um compromisso urgente para construir as fundações do nosso sistema socioeconômico para um futuro mais justo, sustentável e resiliente;
- Um novo contrato social focado na dignidade humana, justiça social e onde o progresso da sociedade não fica atrás do desenvolvimento econômico;
- A crise global de saúde mostrou rupturas longínquas em nossas economias e sociedades e criou uma crise social que requer novos e significativos empregos[507].

É, claro. Ninguém deve estar surpreso ao ver que os tecnocratas globalistas, após serem testemunhas de um enorme experimento social, estejam animados com isso. Fazer as pessoas andarem com um documento que comprove sua imunidade[508]? Semissocialismo globalista? Estes conceitos eram teorias conspiratórias, não sugestões. E temos certeza de que nenhum deles é adequado para o gosto dos norte-mericanos.

Um caminho mais provável para a servidão nos Estados Unidos da América pode ser traçado pelos gigantes da *Internet*. Ao final de março, alguns tecno-utópicos estavam rascunhando soluções para a pandemia. Na revista *Wired*, Tristan Harris clamou para que as plataformas digitais dessem aos seus usuários "lentes corretivas" para os ajudar a ajustar suas crenças e comportamentos mais rapidamente à nova realidade. "Essa emergência, esse momento", ele escreveu, "pede uma visão fundamentalmente nova à tecnologia — abandonar o mito de métricas e engajamentos neutros e priorizar essas lentes corretivas que podem salvar milhões de vidas"[509]. O despotismo, se chegar às nossas terras, pode não estar acompanhado de uma suás-

---

506 No Brasil também é conhecido em sua forma original "The Great Reset". (N. E.)

507 "A Grande Reinicialização: uma cúpula gêmea única para começar 2021", Forum Mundial Econômico, n.d.; https://www.weforum.org/great-reset/about.

508 Isso ainda pode acontecer, se os europeus os deixarem escapar impunes. Ver Henry T. Greely, "Covid-19 'Certificados de imunidade': enigmas práticos e éticos", *STAT News*, 10/abr/2020.

509 Tristan Harris, "Vale do Silício, é sua chance de virar a maré na Covid-19", *Wired*, 24/mar/2020.

tica, um machado e uma foice ou um capacete azul. Ele pode vir acompanhado de promessas, esclarecimentos e opções de compras de ações.

Entretanto, nosso país tem um espírito de oposição. Mesmo no início, havia sinais de que não tínhamos sucumbido totalmente ao medo. Quando o prefeito de Nova York, Bill de Blasio, criou uma linha direta virtual para que os moradores da cidade denunciassem seus vizinhos mandando fotos de transgressores, ela foi inundada de fotos de, bem... masculinidade, *memes* de Hitler e dedos do meio[510]. No Dia da Independência de 2020, quando os tiranos mesquinhos como o governador Gavin Newsom, da Califórnia, e o prefeito Eric Garcetti, de Los Angeles, baniram *shows* de fogos de artifício, os residentes da cidade responderam iluminando os céus[511].

Essa resistência, mesmo que pequena, nos dá esperanças de que nosso país não irá aderir ao bravo novo normal. Se não aprendermos as lições certas da pandemia do pânico de 2020, o novo normal pode aparecer sorrateiramente e nos custar as nossas vidas, nossa sorte e a nossa honra sagrada.

510 Tina Moore, Gabrielle Fonrouge e Bruce Golding, "Linha de dicas de distanciamento social de De Blasio inundada de fotos de pênis e *memes* de Hitler", *New York Post*, 21/abr/2020.

511 Bruce Haring, "Moradores do condado de Los Angeles ignoram a ordem 'sem fogos de artifício', celebram com exibição massiva", *Deadline*, 5/jul/2020.

| AGRADECIMENTOS |

AGRADECIMENTOS

Nós nunca teríamos conseguido escrever este livro num prazo tão curto sem a ajuda de amigos e familiares. Agradecemos muito a Ginny Richards por ler e comentar sobre o manuscrito e por formatar todas as anotações. Agradecemos também a Robert Čihák, Jonathan Witt, Don Galbadage e Anita Axe pela leitura cuidadosa e por seus comentários sobre o manuscrito quase finalizado.

E finalmente agradecemos a Tom Spence e Elizabeth Kantor da Regnery, pois sem eles este livro não teria acontecido, e também a Gillian Richards, nossa copidesque na Regnery, que identificou diversas falhas, erros ortográficos e infelicidades.

Nós nos responsabilizamos completamente por quaisquer erros que permanecem.

| ÍNDICE |

Índice remssivo

12 Macacos, Os [*12 Monkeys*], de Terry Gilliam, 30

A

Abbott, Gregory Wayne (1957-), governador do Texas, 208

ABC News, 77, 200

Abe, Shinzo (1954-), primeiro-ministro do Japão, 262

Acab e Jezabel (Bib.), 124

Academia Americana de Pediatras, 240-41

Academia Heterodoxa, 78-79

"Achatar a curva", 22, 48-50, 89, 139, 152, 170, 187, 205, 237

Adams, Jerome M. (1974-), 163

Adams, Scott Raymond (1957-), 145-46, 240

Adhanom Ghebreyesus, Tedros (1965-), diretor-geral da OMS, 42, 258

Administração Federal de Aviação (FAA), 240

Afeganistão, 180

Agência de Saúde Pública sueca, 259

AiRISTA Flow, 210-11

Albânia, 184

Albuquerque, Novo México, 142

Alemanha, 63, 180, 291

Allen, Anita LaFrance (1953-), 239

Alucinações Extraordinárias, título sugerido pelo autor para futuras publicações sobre o pânico, 29

Amazon, 30, 206

American College of Emergency Physicians, 204

Andorra, 258

Andy Stone, 77

Ao Cair da Noite [*It Comes at Night*], de Trey Edward Shults

Apple, 72, 210

Applebees, 207

Apple News, 239

Arby's, 240

Arizona, 105

Arkansas, 22, 175, 263

Associação Americana do Coração de L. A., 204

Atlantic, The, 42-43, 97

Atlas, Scott William (1955-), 206

AT&T, 279

Austin, Texas, 208

Austrália, 184, 212

Áustria, 63

Aylward, Bruce, 44, 257-58

B

Bakersfield, Califórnia, 76

Banco de Reserva de Saint Louis, 195

Banco Mundial, 212
Banfield, Edward C. (1916-1999), 123
Bastiat, Claude- Frédéric (1801-1850), 242
Beasley, David M. (1957-), diretor executivo do United Nations World Food Programme, 202
Bélgica, 63, 178, 180, 183, 254, 258, 260-61
Bergamo, Itália, 23
Bergstrom, Carl Theodore (1971-), 80
Berlim, Alemanha, 63
Biden Jr., Joseph Borinette (1942-), 47º presidente dos Estados Unidos da América, 290
Bielorrússia, 185
Big Apple, *ver* Nova York
Big Mac, 240
Big Rapids, Michigan, 211
Birx, Deborah Leah (1956-), 46, 98, 132
Bloomberg, 277
Blumenthal, Dan, 42
Bongino, Daniel J. (1974-), 299
Botsuana, 180, 183
Bowser, Muriel Elizabeth (1972-), prefeita do Distrito de Colúmbia, 16, 86
Brandeis, Louis Dembitz (1856-1941), ex-juiz da Suprema Corte dos EUA, 175
Brasil, 184
Brighton, Colorado, 16
Brin, Sergey Michailovich (1973-), 78
British Medical Journal, 218
Bush, George W. (1946-), 43º presidente dos Estados Unidos da América, 143
BuzzFeed, 81

C

Califórnia, 57, 76, 81, 129, 175, 208, 211, 263-64, 277, 290, 293
Canadá, 180, 212, 216,
Carolina do Norte, 105
Carolina do Sul, 289
Casa Branca, 24, 33, 46, 48, 72, 86, 91, 118, 132
Catar, 184
CBS, 23, 134
Centro de Controle e Prevenção de Doenças (CDC), 17, 20, 158
Centro Médico da Universidade de Stanford, 206
Charlie Brown, personagem de Charles M. Schulz, 243
Chauvin, Derek M. (1976-), 288
Chinatown, São Francisco, 33
Cingapura, 21, 180, 244, 255
Clinton, Hillary Diane Rodham (1947-), 48
Clyburn, James Enos (1940-), 289
CNBC News, 187
CNN, 47, 74, 239, 264
Coase, Ronald (1910-2013), 95
Colúmbia, 16
Comissão Européia, 291
Comitê de Bioética de Obama, 239
Communications Decency Act, 279
Connecticut, 101, 175, 209
Contágio [*Contagion*], de Steven Soderbergh, 18, 30-31
Coreia do Norte, 185, 212
Coreia do Sul, 21, 180, 263, 273
Coroa britânica, 280
Costa Rica, 180
Costco, 207
Cotton, Thomas Bryant (1977-), 33
Covid-19, 16-20, 22, 25, 29, 31, 34, 42, 48-49, 51-52, 58, 60-64, 66, 72, 74, 76, 81, 96-98, 100-04, 106-9, 118-19, 128, 134-36, 147, 152-53, 158, 170-73, 175, 178, 186, 193-94, 198, 200-02, 205, 208, 215, 217-19, 226, 233, 237, 255, 257, 262, 271-73, 276-77, 288-89
Covid Tracking Project, 97, 106
Credit Suisse, 197
Crisis & Leviathan, de Robert Higgs, 290
Cruz, Rafael Edward, "Ted" (1950-), 89
Cuba, 212
Cuomo, Christopher Charles (1970-), 22

D

Daily Mail, 201

Dakota do Norte, 22, 263
Dakota do Sul, 22, 153, 183, 263
Damon, Matt (1970-), 30
Deace, Steven J. (1973-), 228
Declaração de Independência dos Estados Unidos (1776), 223, 238
Delaware, 87
Departamento do Trabalho norte-americano, 231
DeSantis, Ronald Dion "Ron" (1978-), governador da Flórida, 273
"*Designs* de distanciamento social direcionados para a pandemia de gripe", de David e Laura Glass, 142
Dia da Independência, 293
Dilbert, personagem de Scott Adams, 145
Dinamarca, 63, 180, 228
Doença da vaca louca (encefalopatia espongiforme bovina, EEB), 71, 126
vDCJ (doença variante de creutzfeldt-jakob), 126
Drudge Report, 57, 277
Duterte, Rodrigo Roa (1945-), presidente das Filipinas, 17, 86

E
Eberstadt, Nicholas (1955-), 42
Ebola, 30-32, 71, 98-99
"Efeito Peltzman", 165
Elias (Bib.), 124
Elba, Idrissa Akuna (1972-), 22
Epidemia [*Outbreak*], de Wolfgang Petersen, 30
Epidemia de varíola do México de 1520, 112
Erickson, Dan, 76, 80
Escócia, 64
Escritório Nacional de Estatísticas da Inglaterra, 184
Espanha, 45, 63, 180, 258
Estados Unidos da América, 15, 17-18, 21, 25, 33, 43, 45-46, 57-58, 60, 62, 66, 82, 86-87, 96-98, 100, 104, 106, 115-16, 125, 127, 132, 140-41, 145, 152, 164, 175, 177-80, 183-84, 193-94, 198, 200, 202-03, 206, 216-18, 223-26, 230, 246, 257-59, 263, 273, 276, 292
Estônia, 63
"Éticas da Precaução: Riscos Individuais e Sistêmicos", de Taleb e Norman, 248
Etiópia, 42, 180, 183
Eu Sou a Lenda [*I Am Legend*], de Francis Lawrence, 30
EUROMOMO, 63
Euro News, 181
EveryAction, 287
Extermínio [*28 Days After...*], de Danny Boyle, 30
Extermínio 2 [*28 Weeks Later*], de Juan Carlos Fresnadillo, 30

F
Facebook, 72-74, 77, 80, 279
Fauci, Anthony Stephen (1940-), 19-20, 46-48, 132-33, 227-28, 264
Ferguson, Neil M. (1968-), 125-27, 130, 135, 137
Feynman, Richard Phillips (1918-1988), 41
Filipinas, 17-18, 86, 177-78
Financial Times, 125
Finlândia, 63
Fischer, Greg (1958-), prefeito de Louisville, 17
Floyd, George (1973-2020), 288
Força-Tarefa do Coronavírus da Casa Branca, 33, 46, 98, 132
Forças de Autodefesa do Japão, 109
Foreign Policy, 261
Fortran, 137
Fountains of Wayne, 22
Fox News, 77
França, 63, 180, 228, 258
"Frear a propagação", 170, 188
Frente de Libertação do Povo Tigré, partido político da Etiópia, 42
Fundo de Mudanças Climáticas da ONU, 290

G

Gallup, 152
Garcetti, Eric Michael (1971-), prefeito de Los Angeles, 16, 87, 293
Gates III, William Henry (1955-), 49, 78, 82
Geórgia (estado), 179, 264-65
Geórgia (país), 180, 184
"Geração grandiosa", 269
Gilder, George Franklin (1939-), 75
Ginn, Aaron, 80-81
GitHub, 137
Glass, David, 142
Glass, Laura, 142
Google, 45, 73, 76, 78, 80, 152, 210
Google Scholar, 158
Graham Jr., William Franklin "Billy"(1918-2018), 229
Grécia, 63, 180
Greenwald, Glenn (1967-), 71
Gripe asiática de 1957-1958, 67, 114, 143, 226
Gripe de Hong Kong de 1968-1969, 31, 67, 114, 226
Gripe espanhola de 1918, 92, 99, 126-27, 140, 148, 157, 195-96
Gripe suína de 2009, 31, 67, 71-73, 99, 109, 118, 127, 148, 226
Guardian, The, 126-27, 262
Guiné, 185
Guterres, António Manuel de Oliveira (1949-), secretário-geral das Nações Unidas, 15

H

Hafner, Katie (1957-), 204
Hanks, Thomas Jeffrey (1956-), 22
Harris, Tristan (1984-), 292
Hartford Courant, 176
Hayek, Friedrich August von (1899-1992), 169, 212, 276
Hebda, Bernard Anthony (1959-), arcebispo de Minneapolis e Saint Paul, 213
Henderson, Donald A. (1928-2016), 143-44
H.E.R.O.E.S Act, 289
Hesse, Alemanha, 63
Higgs, Robert (1944-), 290
Hill, The, 105
Hitler, Adolf (1889-1945), 295, 293
Holanda, 180
Holly Springs, Mississippi, 286
Hollywood, 30, 118
Hong Kong, 21, 31, 44, 67, 114, 180, 226, 257, 263
Hubei, China, 32
Hulu, 30
Hungria, 63

I

Idade Média, 112
Illinois, 183, 263-64
Imperial College London, 18, 45-46, 49, 127-29, 135, 137-41, 147, 152, 228, 273-74
Imperial College Response Team, 125
Imunidade de rebanho, 81, 125, 154-55, 176-77, 242, 246, 260
Índia, 86, 113, 157, 180, 182, 187, 200
Índice da Economia da Liberdade, 212
Inglaterra, 64, 184, 217-19
Instagram, 73-74, 76
Instituto de Métricas e Avaliação de Saúde (IHME) da Universidade de Washington, 18, 141
Instituto de Virologia de Wuhan, 37
Instituto Nacional de Alergia e Doenças Infecciosas, 46
Instituto Norueguês de Saúde Pública, 261
Ioannidis, John P. A. (1965-), 81-82
iPhone, 72
Iowa, 22, 175, 263
Irã, 254
Irlanda, 63, 180
Irlanda do Norte, 64
Israel, 124, 180, 228
Itália, 23, 63, 100, 180, 254, 258, 273, 278

J

Jabr, Ferris, 245

Jamaica, 180
Japão, 21, 109, 180, 184-85, 228, 258, 261-62
Javits Center, Nova York, 272
Jenkins Jr., Holman W. (1959-), 55
Jinping, Xi (1953-), secretário-geral do Partido Comunista chinês, 45
Jobs, Steve (1955-2011), 78
John Muir Medical Center, 200
Johnson, Alexander Boris de Pfeffel (1964-), primeiro-ministro do Reino Unido, 22, 171
Jordânia, 180
Journal of the American Medical Association (JAMA), 100, 200
Journey Pictures, 81
Joyce, Geoffrey, 194

K
KERO News 23, 76
King Jr., Martin Luther (1929-1968), 90

L
Lee, John A. (1961-), 97
Lei de Metcalfe, 75
Lei de Resposta da Saúde Pública à Covid-19 da Nova Zelândia, 51
Lewis, Clive Staples, dito C. L. (1898-1963), 285
Line, 73
Linha de Dificuldades em Desastres, 201
Linha Nacional de Prevenção ao Suicídio, 201
Linus, personagem de Charles M. Schulz, 243
Lituânia, 184
Live Science, 49, 170
Lógica do Cisne Negro, A, de Nicholas Nassim Taleb, 245
Los Angeles, 16, 29, 87, 164, 201, 211, 264, 293
Los Angeles Times, 175, 202
Loucura das Multidões, A, título sugerido pelo autor para futuras publicações sobre o pânico, 29
Louisville, Kentucky, 17
Lowry, Richard (1968-), 151, 153
Luftwaffe, 270
Luxemburgo, 63

M
Macau, 30
Maher, William "Bill" (1956-), 68
Malásia, 180
Malta, 63
Manila, Filipinas, 178
Marinha norte-americana, 272
Maryland, 51, 211, 277
Massachusetts, 209
Massachussetts Institute of Technology (MIT), 195
Massihi, Artin, 76, 80
Matrix [*The Matrix*], de Lilly e Lana Wachowski, 92
McCaughey, Elizabeth "Betsy" (1948-), 272
McDonalds, 240
Medium, 80-81
Memorial Day, 276
Memorial da Guerra do Vietnã, 277
Menino e o Lobo, O, conto infantil, 210
Mencken, H. L. (1880-1956), 85
México, 112, 180
Mianmar, 180
Michigan, 16, 77, 90, 211, 263-64, 286-87
Microsoft, 137
Minneapolis, Minnesota, 213, 288
Minnesota, 90, 134-35, 213
Montgomery, Alabama, 90-91
Moore, Steve (1960-), 91
"Moralidade perigosa por trás do movimento 'Abra tudo', A", artigo da *Apple News*, 239
Mussolini, Benito Andrea Amilcare (1883-1945), 285

N
Nabarro, David (1949-), 127
Nassim Taleb, Nicholas (1960-), 245-46, 248-49

Nation, The, 82, 290
National Science Foundation, 289-90
NBC News, 288
Nebraska, 22, 128, 263
Netflix, 30
New Atlantis, 66-68
New England Journal of Medicine, 228
New Hampshire, 209
New Statesman, 262
New York Magazine, 91
New York Post, 42, 170, 186, 200, 208
New York Times, The, 32, 81, 142, 144, 176, 186, 204, 264, 276, 291
New Yorker, 227
Newsom, Gavin Christopher (1967-), governador da Califórnia, 211, 290, 293
Newweek, 289
NGP VAN, 287
Nielsen, 72
Nocera, John, 277
Noruega, 63, 180, 228, 258, 261
Nova Jersey, 16, 101, 264
Nova Zelândia, 51, 184, 200, 212

O
Obama, Barack Hussein (1961-), 44º presidente dos Estados Unidos da América, 49, 72, 226, 239
Ochel, Evita, 55
Occupational Safety and Health Administration (OSHA), 231
O'Neill, Brendan, 87
Oklahoma, 22, 61-62, 263, 289
Olimpíadas de verão, 23
Oregon, 290
Organização das Nações Unidas (ONU), 15, 41
Organização para Cooperação e Desenvolvimento Econômico, 230

P
P!nk, nascida Alecia Beth Moore (1979-), 22
Page, Lawrence Edward "Larry" (1973-), 78
País de Gales, 64, 217
Países Baixos, 63
Palahniuk, Charles Michael "Chuck" (1962-), 269
Paltrow, Gwyneth (1972-), 30
Paraguai, 180, 184
Paraplexia enzoótica de ovinos, 126
Parks, Rosa (1913-2005), 90-91
Páscoa, 16-17, 19, 213
Patrick, Dan Goeb (1950-), vice-governador do Texas, 232
Pearl Harbor, 51
Pensilvânia, 16
Pentágono, 51
Pequim, China, 34, 42, 76, 258
Pelosi, Nancy Patricia (1940-), 33-34, 289
Pence, Michael Richard "Mike", 48º vice-presidente dos Estados Unidos da América, 46
Peste bubônica de 1347 a 1352, 99
Pinker, Steven Arthur (1954-), 81
Pinterest, 73
Politico, 71
Portugal, 63, 180
Princess (navio), 109
Princípio da precaução, 244, 246-48
Programa Alimentar Mundial da ONU (WFP), 203
Proteína *spike* do SARS-CoV-2, 34-36
Pueyo, Tomás (1982-), 80-81

Q
Qiang, Xiao (1961-), 42

R
Reddit, 73
Reino Unido, 22, 46, 64, 97, 125-27, 139-40, 162, 171-75, 180, 183, 187, 258-60, 262
Reuters, 209, 258
Roosevelt, Franklin D. (1882-1945), 32º presidente dos Estados Unidos da América, 29

Rowe, Michael Gregory "Mike" (1962-), 231
RTHK, 44
Rússia, 180

S
Saara Ocidental, 184
Safeway, 207
Sagan, Carl (1934-1996), 151
Saint Paul, Minnesota, 213
Sandia National Laboratories, 142
San Francisco, Califórnia, 33, 200
Sanders, Bernard "Bernie" (1941-), 23, 119
Saphier, Nicole (1982-), 199, 201
SARS-CoV-1, 35-36, 161
SARS-CoV-2, 22, 34-36
Schneier, Bruce (1963-), 240
Schweitzer, Albert (1875-1965), 253
Seattle, Washington, 208
Segunda Guerra Mundial, 15, 216
Senado norte-americano, 33, 91, 227-29
Serviço Secreto norte-americano, 199
Shakespeare, William (1564-1616), 80
Sherlock Holmes, personagem de Arthur Conan Doyle, 209
Shih-Chung, Chen (1953-), ministro da Saúde de Taiwan, 257
Silver, Nathaniel Read "Nate", 1978), 277
Síria, 180
Snapchat, 73
Snoopy, personagem de Charles M. Schulz, 243
Somália, 185
Spiked, 46, 87
Stalin, Joseph Vissarionovich (1878-1953), 285
Stoltenberg, Camilla (1958-), 261
Suécia, 21, 64, 128, 171, 178, 180, 183, 196, 199, 228, 254, 258-61, 263
Suíça, 42, 64, 180, 212, 228
Suprema Corte dos Estados Unidos da América, 175

T
Tailândia, 180, 255
Taipei, Taiwan, 87, 186
Taiwan, 21, 29, 44, 87, 161, 178, 180, 185, 212, 244, 253-58, 262-63
Tajiquistão, 185
Target, 86
Taxa de letalidade (TL), 102-03, 106-10
Taxa de mortalidade de infectados (TMI), 102-04, 107-10
Tegnell, Nils Anders (1956-), 259-60
Telegraph, 137, 260
"Teoria da decisão", 243
Texas, 105, 208, 232
Thoreau, Henry David (1817-1862), 191
Thrusfield, Michael, 126
Thunberg, Greta (2003-), 74
Tiblíssi, Geórgia, 184
TikTok, 73
Tong, Yvonne, 44
Torres gêmeas de NY, 51
Trabalho Sujo, programa de Mike Rowe, 231
Trump, Donald John (1946-), 45º presidente dos Estados Unidos da América, 19, 21, 32-34, 43, 45-46, 48, 68, 72, 77, 85, 88, 119, 132, 170, 175, 196, 227-28, 279, 288-90
Twitter, 16, 20, 22, 43, 48, 67, 72, 74, 76, 80, 91, 145, 163, 199, 201, 240, 277, 279

U
Universidade Cornell, 128
Universidade de Berkeley, 42
Universidade de Brown, 204
Universidade de Edimburgo, 126
Universidade de Minnesota, 134
Universidade de Oxford, 180
Universidade de Stanford, 82, 206
Universidade de Stuttgart, 81
Universidade de Tübingen, 81
Universidade de Washington, 19, 46, 80-81, 141
Universidade Johns Hopkins, 48, 80
Universidade Rockefeller, 77-78
USNS Comfort, 170, 272
Utah, 22, 263

V
Vale do Silício, Califórnia, 80
Velho Testamento, 124
Venezuela, 212
Venice Beach, Los Angeles, 211
Verizon, 279
Vermont, 86
Vietnã, 181, 183, 255
Virgínia, 90
Vox, 49

W
Wall Street Journal, 55, 277
Walmart, 86, 211
Walnut Creek, Califórnia, 200
Walz, Timothy James (1964-), governador de Minnesota, 135, 213
Washington D. C., 22, 29, 86, 164, 289
Washington (estado), 60, 74
Washington Post, 80, 90, 264
WeChat, 73
Weibo (China), 73
Wharf, Washington, 22
WhatsApp, 72
White, Thomas Joseph, OP, 89
Whitmer, Gretchen Esther (1971,), governadora do Michigan, 16, 211-12, 286-87
Wilson, James O., 123
Wilson, Thomas Woodrow (1856-1924), 28º presidente dos Estados Unidos da América, 196
Wikipedia, 79, 111
Wingspread, casa de Frank Lloyd Wright, 247
Wired, 292
Wittkowski, Knut M. (1954-), 77, 81
Wojcicki, Susan Diane (1968-), 76-79
World Journal of Psychiatry, 201
Worldmeter, 106
Wright, Frank Lloyd (1867-1959), 247
Wuhan, China, 32, 37, 43, 183, 245, 257
Wyoming, 22, 263

Y
Yahoo, 72
YouTube, 73, 76, 79-81, 279

Z
Zedong, Mao 1893-1976), 285
Zika vírus, 114
Zimbábue, 212
Zuckerberg, Mark Elliot (1984-), 77

Acompanhe a LVM Editora nas Redes Sociais

https://www.facebook.com/LVMeditora/

https://www.instagram.com/lvmeditora/

Esta obra foi composta pela Spress em
Baskerville (texto) e TW Cent (título) e impressa em Pólen 80g.
pela Rettec Gráfica e Editora para a LVM em abril de 2021.